인생 백 년을 풍요롭게 사는 지혜

새로 뽑아 펴낸

부록
사자성어

이강래 · 김임용 편역

문지사

人香萬里

꽃과 향기는 백 리를 가고
숲의 향기는 천 리를 가지만
덕의 향기는 만 리를 가고도 남는다고
합니다.

우리 모두 변함없는
인향만리(人香萬里)를 지녔으면 좋겠습니다.

만나면 좋고 함께 있으면 더 좋고
헤어지면 늘 보고 싶고 그리운
사람이었으면 좋겠습니다.

| 들어가는 말 |

  한자를 중심으로 한 중국·한국·일본은 나라마다 옛날부터 독특한 개성을 바탕으로 찬란한 문화를 창조하면서 계속 발전하였다.
  한문은 여느 문자와 달리 뜻글자로 이루어져 있어 우리 문화의 뿌리를 제대로 인식하고 이것을 더욱 발전적으로 계승하기 위해서는 한문은 결코 도외시할 수 없다.
  한문은 옛날부터 우리 민족이 즐겨 배웠고 일상 생활을 하는 데 널리 쓰였으며 오늘날까지 전해 내려온 문자이며, 우리들은 한문을 통해 세계를 면밀히 관찰하면 그 세계를 이해하는 방법과 내용이 달라질 것이며 수많은 흥미 있는 일과 유용한 경험을 갖게 될 것이다.
  고사성어는 몇 자밖에 안 되는 짧은 문장으로 구성되었지만 각 성구 속에는 선현들의 온갖 번뜩이는 지혜와 삶의 애환이 수록되어 있어 오늘을 살아가는 현대인들에게 큰 감동을 불러일으킨다.
  고사성어는 옛 선인들이 우리들에게 물려준 귀중한 문화유산이며 우리들이 세상을 살아가면서 반드시 배워야 할 생활의 지혜와 철학, 그리고 인생의 참된 의미가 가득 담겨져 있다.
  요즘 사회 생활을 하다 보면 대인관계가 무척 중요하다. 상대방과 대화를 나눌 때 고사성어를 인용하면 대화의 분위기도 한결 북돋아 주고 자신의 의견을 상대방에게 정확하게 전달하는 데 큰 힘이 될 것이다.

고사성어는 한 성구마다 독특한 탄생 배경을 가지고 있기 때문에 그 시대를 살아간 사람들의 생활상과 역사를 엿볼 수가 있으며, 독자들의 편의를 위해 표제어로 쓰인 각 구절의 성구의 한자에 대해 일일이 그 뜻과 음을 달았으며 그 성구의 출전을 밝혔다.

이 책에 실린 고사성어들은 이제까지 국내에서 출간된 유사한 서적에서 찾아볼 수 없는 새로운 성어들을 동양 고전에서 발췌하여 풀어 엮었기 때문에 독자들에게 신선감을 한껏 불러일으킬 것이다.

이 책은 대입 수능 시험을 앞둔 입시생, 그리고 입사시험을 준비하는 분, 회사원, 그리고 독자 여러분들이 한문을 이해하는 데 많은 도움이 되리라 믿으며 부록으로 사자성어를 실어 한문을 공부하는 데 더욱 큰 도움이 될 수 있도록 정성껏 꾸몄다.

엮은 이

목 차
目次

가

| 가도멸괵 假途滅虢 13
| 가유호효 家喩戶曉 14
| 각주구검 刻舟求劍 15
| 각화무염 刻畫無鹽 16
| 강남일지춘 江南一枝春 17
| 강노지말 強弩之末 18
| 개천벽지 開天闢地 19
| 거안제미 擧案齊眉 20
| 거이기양이체 居移氣養移體 21
| 거재두량 車載斗量 22
| 거주양난 去住兩難 23
| 검려기궁 黔驢技窮 24
| 견란구계 見卵求鷄 25
| 견벽청야 堅壁淸野 26
| 경원시 敬遠視 27
| 계두지육 鷄頭之肉 28
| 고곡주랑 顧曲周郎 29
| 고육지책 苦肉之策 30
| 공중누각 空中樓閣 31
| 과유불급 過猶不及 32
| 과전불납리 瓜田不納履 33

교주고슬 膠柱鼓瑟 34
구밀복검 口蜜腹劍 35
구반문촉 扣盤捫燭 36
구상유취 口尙乳臭 37
구화지문 口禍之門 38
국인개왈가살 國人皆曰可殺 39
군자유구사 君子有九思 40
군자지덕풍 君子之德風 41
귀마방우 歸馬放牛 42
극기복례 克己復禮 43
근수누대 近水樓臺 44
금석위개 金石爲開 45
금옥 金屋 46
급과이대 及瓜而代 47
기인우천 杞人憂天 48

나

나작굴서 羅雀掘鼠 49
낙모지신 落帽之辰 50
낙양지귀 洛陽紙貴 51
낙정하석 落井河石 52

난형난제 難兄難弟 53	당랑포선 螳螂捕蟬 81
남가일몽 南柯一夢 54	대공무사 大公無私 82
남산가이 南山可移 55	대기만성 大器晚成 84
남우충수 濫竽充數 56	대우탄금 對牛彈琴 85
남원북철 南轅北轍 57	대장부 大丈夫 86
낭중지추 囊中之錐 58	도룡지기 屠龍之技 87
내우외환 內憂外患 60	도원낙토 桃源樂土 88
내조지공 內助之功 61	도주의돈지부 陶朱猗頓之富 89
노구능해 老嫗能解 62	도청도설 道聽塗說 90
노마식도 老馬識途 63	도행역시 倒行逆施 91
노사일음 勞思逸淫 64	독서망양 讀書亡羊 92
노안비슬 奴顏婢膝 65	돌돌괴사 咄咄怪事 93
노어해시 魯魚亥豕 66	동가지구 東家之丘 94
노이무공 勞而無功 67	동류합오 同流合污 95
녹림 綠林 68	동병상련 同病相憐 96
논공행상 論功行賞 69	동산재기 東山再起 97
농병황지 弄兵潢池 70	동호지필 董狐之筆 98
누란지위 累卵之危 71	득과차과 得過且過 99
능서불택필 能書不擇筆 72	득기소재 得其所哉 100
	득롱망촉 得隴望蜀 101
	득의망형 得意忘形 102

다기망양 多岐亡羊 73	등용문 登龍門 103
다난흥방 多難興邦 74	등태산이소천하 登泰山而小天下 104
다다익선 多多益善 75	
다반사 茶飯事 76	

단기지교 斷機之敎 77	마수시첨 馬首是瞻 105
단사호장 簞食壺漿 78	마저작침 磨杵作針 106
단장 斷腸 79	마혁과시 馬革裹尸 107
당랑거철 螳螂拒轍 80	

막제고 藐諸孤　108
만가 挽歌　109
만부지망 萬夫之望　111
만성풍우 滿城風雨　112
만수무강 萬壽無疆　113
만전지책 萬全之策　114
망극득모 亡戟得矛　115
망매지갈 望梅止渴　116
망양흥탄 望洋興嘆　117
망자존대 妄自尊大　118
매독환주 買櫝還珠　119
매황유하 每況愈下　120
맥수지탄 麥秀之嘆　121
맹인모상 盲人摸象　123
맹인할마 盲人瞎馬　124
멸차조식 滅此朝食　126
명경지수 明鏡止水　127
명고이공 鳴鼓而攻　128
명락손산 名落孫山　129
명찰추호 明察秋毫　130
모야무지 暮夜無知　132
목계양도 木鷄養到　133
목무전우 目無全牛　134
목후이관 沐猴而冠　135
무가내하 無可奈何　136
무병자구 無病自灸　137
무산지몽 巫山之夢　138
무용지용 無用之用　139
문가라작 門可羅雀　141

문경지교 刎頸之交　142
문과즉희 聞過則喜　144
문일득삼 問一得三　145
문정약시 門庭若市　146
물의 物議　148
물이류취 物以類聚　149
미능면속 未能免俗　150
미망인 未亡人　151
미증유 未曾有　152

반간계 反間計　153
반구제기 反求諸己　154
반노환동 返老還童　155
박식재상 伴食宰相　156
반형도고 班荊道故　157
발분도강 發憤圖強　158
발산거정 拔山舉鼎　159
방민지구 심우방천 防民之口
　甚于防川　160
방약무인 傍若無人　161
배궁사영 杯弓蛇影　162
배성차일 背城借一　164
백구지과극 白駒之過郤　165
백락일고 伯樂一顧　166
백룡어복 白龍魚服　168
백면서생 白面書生　169
백안시 白眼視　170
백운친사 白雲親舍　171

백절불굴 百折不屈 172
번간걸여 墦間乞餘 173
법지불행자상정지 法之不行
  自上征之 174
별무장물 別無長物 175
병입고황 病入膏肓 176
보원이덕 報怨以德 177
복수난수 覆水難收 178
복주복야 卜晝卜夜 179
봉시장사 封豕長蛇 180
부득요령 不得要領 181
부복장주 剖腹藏珠 182
부정 斧正 183
부족회선 不足回旋 184
부중지어 釜中之魚 185
불가동일이어 不可同日而語 186
불구대천지수 不俱戴天之讎 187
불두착분 佛頭着糞 188
불수진 拂鬚塵 189
불원천리이래 不遠千里而來 190
불위농시 不違農時 191
불입호혈언득호자 不入虎穴焉得
  虎子 192
불치하문 不恥下問 193
비견접종 比肩接踵 194
비려비마 非驢非馬 195
비아부화 飛蛾赴火 196
비육지탄 髀肉之嘆 197
빈자일등 貧者一燈 198

사공견관 司空見慣 199
사마소지심 司馬昭之心 200
사면초가 四面楚歌 201
사반공배 事半功倍 202
사불급설 駟不及舌 203
사제갈주생중달 死諸葛走生仲達
  204
사제사초 事齊事楚 205
사체불근 오곡불분 四體不勤
  五穀不分 206
사택망처 徙宅忘妻 207
사회부연 死灰復燃 208
삼사이행 三思而行 209
삼십육계 三十六計 210
삼지무려 三紙無驢 211
삼천지교 三遷之敎 212
상가지구 喪家之狗 213
상경백유 相驚伯有 215
상궁지조 傷弓之鳥 216
상하기수 上下其手 217
새옹지마 塞翁之馬 218
서제막급 噬臍莫及 219
서족이기성명 書足以記姓名 220
선발제인 書足以記姓名 221
선착편 先着鞭 222
섭공호룡 葉公好龍 223
성공자퇴 成功者退 224

성하지맹 城下之盟 225	악사주천리 惡事走千里 249
세이공청 洗耳恭聽 226	안도 安堵 250
소리장도 笑裏藏刀 227	안중지정 眼中之釘 251
소훼란파 巢毀卵破 228	알묘조장 揠苗助長 252
송양지인 宋襄之仁 229	암전상인 暗箭傷人 253
수담 手談 230	앙급지어 殃及池魚 254
수도호손산 樹倒猢猻散 231	애옥급오 愛屋及烏 255
수불석권 手不釋卷 232	야이계일 夜以繼日 256
수심화열 水深火熱 233	약법삼장 約法三章 257
수욕정이풍부지 樹欲靜而風不止 234	양금택목 良禽擇木 258
수주대토 守株待兎 235	양상군자 梁上君子 259
승풍파랑 乘風破浪 236	양질호피 羊質虎皮 260
시작용자 始作俑者 237	어목혼주 魚目混珠 261
식마육불음주상인 食馬肉不飮酒傷人 238	언과기실 言過其實 262
식언이비 始作俑者 240	여도지죄 餘桃之罪 263
신구자황 信口雌黃 241	여민동락 與民同樂 264
신체발부 수지부모 身體髮膚受之父母 242	여어득수 如魚得水 265
신출귀몰 神出鬼沒 243	여작계륵 如嚼鷄肋 266
실부의린 失斧疑隣 244	역자이교지 易子而敎之 267
심부재언 시이불견 心不在焉 視而不見 245	연리지 如嚼鷄肋 268
심허 心許 246	연목구어 緣木求魚 269
십습이장 什襲而藏 247	연저지인 吮疽之仁 271
	영계기삼락 榮啓期三樂 272
	영서연설 郢書燕說 273
아	오리무중 五里霧中 274
	오부홍교 誤付洪喬 275
아도물 阿堵物 248	오십보소백보 五十步笑百步 276
	오우천월 吳牛喘月 278
	오일경조 五日京兆 279

옥하가옥 屋下架屋 280
와신상담 臥薪嘗膽 281
와우각상지쟁 蝸牛角上之爭 283
완낭수삽 阮囊羞澁 285
완석점두 頑石點頭 286
왕고좌우이언야 王顧左右而言也 287
왕자불간 내자가추 往者不諫 來者可追 288
외수외미 畏首畏尾 289
요동지시 遼東之豕 290
요량삼일 繞梁三日 292
요산요수 樂山樂水 293
욕속부달 欲速不達 294
우각괘서 牛角掛書 295
우공이산 愚公移山 296
운용지묘재일심 運用之妙在一心 298
원수불구근화 遠水不救近火 299
월단 月旦 300
월조대포 越俎代庖 301
위위구조 圍魏救趙 302
윤형피면 尹邢避面 303
은감불원 殷鑑不遠 304
음덕양보 陰德陽報 305
응성충 應聲蟲 307
의기양양 意氣揚揚 308
의문의려 倚門倚閭 309
이령지혼 利令智昏 310

이목지신 移木之信 311
이화구화 以火救火 312
인생여조로 人生如朝露 313
일거양득 一擧兩得 314
일국삼공 一國三公 315
일낙천금 一諾千金 317
일명경인 一鳴驚人 318
일부중휴 一鳴驚人 319
일신시담 一身是膽 320
일야십기 一夜十起 321
일엽장목 一葉障目 322
일전불치 一錢不值 323
일폭십한 一曝十寒 324
임갈굴정 臨渴掘井 325
임기응변 臨機應變 326
임현물이 任賢勿貳 327

자가약롱중물 自家藥籠中物 328
자상모순 自相矛盾 329
자수이정 숙감부정 子帥以正孰敢不正 330
장욕취지 필선여지 將欲取之 必先與之 331
장창소인 臧倉小人 332
재덕부재험 在德不在險 333
전심치지 專心致志 334
접석이행 專心致志 335
정문입설 程門立雪 336

제대비우 齊大非耦 337	초미지급 焦眉之急 365
조강지처 糟糠之妻 338	초요과시 招搖過市 366
조도상금 操刀傷錦 339	추고 推敲 367
조령모개 朝令暮改 340	치지도외 置之度外 368
조명시리 朝名市利 341	친통구쾌 親痛仇快 369
조삼모사 朝三暮四 342	
좌이대단 坐以待旦 343	◎ 카 ◎
주관방화 州官放火 344	쾌도참난마 快刀斬亂麻 370
주낭반대 酒囊飯袋 345	
주지육림 酒池肉林 346	◎ 타 ◎
죽림칠현 竹林七賢 347	타수가득 唾手可得 371
중과부적 衆寡不敵 348	타인한수 他人鼾睡 372
중지성성 衆志成城 349	타초경사 打草驚蛇 373
증삼살인 曾參殺人 350	탐려득주 探驪得珠 374
지록위마 指鹿爲馬 351	태산홍모 泰山鴻毛 375
지피지기 知彼知己 352	퇴피삼사 退避三舍 376
질풍경초 疾風勁草 353	
	◎ 파 ◎
◎ 차 ◎	파과지년 破瓜之年 377
차래지식 嗟來之食 354	파증불고 破甑不顧 378
창해상전 滄海桑田 355	파천황 破天荒 379
채미지가 采薇之歌 356	패군지장 敗軍之將 380
척지금성 擲地金聲 358	편언절옥 片言折獄 381
천리안 千里眼 359	평장우 平章雨 382
천의무봉 天衣無縫 360	포벽유죄 抱璧有罪 383
천재일우 千載一遇 361	포호빙하 暴虎馮河 384
철면피 鐵面皮 362	풍성학려 風聲鶴唳 385
청군입옹 請君入瓮 363	필부지용 匹夫之勇 386
초가벌진 楚可伐陳 364	

하

하동사자후 河東獅子吼 388
하어복질 河魚腹疾 389
하필성문 下筆成文 390
학립계군 鶴立鷄群 391
학불염이교불권 學不厭而敎不倦 392
한단학보 邯鄲學步 393
한마공로 汗馬功勞 394
할계언용우도 割鷄焉用牛刀 395
할석분좌 割席分坐 396
합포주환 合浦珠還 397
해령환시계령인 解鈴還是系鈴人 398
해인청문 駭人聽聞 399

행백리자 반어구십 行百里者半於九十 400
행불유경 行不由徑 401
현양두매구육 縣羊頭賣拘肉 402
형설지공 螢雪之功 403
호구여생 虎口餘生 404
호사수구 狐死首丘 405
화룡점정 畵龍點睛 406
화사첨족 畵蛇添足 407
회자인구 膾炙人口 408
후고지우 後顧之憂 409
후목난조 朽木難雕 410
후문여해 侯門如海 411
훼장삼척 喙長三尺 412
휴척상관 休戚相關 413
혼혼향영 欣欣向榮 414

특별부록 四字成語 417

가도멸괵 假途滅虢

假 : 빌릴 가 途 : 길 도 滅 : 멸할 멸 虢 : 나라이름 괵

뜻풀이 처음에 우선 길을 빌려 쓰다가 나중에는 그 나라를 쳐서 없앰을 이르는 말.

출전 『천자문(千字文)』

해설

진(晋) 나라의 헌공이 괵나라를 칠 생각으로 신하인 순식에게 의견을 물었다. 왜냐하면 괵나라로 가는 중간쯤에 규모가 작은 우(虞)나라가 있어서 그곳을 반드시 지나야 했기 때문이다. 헌공의 물음에 순식이 말했다.

"우나라의 왕은 욕심이 매우 많으므로 왕께서 좋은 구슬과 명마를 보내면서 길을 빌려 달라고 부탁하면 문제가 없을 것입니다."

이에 헌공이 순식의 말대로 하자 우나라의 왕은 마침내 마음을 움직여 궁지기라는 모사에게 이 일을 의논하자 그가 말했다.

"진나라군은 우리에게 길을 빌려 괵나라를 무너뜨린 다음에 틀림없이 우리나라를 무너뜨리려고 할 것이니 왕께서는 부디 허락하지 마십시오. 우리나라와 괵나라는 마치 이와 입술 같아서 입술이 망가지면 이가 시린 것처럼 괵나라가 망하면 우리나라도 반드시 위험할 것입니다."

하지만 궁지기의 건의를 뿌리치고 구슬과 명마를 탐낸 우나라의 왕은 진나라의 요구를 받아들이고 말았다. 그 결과 진나라는 괵나라를 멸망시키고 돌아오는 길에 우나라를 쳐서 멸망시켰다. 그리고 궁지기의 의견을 받아들이지 않은 우나라의 왕도 비참하게 최후를 맞이했다.

가유호효 家喩戶曉

家 : 집 가   喩 : 깨우칠 유   戶 : 집 호   曉 : 타이를 효

뜻풀이 집집마다 모두 안다는 말.

출 전 『열녀전(烈女傳)』

해 설

한나라의 어느 마을에 양고자라는 여인이 살고 있었는데, 어느 날 갑자기 그녀의 집에 불이 났다. 이때 그녀의 집에는 오빠의 아이와 그녀가 낳은 두 아이가 있었으므로 그녀는 위험을 무릅쓰고 불 속으로 뛰어들어가 오빠의 아이부터 먼저 구하려고 했다. 그런데 막상 아이를 구해 놓고 보니 오빠의 아이가 아니라 자기의 아이였으므로 다시 불 속으로 들어가려고 했으나 불길이 몹시 맹렬하여 도저히 들어갈 수가 없었다. 이에 양고자는 땅바닥에 주저앉아 중얼거렸다.

"이제 나는 내 아이만 구했다는 누명을 쓰게 되었구나! 앞으로 사람들이 집집마다 이 사실을 서로 알려 모두 알게 될 텐데(戶告人曉), 내가 어찌 그들의 온갖 비웃음을 받으며 무슨 낯으로 그들을 대할 수가 있으랴!"

그녀는 결국 오빠의 아이를 구하려고 불길 속으로 다시 뛰어들었으나 끝내 구하지 못한 채 아깝게도 목숨을 잃고 말았다.

참 조

호고인효(戶告人曉)는 집집마다 서로 알려 사람들이 모두 안다는 뜻인데 나중에 가유호효로 바뀌었다.

각주구검 刻舟求劍

刻 : 새길 **각** 舟 : 배 **주** 求 : 구할 **구** 劍 : 칼 **검**

뜻풀이 배에 표시를 한 뒤에 칼을 찾는다는 뜻으로, 매우 어리석음을 비유하는 말.

출전 『여씨춘추(呂氏春秋)』·〈찰금편(察今篇)〉

해설

초나라 사람이 어느 날 배를 타고 강을 건너다가 잘못하여 칼을 강물에 떨어뜨렸다.

그러자 이 사람은 깜짝 놀라 자신이 칼을 떨어뜨린 곳을 뱃전에 금으로 표시해 놓고 배가 강기슭에 닿자마자 뛰어내렸다. 그런 다음 곧장 뱃전에 표시한 금을 따라 물 속으로 들어가 칼을 찾았으나 결국 찾지 못하고 말았다.

그는 강물에 떨어진 칼이 배를 따라 강기슭으로 나올 수 없다는 것을 미처 몰랐던 것이다.

각화무염 刻畵無鹽

刻 : 새길 각 畵 : 그림 화 無 : 없을 무 鹽 : 소금 염

뜻풀이 몹시 마땅하지 않거나 차이가 너무 나는 물건을 비교함을 이르는 말.

출전 「진서」·〈주의전〉

해설
　춘추전국 시대 때 제나라의 무염이라는 곳에 종리춘이라는 여인이 살고 있었는데, 그녀는 워낙 못생겨서 나이가 40세가 넘도록 혼인도 못 한 처지였다.
　어느 날, 그녀는 제나라의 왕을 찾아가서 제나라가 안고 있는 여러 가지 문제들에 대한 해결 방법을 알려 주었다.
　이에 왕은 그녀의 재능에 매우 감탄하여 그녀를 왕후로 맞이하고 무염군에 봉했다.
　그런데 이때부터 사람들은 신분이 높고 낮음에 관계없이 못생긴 여자를 '무염'이라고 부르게 되었으며, 미녀를 서시(西施)라고 부르는 것처럼 무염은 추녀를 가리키는 대명사가 되어 버렸다.

강남일지춘 江南一枝春

江:강 강 南:남녘 남 一:한 일 枝:가지 지 春:봄 춘

뜻풀이 강남에서 친구에게 매화가지 하나를 보낸다는 뜻으로 친구사이의 두터운 우정을 이르는 말.

출전 『형주기(荊州記)』

해설

육개와 범엽은 아주 가까운 벗이었는데, 어느 날 육개가 강남에서 매화 가지 하나를 꺾어 장안의 친구가 범엽에게 역참에 딸린 이속을 통해 보내 주었다.

이때 육개는 매화 가지와 함께 시도 써서 보냈는데 그 내용은 다음과 같다.

折梅逢驛吏(절매봉역리)
寄與隴頭人(기여농두인)
江南無所有(강남무소유)
聊贈一枝春(요증일지춘)

매화를 꺾다가 역리를 만났으므로
이를 농두인에게 보내노라.
강남에 사는 나 가진 것이 아무것도 없으니
오직 한 가지의 봄꽃으로 대신하노라.

강노지말 強弩之末

強 : 강할 **강** 弩 : 쇠뇌 **노** 之 : 갈 **지** 末 : 끝 **말**

뜻풀이 처음에는 강한 화살도 나중에는 약해진다는 뜻.

출 전 「한서(漢書)」·〈한안국전(韓安國傳)〉

해 설
 중국 한나라 무제 때에 어느 날 북쪽의 흉노족들이 사신을 보내 화친을 요청하자 왕희가
 "화친은 안 되니 반드시 무력으로 그들을 정복해야 할 것입니다."
하고 반대했다.
 이에 한안국이 나서서 그의 주장을 반박했다.
 "저쪽에서 화친을 청해 왔는데 우리가 그것을 반대하고 우리가 무력을 쓴다면 어찌 될 것이오? 또 비록 원정을 떠난다고 하더라도 천 리가 되므로, 강한 화살도 마지막에 가서는 힘을 쓰지 못하듯이(强弩之末) 우리도 그렇게 될 것이 뻔하오."
 이리하여 결국 조정의 여러 대신들이 한안국의 말이 옳다고 했으므로 왕도 그의 의견에 따라 마침내 흉노족과 화친을 맺게 되었다.

개천벽지 開天闢地

開 : 열 개   天 : 하늘 천   闢 : 열릴 벽   地 : 땅 지

뜻풀이 천지가 처음으로 열림을 이르는 말.

출전 반고(盤古)의 『천지개벽 신화』

해설

　세상은 맨 처음에 하늘과 땅의 구분이 없이 마치 커다란 알과 같았고, 세상만물을 만든 반고가 그 알 속에서 자라다가 약 1만8천 년이 지난 후에 그 알을 깨뜨리고 나왔다. 그때 알 속에서 함께 나온 가볍고 맑은 기체는 하늘이 되고, 무겁고 탁한 물체는 땅이 되었다.

　하지만 처음에는 하늘과 땅 사이가 너무 가까웠으므로 반고는 허리를 펼 수가 없어서 그는 땅을 딛고 하늘을 짊어져서 하늘과 땅이 맞붙지 못하게 했다.

　이리하여 하늘은 점점 높아지고 반고의 키도 점점 커 갔으며, 1만8천 년이 지나자 하늘과 땅 사이와 반고의 키가 각각 9만 리가 되었다.

　이로써 하늘과 땅이 맞붙을 걱정이 사라지자 임무를 끝낸 반고는 세상을 떠났다.

　이때 그의 숨결은 바람과 구름이 되고, 그의 목소리는 우레가 되었으며, 왼쪽 눈은 해, 오른쪽 눈은 달이 되었다. 또 그의 손발과 몸집은 대지의 먼 끝과 사방의 명산이 되었고, 피는 강, 근육과 맥박은 길, 살은 밭, 뼈는 금속, 눈물과 침 등은 모두 비나 감로수가 되었다고 한다.

거안제미 擧案齊眉

擧 : 들 거   案 : 밥상 안   齊 : 가지런히할 제   眉 : 눈썹 미

뜻풀이 남편을 깍듯이 공경함을 이르는 말.

출전 『후한서(後漢書)』·〈양홍전(梁鴻傳)〉

해설

　양홍은 젊었을 때 집안이 몹시 가난했으나 열심히 공부하여 나중에는 학문에 매우 밝은 사람이 되었다. 하지만 벼슬에 뜻이 없던 그는 아내와 함께 검소하게 생활하는 것을 즐거움으로 삼고 있었다. 그의 아내인 맹광은 처녀 때에 살갗이 몹시 검고 뚱뚱하여 그녀의 부모는 딸의 혼사 문제로 몹시 걱정했다고 한다.

　왜냐하면 맹광이 못나서가 아니라 오히려 그녀가 양홍이 아니면 시집을 가지 않겠다고 굳게 버티었기 때문이었다.

　그래서 맹광의 부녀는 할 수 없이 양홍에게 청혼을 했는데 그녀의 성격을 잘 알고 있는 양홍은 선선히 승낙했다.

　그들이 결혼식을 치르는 날 맹광은 예복을 곱게 차려 입었다. 그런데 양홍은 이것을 매우 못마땅하게 여겨 7일 동안이나 그녀를 거들떠보지도 않았다.

　이에 맹광은 8일째 되는 날에 신부의 예복을 벗고 무명옷을 입자 양홍은 그제야 '이제야 양홍이 아내답다'면서 비로소 예식을 올렸다.

　그때부터 두 사람은 서로 돕고 사랑하며 살았는데, 양홍이 일을 끝내고 집에 돌아오면 아내는 밥상을 자기 눈썹 높이까지 올려 그에게 바쳤다(擧案齊眉).

거이기 양이체 居移氣 養移體

居:머물 거 移:옮길 이 氣:기운 기 養:기를 양 體:몸 체

뜻풀이 사람의 기상은 머무는 곳에 따라 변하고, 음식과 옷은 사람을 변하게 한다는 뜻.

출 전 『맹자(孟子)』·〈진심장구(盡心章句)〉

해 설

사람은 저마다 환경에 따라 각각 기상이 달라지고 음식과 의복에 따라 몸이 달라진다는 뜻이다.

맹자가 범 지방을 떠나 제나라의 서울로 갔는데, 그곳에서 임금의 아들을 본 후 탄식하며 이렇게 말했다.

"저 왕자는 살고 있는 집이나 수레와 의복이 보통 사람과 같은데 저렇게 당당하게 행동하는 것은 무엇 때문인가? 그것은 바로 그가 살고 있는 곳이 그렇게 만든 것이다. 제나라와 같은 구석지고 매우 으슥한 땅에 사는 왕자도 저러한데, 천하의 넓은 땅에서 사는 사람은 어떻겠는가? 옛날에 노나라 왕이 송나라에 가서 질택이라는 고을의 성문 앞에 서서 사람을 불렀는데 성문을 지키던 병사가 나와서 보며 '저 사람은 분명히 우리의 왕이 아니다. 그런데 어째서 우리의 왕과 목소리가 같을까'라고 했는데, 그 까닭은 다름이 아니라 살고 있는 곳이 서로 비슷하기 때문이다."

거재두량 車載斗量

車 : 수레 거　載 : 실을 재　斗 : 말 두　量 : 헤아릴 량

뜻풀이 헤아릴 수 없이 많은 것을 비유하는 말.

출전 「삼국지(三國志)」·〈오지(吳志)·오주권기〉

해설

　삼국 시대 때 촉나라의 황제 유비는 오나라 장수 여몽의 꾐에 빠져서 도원결의 형제인 아우 관우와 장비가 죽자 손수 70만 대군을 이끌고 오나라를 공격하자 손권은 깜짝 놀라 조자를 위(魏)나라에 보내 구원병을 요청했다.

　이리하여 조자는 허도에 가서 위나라 문제인 조비를 만나게 되었는데, 이때 조비의 말과 행동이 거만하기 이를 데 없었다.

　하지만 조자는 예의를 갖추면서 조비의 거만한 태도를 일일이 나무라자, 조비는 속으로 매우 감탄하면서 태도를 고쳐 공손하게 그에게 물었다.

　"오나라에는 그대와 같은 인재가 얼마나 있는가?"

　이에 조자는 목소리를 가다듬어 대답했다.

　"재주가 뛰어나고 총명한 사람은 90명쯤 되고, 저와 같은 사람은 수레로 실어 내고 되로 헤아릴 수 있을 정도로 많습니다."

거주양난 去住兩難

去 : 갈 **거** 住 : 머무를 **주** 兩 : 두 **양** 難 : 어려울 **난**

뜻풀이 가기도 어렵고 머무르기도 어렵다는 뜻으로, 이러지도 못하고 저러지도 못함을 비유하는 말.

출 전 「호가 18박」

해 설

　동한의 유명한 문인이자 음악가인 채문희(염)는 어려서부터 음악을 매우 사랑했는데, 북쪽의 흉노족에게 붙잡혀 가서 좌현왕과 결혼한 뒤에 그 곳에서 12년 동안이나 살았다.

　그때 한나라 승상이었던 조조는 그녀의 아버지인 채옹과 아주 가까운 사이였다. 그런데 학자였던 채옹이 세상을 떠난 후 그의 저작을 정리할 마땅한 사람이 없어서 조조는 흉노와 교섭하여 채문희를 데려오게 되었다.

　하지만 이때 두 아이의 어머니가 된 채문희는 사랑하는 아이들을 남겨 두고 떠나기도 어려웠고, 그대로 남아 있기도 싫어서 몹시 괴로워했다고 한다.

검려기궁 黔驢技窮

黔 : 검을 검 驢 : 당나귀 려 技 : 재주 기 窮 : 다할 궁

뜻풀이 보잘것없는 재주가 바닥이 낮음을 이르는 말.

출전 유종원(柳宗元)의 〈귀주의 나귀〉

해설

　옛날에 어떤 사람이 당나귀가 나오지 않는 귀주 지방에 당나귀 한 마리를 끌고 갔다가 쓸 데가 없어지자 산 밑에 내버렸다. 그때 호랑이 한 마리가 숲속에 숨어서 생전 처음으로 보는 이 당나귀를 덮칠 기회를 노렸으나, 당나귀의 몸집이 워낙 컸기 때문에 머뭇거리고만 있었다.

　그런데 갑자기 당나귀가 큰 소리로 우는 바람에 호랑이는 기절할 듯이 놀라 달아나 버리고 말았다.

　이때부터 호랑이는 날마다 숲속에 숨어서 당나귀를 유심히 살폈으나 며칠이 지나도록 당나귀한테서 대단한 것을 발견하지 못했다.

　이에 호랑이는 용기를 내어 당나귀에게 다가가 이리저리 건드리면서 한창 약을 올렸더니, 당나귀가 화가 나서 고작 한다는 짓이 뒷발질 뿐이었다.

　'흠, 네놈의 재주는 오직 뒷발질 뿐이구나!'

　이렇게 생각한 호랑이는 그제야 당나귀에게 와락 달려들어 잡아먹고 말았다.

견란구계 見卵求鷄

見 : 볼 견 卵 : 알 란 求 : 구할 구 鷄 : 닭 계

뜻풀이 계란에게 시간을 묻는다는 뜻으로, 몹시 급한 성격을 비유하는 말.

출전 『장자(莊子)』·〈제물론편(齊物論篇)〉

해설
　구작자가 어느 날 장오자에게 물었다.
　"제가 공자에게서 들으니, 성인은 속된 일을 하지 않고 결코 이익을 구하지도 않으며 해를 피하거나 구하는 것을 즐겨서 하지도 않는다고 하였습니다. 또한, 도를 따르려고도 하지 않으며 말을 하지 않아도 말함이 있고, 말을 해도 말함이 없으며, 속세를 떠나 먼 곳에서 노닌다고 하였습니다. 공자는 이 말이 허망하기는 하지만 미묘한 도의 본질이 드러나는 것이라고 했는데, 당신께서는 어찌 생각하시는지요?"
　이에 장오자가 대답했다.
　"그 말은 황제가 들어도 매우 황당할 노릇인데, 한갓 공자가 그것을 어떻게 알겠는가? 그리고 자네도 지나치게 함부로 판단한 것일세. 계란을 보고 새벽을 알리기를 바라는 것이나, 탄환을 보고 구운 새를 찾는 것과 다름없네."

견벽청야 堅壁淸野

堅 : 굳을 **견** 壁 : 벽 **벽** 淸 : 맑을 **청** 野 : 들 **야**

뜻풀이 성벽을 튼튼히 하고 주위의 모든 것들을 없애 버린다는 뜻.

출 전 『삼국지(三國志)』·〈순욱전(荀彧傳)〉

해 설

 후한 말에 조조가 연주 일대에서 여포를 쳐부수고 이어서 서주를 탐냈으나 이때 서주를 지키고 있는 장수 도겸이 민심을 얻고 있었으므로 쉽게 쳐부술 수가 없었다.

 그 후 도겸이 죽었다는 소식이 들리자 조조는 즉시 군사를 움직이려고 했으나 이때 그의 참모 순욱이 말렸다.

 "도겸이 비록 죽기는 했으나 그전에 우리가 그들을 공격한 일이 있으므로 그의 부하들은 우리의 공격을 막기 위해 준비를 철저히 하고 있을 것입니다. 그들은 성벽을 굳게 하고, 들을 깨끗이 정리하여(堅壁淸野) 우리들의 공격을 막으려고 할 테니, 만일 공격이 실패할 때는 우리가 도리어 위험하게 됩니다."

 그리하여 조조는 순욱의 말을 받아들여 서주 공격을 포기했다고 한다.

경원시 敬遠視

敬 : 공경할 **경**　遠 : 멀 **원**　視 : 볼 **시**

뜻풀이 공경하면서도 멀리한다는 뜻으로 적당한 거리를 두는 것을 이름.

출 전 『논어(論語)』·〈옹야편(雍也篇)〉

해 설

어느 날, 공자의 제자인 번지가 스승에게 물었다.

"스승님, 아는 것이란 무엇입니까?"

그러자 공자가 대답했다.

"사람의 도리를 다하기 위해 노력하며, 귀신이나 영혼에 대해 존경은 하되 알맞게 거리를 둔다면 안다고 할 수 있을 것이다(務民之義 敬鬼神而遠之 可謂知矣).

공자의 말처럼 적당히 공경하면서 섬기고 적당히 멀리하여 조심한다면, 어느 쪽에도 결코 치우치지 않으면서 두 가지를 간직할 수 있는 방법이 될 것이다.

계두지육 鷄頭之肉

鷄 : 닭 계　頭 : 머리 두　之 : 어조사 지　肉 : 고기 육

뜻풀이 여인의 젖꼭지를 비유하는 말.

출　전 『천보유사(天寶遺事)』

해　설

　당(唐)나라 현종의 사랑을 받던 양귀비가 어느 날 화청궁의 온천에서 목욕을 한 다음에 화장을 하고 있었다.

　바로 그때 양귀비의 몸을 감싸고 있던 수건이 벗겨지면서 매혹적인 그녀의 알몸이 그대로 드러났다. 이때 그녀의 봉긋한 젖가슴도 드러났는데, 이를 본 현종이 감탄하면서 말했다.

　"부드럽고 따뜻하여 계두 열매의 껍질을 갓 벗겨 놓은 것 같구나!"

　계두는 가시연이라 불리는 한해살이 물풀로서 못이나 늪에 나며, 땅속줄기는 먹고 가시연밥이라 불리는 가시연의 열매는 약으로 쓰인다.

고곡주랑 顧曲周郎

顧 : 돌아볼 **고**　曲 : 굽을 **곡**　周 : 두루 **주**　郎 : 사내 **랑**

뜻풀이 음악에 지식이나 경험이 뛰어난 사람을 일컫는 말.

출 전 『삼국지』·〈오지·주유전(周瑜傳)〉

해 설
　삼국 시대 때 오(吳)나라의 도독인 주유는 매우 꾀가 많고 군사를 부리는 기술이 뛰어났을 뿐만 아니라 음악을 듣고 알아내는 능력도 몹시 뛰어났다.

　주유는 술이 잔뜩 취한 상태에서도 음악을 듣다가 틀린 부분이 있으면 곧바로 연주자를 바라보곤 하였다.

　그리하여 이때 오나라에서는
"곡조에 잘못이 있으면 주랑이 돌아본다."는 민요까지 퍼지게 되었다. 민요에 나오는 주랑은 바로 주유를 가리키는 말이다.

고육지책 苦肉之策

苦 : 괴로울 **고**   肉 : 고기 **육**   之 : 어조사 **지**   策 : 꾀 **책**

뜻풀이 궁한 처지에 몰린 끝에 상대방을 속이기 위해 자기 몸을 괴롭혀 가면서 꾸미는 계책을 일컬음.

출 전 『삼국지연의(三國志演義)』

해 설

　제갈공명이 말하기를 "고육계를 쓰지 않고 어떻게 내가 조조를 속일 수가 있겠는가?"라고 하였다. 고육지책은 고육계라고도 한다.

공중누각 空中樓閣

空 : 하늘 **공** 中 : 가운데 **중** 樓 : 누대 **누** 閣 : 집 **각**

뜻풀이 하늘에 지은 큰 집으로 비현실적인 이야기나 문장 등을 비유하는 말.

출전 『몽계필담(夢溪筆談)』

해설

"등주는 사방이 바다로 둘러싸여 있는데, 봄과 여름에는 바다 멀리에서 하늘에 도시와 큰 집 모양이 어렴풋이 보인다. 그 고장 백성들은 그것을 가리켜 해시(海市)라고 한다."

뒷날, 청나라의 적호가『통속편(通俗篇)』이라는 책을 저술하면서 위의 글 뒤에 해설을 달아 놓았다.

"요즘 사람들이 말과 행동이 헛된 경우를 가리켜 공중에 누각을 짓는다고 하는데, 바로 이 일에서 나온 말이다."

이와 비슷한 말로는 신기루가 있다.

과유불급 過猶不及

過 : 지나칠 과   猶 : 오히려 유   不 : 아닐 불   及 : 미칠 급

뜻풀이 지나친 것이나 미치지 못하는 것이나 모두 좋지 않음을 이르는 말.

출 전 『논어(論語)』·〈선진편(先進篇)〉

해 설

어느 날 공자의 제자인 자공이 스승에게 물었다.
"스승님, 자장과 자하 중에서 누가 더 뛰어납니까?"
이에 공자가 대답했다.
"자장은 지나치고 자하는 미치지 못한다."
그러자 자공이 다시 물었다.
"스승님, 그러면 자장이 더 뛰어나다는 말씀이십니까?"
공자가 대답했다.
"지나친 것이나 미치지 못한 것이나 모두 마찬가지이다(過猶不及)."

과전불납리 瓜田不納履

瓜:오이 과 田:밭 전 不:아니 불 納:드릴 납 履:신 리

[뜻풀이] 오이밭에서는 허리를 굽혀 신을 고쳐 신지 말아야 하는 듯이 의심받을 행동은 하지 말아야 된다.

[출 전] 『당서(唐書)』·〈유공권전〉

[해 설]

중국 당나라 황제인 문종이 곽민을 빈영 지방의 으뜸 벼슬인 지방관에 임명했다. 그러자 이때 많은 사람들이 "곽민은 두 딸을 대궐에 들여보냈기 때문에 그 보답으로 벼슬을 한 것이다."라고 모두 수군거렸다.

이 사실을 알게 된 황제는 어느 날 유공권을 불러 말했다.

"곽민의 두 딸은 태후를 만나기 위해 궁궐에 들어온 것일 뿐 짐과는 아무런 관련도 없소."

그러자 유공권이 황제에게 아뢰었다.

"폐하! 오이밭이나 오얏나무 밑에서의 혐의를 집집마다 어찌 다 알릴 수가 있겠습니까?"

〈군자행(君子行)〉이라는 고시에는 이런 구절이 나온다.

瓜田不納履(과전불납리)
李下不整冠(이하부정관)

오이밭에서는 허리를 굽혀 신을 고쳐 신지 말고
오얏나무 밑에서는 관을 고쳐 쓰지 말아야 한다.

교주고슬 膠柱鼓瑟

膠 : 아교 교 柱 : 기둥 주 鼓 : 두드릴 고 瑟 : 거문고 슬

뜻풀이 거문고의 기둥을 아교로 붙여 놓으면 한 가지 소리만 나듯이, 고지식하여 융통성이 없음을 비유한 말.

출 전 『사기(史記)』·〈염파인상여열전〉

해 설

춘추전국 시대 때 진(秦)나라가 조나라에 쳐들어오자 왕은 조괄에게 군사를 이끌고 가서 진나라군을 막게 했다.

조괄은 어릴 때부터 아버지가 남겨준 병법책을 열심히 읽었으므로 군사 이론에는 매우 밝았다. 그러나 그는 실제로 싸워 본 경험이 없었기 때문에 이를 안 그의 어머니는 왕에게 아들의 대장 임명을 거두어 달라고 사정했다.

또한 인상여도 왕에게

"조괄은 전투 경험이 전혀 없는데도 그를 대장으로 삼으면 거문고 기둥을 아교로 붙여서 연주하는 것과 다름없습니다."하고 말렸으나 왕은 끝까지 듣지 않았다.

그 결과 조나라의 40만 대군은 조괄의 잘못된 지휘로 싸움에 패했고 이때 조괄도 전사했다.

구밀복검 口蜜腹劍

口 : 입 구 蜜 : 꿀 밀 腹 : 배 복 劍 : 칼 검

뜻풀이 입 안에는 꿀을 담고 뱃속에는 칼을 지녔다는 뜻으로, 겉으로는 친절한 척하나 마음속으로는 상대를 해칠 생각을 하고 있음을 비유한 말.

출전 『자치통감(資治通鑑)』·〈당 현종천보 원년〉

해설

중국 당나라 현종 때에 벼슬이 재상에 해당되었던 이임보는 황제의 친척이었으므로 권세가 매우 대단한데다가 글과 그림에도 몹시 뛰어났다.

하지만 그는 몹시 음흉하여 겉으로는 충신인 것처럼 보였으나 여우 같은 마음을 가지고 있었다. 그리하여 백성들은 그를 가리켜, "이임보는 입 안에는 꿀을 담고 있지만 뱃속에는 칼을 품고 있다(口有密腹有劍)."고 하였다.

구반문촉 扣盤捫燭

扣 : 두드릴 **구**   盤 : 쟁반 **반**   捫 : 문지를 **문**   燭 : 촛불 **촉**

뜻풀이 쟁반을 두드리고 초를 더듬어 만지는 것을 이르는 말로 하나만 알고 둘은 모른다는 뜻.

출 전 소동파(蘇東坡)의 『일유(日喩)』

해 설

어떤 사람이 태어날 때부터 장님이었으므로 해가 어떤 모양인지 모르고 지냈다. 그런데 하루는 이웃에 사는 사람이 그에게 쟁반을 두드리면서 해는 둥그런 쟁반 모양이라고 일러 주었다.

그 후 어느 날 먼 곳에서 둥둥둥 하는 소리가 들리자 장님은 기뻐하면서,

"오, 해가 떴구나!"하고 말하자, 옆에 있던 사람이 그것은 북을 치는 소리라면서 "해는 촛불보다 더 밝게 빛나지요."하고 초를 장님 손에 쥐어 주자 그는 알았다는 듯이 초를 더듬으면서 고개를 끄덕였다.

그로부터 며칠 후에 장님은 우연히 피리를 만지게 되었는데, 이때 장님은 피리를 더듬으면서 깜짝 놀라 외쳤다.

"아, 이것이 바로 해라는 것이구나!"

구상유취 口尙乳臭

口 : 입 구 尙 : 오히려 상 乳 : 젖 유 臭 : 냄새 취

뜻풀이 입에서 젖냄새도 가시지 않았다는 뜻으로, 상대방을 얕볼 때 쓰는 말.

출전 『사기(史記)』·〈고조기(高祖記)〉

해설

　중국 전한(前漢)의 초대 황제였던 유방이 한신을 보내 위나라군을 공격하려고 준비할 때였다.

　유방은 먼저 위나라군의 형세를 잘 살핀 후에 공격하려고, 위나라 사정에 밝은 역이기를 불러 물었다.

　"위나라군을 이끌고 있는 장군은 누구인가?"

　"백직이라는 자입니다."

　역이기의 대답을 들은 황제는 안심했다는 듯이 말했다.

　"그래? 백직이라면 나도 조금은 알지. 그는 입에서 아직 젖내도 가시지 않은 애송이 아닌가? 위나라군을 무찌르는 것은 어렵지 않군. 그가 무슨 용기로 한신이 이끄는 우리 군사를 당해 내겠는가?"

　유방은 곧바로 한신에게 위나라군을 공격하게 했다.

구화지문 口禍之門

口 : 입 구 禍 : 재앙 화 之 : 어조사 지 門 : 문 문

뜻풀이 입은 재앙을 불러들이는 문이라는 것을 이르는 말.

출전 풍도(馮道)의 〈설시(舌詩)〉

해설

풍도는 중국 당나라 말에 태어나 나라가 망한 뒤에 여러 나라에서 벼슬을 지냈다. 그는 언제나 말과 행동을 삼가며 살았으므로 나라가 매우 혼란한 때에도 무사하여 75세까지 장수할 수 있었다. 그의 〈설시〉를 보면 다음과 같다.

口是禍之門(구시화지문)
舌是斬身刀(설시참신도)
閉口深藏舌(폐구심장설)
安身處處牢(안신처처뢰)

입은 재앙을 불러들이는 문이요
혀는 몸을 자르는 칼이다.
입을 닫고 혀를 깊숙이 감춘다면
어느 곳에서나 몸이 편안할 것이다.

국인개왈가살 國人皆曰可殺

國:나라 국 皆:모두 개 曰:이를 왈 可:옳을 가 殺:죽일 살

뜻풀이) 백성들이 모두 죽이는 것이 옳다고 말하다.

출 전) 『맹자(孟子)』·〈양 혜왕 장구(梁惠王章句)〉

해 설)

　어느 날 맹자는 제나라의 선왕에게 인재를 뽑는 일에 대해 다음과 같이 말했다.

　"어떤 사람을 가리켜 주위 사람들이 어질고 능란한 인재라고 해도 꼭 그런 것은 아니며, 여러 대부들이 어진 사람이라고 인정해도 반드시 그렇지는 않습니다. 나랏사람 즉 많은 사람들이 모두 어진 사람이라고 인정할 때 비로소 살펴보고 인재가 틀림없으면 써야 합니다. 또 어떤 사람을 두고 주위 사람이나 대부들이 모두 안 된다고 하더라도 반드시 그렇지는 않습니다. 많은 사람들이 모두 안 된다고 할 때 비로소 살펴보고 정말로 안 될 것 같으면 그때 가서 파면시켜야 합니다. 이와 마찬가지로 주위 사람이나 여러 대부들이 어떤 사람을 가리켜 죽일 놈이라고 할 때에도 반드시 살펴보고 정말로 죽일 놈이면 그때 가서 죽여야 합니다. 그러면 그 사람은 대왕께서 죽이신 것이 아니라 모든 사람들이 죽인 것으로 됩니다."

　인재의 등용이나 처벌은 매우 신중해야 하므로 백성들의 의견을 수렴해야 한다는 것을 말한다.

군자유구사 君子有九思

君:임금 군 子:아들 자 有:있을 유 九:아홉 구 思:생각 사

뜻풀이 군자에게는 아홉 가지 생각이 있음을 이르는 말.

출 전 『논어(論語)』·〈계씨편(季氏篇)〉

해 설

　군자에게는 아홉 가지 생각이 있어야 하니 볼 때는 밝음을 생각하고, 들을 때는 총명한 것을 생각하며, 얼굴빛을 나타낼 때에는 항상 온화함을 생각해야 한다.

　또 얼굴 모양을 가질 때는 공손함을 생각하고, 말할 때는 충성스러운 마음을 생각하며, 남을 섬김에 있어서는 공경할 것을 생각해야 한다. 그리고 의심이 들 때에는 물어볼 것을 먼저 생각하고, 화가 날 때에는 그 화로 인해 닥칠 어려움을 생각하며, 무엇을 얻을 때에는 그것이 의로운 것인가를 곰곰이 생각해야 되는 것이다.

군자지덕풍 君子之德風

君: 임금 군 子: 아들 자 之: 어조사 지 德: 큰 덕 風: 바람 풍

뜻풀이 군자의 덕은 바람과 같다는 뜻으로, 웃사람의 행동은 아랫사람의 본보기가 됨을 이르는 말.

출 전 『논어(論語)』·〈안연편(顏淵篇)〉

해 설
계강자가 어느 날 공자에게 정치에 대하여 물었다.
"무도한 인간들을 죽인 후에 도가 있는 사람을 벼슬길에 나아가게 한다면 어떻겠습니까?"
이에 공자는 이렇게 대답했다.
"그대는 정치를 하겠다면서 어째서 살인하는 방법을 쓰려고 하시오? 그대가 먼저 착해지려고 애쓰면 백성들도 저절로 착해질 것이오. 군자의 덕은 바람 같고 소인의 덕은 풀 같은 것입니다. 바람이 불면 풀은 반드시 바람이 부는 쪽으로 쏠릴 것입니다."

귀마방우 歸馬放牛

歸 : 돌아갈 귀 馬 : 말 마 放 : 풀어놓을 방 牛 : 소 우

뜻풀이 말을 돌려보내고 소를 풀어놓는다는 뜻으로, 전쟁이 끝나고 평화로운 시대가 오는 것을 비유한 말.

출 전 『상서』·〈무성편〉

해 설

주나라의 무왕이 군사를 이끌고 상(은)나라를 칠 때였다. 무왕이 이끄는 주나라군은 밤중에 황하를 건너 목야에 이르러 전열을 가다듬고 곧바로 상나라의 서울인 조가로 쳐들어갔다.

주나라군은 의로운 싸움에 나섰으므로 모두 다 죽음을 각오하고 싸웠기 때문에 상나라군은 제대로 싸워 보지도 못하고 무너지기 시작했다.

그리하여 상나라는 쉽게 패망했고, 폭군으로 이름을 떨쳤던 주왕(紂王)은 무왕의 칼에 목숨을 잃고 말았다.

이로써 상나라는 망하고, 천하를 통일한 무왕은 어질고 착한 정치를 베풀었으므로 백성들은 평화로운 세상을 맞이하게 되었다.

극기복례 克己復禮

歸 : 돌아갈 귀 馬 : 말 마 放 : 풀어놓을 방 牛 : 소 우

뜻풀이 나를 이기고 예의를 회복한다는 뜻으로, 지나친 욕망을 누르고 예의를 좇게 함을 이르는 말.

출 전 『논어(論語)』·〈안연편(顔淵篇)〉

해 설
　어느 날 공자의 제자인 안연이 스승에게 어짊에 대해서 묻자 공자가 대답했다.
　"어짊이란 나(욕망)를 이기고 예의를 되찾는 것이다(克己復禮). 하루라도 나를 이기고 예의를 되찾는다면 천하가 어짊으로 돌아갈 것이다. 어짊을 행함은 곧 나로부터 비롯되는 것이지, 어떻게 남에게서 나오겠느냐?"
　안연이 다시 물었다.
　"극기복례할 수 있는 조목에는 어떤 것이 있습니까?"
　"예가 아니면 보지 말고, 듣지 말며, 말하지 말며, 행동하지도 말라."
　공자의 대답에 안연은 머리를 숙이며 공손히 말했다.
　"제가 비록 슬기롭지는 못 하나 스승님의 말씀대로 행하겠습니다."

근수누대 近水樓臺

近 : 가까울 근   水 : 물 수   樓 : 다락 누   臺 : 대 대

뜻풀이 물에 가까이 있는 누대를 이르는 말.

출 전 『청야록(淸夜錄)』

해 설
　중국 북송 때의 명신인 범중엄이 항주의 지부사로 있을 때 많은 사람들이 그의 추천을 받아 항주성 안의 문무 관원들이 되었다.
　그런데 오직 소린은 오랫동안 항주를 떠나 있었으므로 범중엄의 도움을 별로 받지 못했다. 이에 소린은 어느 날 범중엄을 만나 시 한 수를 지어 바쳤는데 그 시에 '못가에 있는 누대이기에 달을 먼저 볼 수 있고, 태양을 향한 꽃나무가 봄을 쉽게 맞이할 수가 있다.'는 구절이 들어 있었다.
　그러자 범중엄은 시를 한 번 읽어 본 후 소린의 뜻이 무엇인지 짐작하고 곧바로 그의 소원을 들어주었다고 한다.

금석위개 金石爲開

金 : 쇠 금   石 : 돌 석   爲 : 할 위   開 : 열 개

뜻풀이 정성이 어리면 쇠와 돌도 열 수 있음을 이르는 말.

출 전 『신서(新序)』

해 설

　웅거자라는 초나라 사람이 있었다.

　하루는 그가 다급한 일을 보고 밤길을 걸어 집으로 돌아오는데, 조금 떨어진 곳에서 호랑이가 움직이는 것 같아 그는 재빨리 어깨에 메고 있던 활을 벗겨 화살을 힘껏 쏘았다.

　그런 다음 집에서 하룻밤을 지내고 이튿날 아침에 마을 사람들과 함께 어젯밤에 화살을 쏘았던 곳으로 갔다. 그리고는 주위를 자세히 살펴보았더니 커다란 바위에 그의 화살이 박혀 있었는데 어찌나 깊이 박혔는지 거의 보이지 않을 정도였다.

　웅거자가 바위를 호랑이로 잘못 알고 온 정신을 한데 모아 화살을 쏘았던 것이다.

　이를 본 마을 사람들은 웅거자의 힘도 세지만, 정성이 어린 마음을 보여서 쇠와 돌을 꿰뚫었다고 감탄했다.

　이 말은 곧 '굳센 뜻은 쇠나 돌도 당하지 못한다.'는 것으로 '정성이 이르는 곳에는 금석마저도 열린다.'라고도 풀이된다.

금옥 金屋

金 : 쇠 금   屋 : 집 옥

뜻풀이 사랑하는 사람끼리 함께 사는 집을 비유하는 말.

해 설

　한(漢)나라의 무제가 어렸을 때 그의 아버지인 경제가 아들에게 물었다.

　"얘야, 장가가고 싶으냐?"

　"네, 가고 싶습니다."

　무제의 당돌한 대답을 들은 아버지의 누이가 자기 딸인 아교를 가리키며 그에게 물었다.

　"그렇다면 이 아이는 어떠냐?"

　이에 무제는 그 소녀를 보면서,

　"만약 제가 아교와 결혼한다면 저는 반드시 금으로 만든 집에 아내를 모셔놓고 살 것입니다." 하고 대답했다.

급과이대 及瓜而代

及 : 미칠 **급**   瓜 : 오이 **과**   而 : 어조사 **이**   代 : 대신할 **대**

뜻풀이 오이가 익을 무렵에 번을 갈아 준다는 뜻으로, 임기를 마치면 다른 곳으로 옮겨 주겠다는 말.

출 전 춘추 시대 제 양공

해 설

　중국 춘추전국 시대 때의 어느 날, 제나라의 양공이 송·노·진(陳)·채 등 네 나라와 함께 위(衛)나라를 공격했다. 이때 주나라의 장왕은 군사를 보내 위나라를 도왔으나 역시 패배하고 말았다. 그러자 양공은 주나라군과 위나라군이 제나라로 처들어오는 것을 막기 위해 연칭과 판지부라는 두 장군을 규구에 보내 국경을 지키게 하였다.

　두 장군은 국경으로 떠날 때 양공에게 언제 교대시켜 주겠느냐고 묻자, 마침 오이를 먹고 있던 양공은 "오이가 익을 무렵에 교대시켜 주겠다(及瓜而代)."고 간단히 대답했다. 즉 올해에 오이가 익을 때 떠나니 이듬해 오이가 익을 때 교대시켜 주겠다는 말이었다.

　그 후 이듬해 여름에 두 장군은 오이를 먹다가 문득 양공의 약속을 떠올리고 알아보았더니, 그는 곡성으로 간 지 한 달이나 지났다는 것이었다. 그래서 두 장군은 약속을 지켜 달라는 뜻으로 양공에게 오이를 보냈는데, 오이를 받은 그는 불같이 화를 내면서,

　"내년에 오이가 익을 때 다시 보자."고 말했다. 이에 두 장군은 약속을 지키지 않는 양공에게 불만을 품은 나머지 군사를 이끌고 쳐들어가 그를 죽여 버렸다.

기인우천 杞人憂天

杞 : 나라이름 기　人 : 사람 인　憂 : 걱정할 우　天 : 하늘 천

[뜻풀이] 기나라 사람이 하늘이 무너질 것을 걱정하듯이 쓸데없는 군걱정을 비유하는 말.

[출전] 『열자(列子)』·〈천서편(天瑞篇)〉

[해설]

약 3천 년 전에 중국 허난성 기현 일대에 작은 나라가 있었는데, 이 나라에 항상 쓸데없는 걱정을 하는 사람이 있었다. 그런데 그의 걱정 가운데 가장 큰 것은 하늘이 무너져 세상이 없어지면 자기도 살 수 없다는 것이었다. 이 때문에 그는 언제나 안절부절못하면서 지내는 것을 보고, 어떤 사람이 그에게 말했다.

"여보시오, 하늘은 결코 무너지지 않으니 걱정하지 마시오."

그래도 이 사람은 여전히 걱정하면서,

"하늘은 무너지지 않더라도 해나 달이나 별이 떨어질 수도 있지 않겠소? 또 혹시 땅이라도 꺼지면 어떻게 하겠소?"라면서 여전히 안절부절못했다.

이 말을 줄인 것이 기우(杞憂)이다.

나작굴서 羅雀掘鼠

羅 : 그물 **나**　**雀** : 참새 **작**　**掘** : 파헤칠 **굴**　**鼠** : 쥐 **서**

뜻풀이 그물을 펼쳐서 참새를 잡고 굴을 파서 쥐를 잡는다는 뜻으로, 어려움에 빠지면 수단과 방법을 가리지 않음을 비유하는 말.

출전 『당서(唐書)』·〈장순전(張巡傳)〉

해설

　당나라의 안록산이 반란을 일으키자 장순이 군사를 이끌고 휴양성을 지키게 되었다. 장순은 반란군의 공격을 받으면서도 성을 용감하게 지키고 있었으나, 결국 안록산의 부하 윤자기의 수십만 대군에게 포위당하게 되었다.

　이렇게 되자 장순은 비장 남제윤을 임회태수 하란진명에게 보내 구원병을 요청했으나, 그는 평소에 장순을 시기했던 터라 그냥 보고만 있었다.

　휴양성은 몇 달 동안이나 포위당했으므로 식량이 모두 바닥나자 반란군은 장순에게 항복하라고 권했으나, 그는 조금도 흔들리지 않은 채 군사들에게 참새와 쥐를 잡아먹으라고 명령을 내린 후 끝까지 성을 굳게 지켰다.

　그러나 반란군의 숫자가 워낙 많은데다가 군사들의 용기도 한계에 이르러 결국 장순은 윤자기에게 죽임을 당했으며, 휴양성은 마침내 함락되고 말았다.

낙모지신 落帽之辰

落 : 떨어질 **락**　帽 : 모자 **모**　之 : 어조사 **지**　辰 : 별자리 **신**

뜻풀이 중양절인 음력 9월 9일을 달리 이르는 말.

출 전 「진서」·〈환온전(桓溫傳)〉

해 설
　맹가는 어렸을 때부터 이름이 잘 알려졌으며 자라서는 정서장군인 환온의 보좌관이 되었는데, 환온은 그를 매우 중요하게 여겼다.
　그러던 어느 해 중양절에 환온과 맹가를 비롯한 부관들이 군복을 입고 술을 마시던 중 갑자기 바람이 불어 맹가의 모자가 땅에 떨어졌으나, 맹가는 술에 취해 이것을 모르고 화장실에 가게 되었다.
　이에 환온은 맹가가 어떻게 행동하는지 보려고 손성에게 그를 비난하는 글을 짓게 하여 그 글과 함께 맹가의 모자를 그의 자리에 두었다.
　이윽고 화장실에서 돌아온 맹가가 그 글을 보고 곧바로 답하는 글을 지었는데, 내용이 매우 훌륭했으므로 모든 사람들이 감탄하고 말았다.

낙양지귀 洛陽紙貴

洛 : 물이름 **낙**　陽 : 밝을 **양**　紙 : 종이 **지**　貴 : 고귀할 **귀**

[뜻풀이] 뤄양의 종이값이 크게 오르다.

[출전] 『진서(晉書)』·〈좌사전〉

[해설]

　서진(西晉) 때의 문인이었던 좌사는 사람들을 만나지 않고 오직 학문에만 온갖 정열을 쏟았다. 그리하여 약 1년에 걸쳐 〈제도부〉를 끝내고, 뤄양으로 옮긴 그는 위·촉·오 등 세 나라의 도읍지에 관한 〈삼도부〉를 쓰기로 결심하고 전적을 살피고 시상을 가다듬는 등 온갖 노력을 기울여 10년 만에야 완성했다.

　〈삼도부〉가 처음으로 나왔을 때는 그것이 매우 뛰어난 작품인 줄을 몰랐다. 그러던 중 유명한 학자였던 황보 밀과 문학계의 권위자였던 장화 등에게서 높은 평가를 받자 〈삼도부〉는 이름을 크게 드날리게 되었다. 이리하여 〈삼도부〉는 순식간에 세상에 알려져 뤄양성 안의 문사들과 권문세가의 아들들이 이 작품을 베끼기 시작했으므로 성 안의 종이값이 갑자기 치솟았다.

　전하는 말에 따르면 그때에 이름난 작가였던 육기도 일찍이 〈삼도부〉를 쓰려고 했는데, 좌사가 먼저 썼다는 것을 알고 처음에는 비웃었다고 한다. 그러나 좌사의 〈삼도부〉를 읽어 본 뒤에는 자기가 똑같은 작품을 써도 좌사의 작품보다 뒤떨어질 것을 느낀 나머지 포기했다고 한다.

낙정하석 落井河石

落 : 떨어질 락 井 : 우물 정 河 : 물 하 石 : 돌 석

뜻풀이 우물에 빠진 사람에게 돌을 던진다는 뜻으로, 남이 어려운 처지에 빠졌을 때 도와주기는커녕 오히려 더 괴롭힘을 이르는 말.

출전 한유의 〈묘지명(墓誌銘)〉

해설

중국 당나라 때의 대문인이었던 한유는 친구인 유종원이 간신들의 모함으로 억울하게 죽자 그를 위해 〈묘지명〉을 썼는데, 그 중에 다음과 같은 구절이 있다.

"아! 선비는 어렵고 가난할 때 비로소 그의 지조를 알 수 있다. 오늘날 사람들이 어두운 골목에서 머무르며 서로 아끼고, 음식과 술을 나누면서 즐겁게 웃으며, 마치 자기의 심장도 꺼내 줄 것처럼 벗이라고 하면서 하늘의 해를 가리키며 눈물을 흘리며 죽고 살기를 함께 하겠다고 간곡하게 말한다. 그러나 만약 머리털처럼 아주 작은 이해관계라도 생기면 벗과 남을 구별할 줄을 모르게 된다. 그대가 만약 남의 모함으로 함정에 빠졌다면 그대를 구하지 않고 도리어 돌을 던질 사람이 뜻밖으로 많을 것이다. 이런 짓은 짐승이나 오랑캐들도 차마 하지 못하는데, 그들은 스스로 이를 훌륭한 계책이라고 생각한다. 그러나 유종원의 기풍과 모습을 듣는다면 조금은 부끄러워할 것이다."

난형난제 難兄難弟

難 : 어려울 난 兄 : 맏 형 弟 : 아우 제

뜻풀이 누구를 형이라고 하거나 아우라고 하기가 어렵다는 뜻으로, 두 가지 사물이나 사람을 구별하기가 어려움을 이르는 말.

출 전 『세설신어(世說新語)』·〈방정편(方正篇)〉

해 설

진기에게는 진군이라는 아들이 있었는데, 진군은 위나라 초대 황제인 조비의 밑에서 벼슬을 지낸 사람으로 어렸을 때의 일화가 있다.

하루는 작은아버지인 진심의 아들 진충과 서로 자기의 아버지 자랑을 하다가 결론이 나지 않자 그들은 할아버지인 진식에게 도움을 청하였다. 이에 두 손자들의 말을 들은 진식이 결정을 내렸다.

"글쎄, 진군의 아비를 형이라고 하기도 어렵고, 진충의 아비를 아우라고 하기도 어렵구나."

진식은 후한 말의 사람으로 양상군자로 유명하며, 두 아들인 진기, 진심과 함께 인격과 덕망이 높아 3군자로 불릴 정도였다.

남가일몽 南柯一夢

南 : 남녘 **남** 柯 : 가지 **가** 一 : 한 **일** 夢 : 꿈 **몽**

뜻풀이 인간의 부귀영화는 한낱 헛된 꿈에 지나지 않음을 이르는 말.

출 전 『남가기(南柯記)』

해 설

　순우분이라는 사람은 술을 매우 좋아했는데, 하루는 술이 잔뜩 취해 회나무 밑에 쓰러진 것을 그의 두 친구가 부축해서 방 안에다 뉘어 놓았다. 얼마 후 꿈나라로 들어간 순우분 앞에 두 명의 사신이 찾아와서 그에게 말했다.

　"저희들은 괴안국 사람으로 왕의 명을 받아 그대를 모시러 왔습니다."

　이에 순우분은 그들을 따라 나가서 밖에 있는 수레에 올라 회나무 밑의 깊은 굴속으로 들어갔다.

　순우분은 왕궁으로 들어가 임금을 뵙고 그의 사위가 되었으며, 남가군 태수가 되어 30년을 사는 동안에 5남 2녀를 두었다.

　어느 날 단란국이 괴안국을 공격하자 순우분은 대군을 이끌고 싸웠으나 패하고, 아내마저 적군에게 살해되자 임금의 신임을 잃고 쫓겨나고 말았다. 그 바람에 순우분이 놀라서 눈을 떠보니 그것은 한낱 꿈이었고, 그의 친구들이 자기의 발을 씻고 있었다.

　이에 순우분이 꿈 이야기를 친구들에게 들려 주고 나서 친구들과 함께 밖으로 나가 회나무 밑을 파 보았더니 커다란 개미굴이 있었다고 한다.

남산가이 南山可移

南 : 남녘 남　山 : 뫼 산　可 : 옳을 가　移 : 옮길 이

뜻풀이 남산은 옮길 수 있어도 한 번 내린 결정은 바꿀 수 없음을 이르는 말.

출전 『구당서(舊唐書)』·〈이원굉전(李元紘傳)〉

해설
　중국 당나라 때 옹주군에 이원굉이라는 사람이 있었는데, 그는 호적을 관리하고 민사 소송을 판결하는 사호참군이라는 벼슬에 있었다.

　그는 매우 정직하고 안건을 공정하게 처리하는 사람인데 어느 날 중이 찾아와서 어떤 사람이 절에 있는 돌로 만든 말을 빼앗아 갔다면서 하소연했다. 그 사람은 태평공주라는 악한으로 조정의 권세를 등에 업고 온갖 나쁜 짓을 일삼는 세력가였다.

　그러나 이원굉은 조금도 두려워하지 않고 태평공주를 관아에 부른 뒤 빼앗은 물건을 절에 돌려주라고 판결했다.

　그러자 이원굉의 상사인 두회정이 태평공주를 두려워하여 이원굉에게 판결을 바꾸라고 권하자, 그는 얼굴빛 하나 변하지 않고 판결문 뒤에다 '남산은 옮길 수 있어도 판결은 바꿀 수 없다(南山可移 判不可搖)'라고 써서 보여 주었다.

남우충수 濫竽充數

濫 : 넘칠 **남**　竽 : 피리 **우**　充 : 채울 **충**　數 : 숫자 **수**

뜻풀이 남아도는 악사로 부족한 숫자를 채운다는 뜻.

출 전 『한비자(韓非子)』·〈내저설(內儲說)〉

해 설

　중국 춘추전국 시대 제나라의 선왕은 생황 듣기를 매우 좋아했는데, 독주보다는 합주를 즐겨서 3백 명의 악사들에게 연주를 시켰다.

　그런데 3백 명의 악사들 중에는 생황을 전혀 불 줄을 모르는 남곽이라는 사람도 있었는데, 그는 악사들 틈에 끼어 부는 시늉만 내면서 몇 해 동안 후한 대접을 받으며 잘 지냈다.

　그 후, 선왕이 세상을 떠나고 그의 아들이 왕위에 올랐는데, 이가 바로 민왕이었다.

　민왕도 생황 연주를 좋아했으나 합주보다는 독주를 즐겼으므로 3백 명의 악사를 차례로 불러놓고 독주를 시켰다.

　그러자 남곽은 할 수 없이 생황을 버리고 달아나 버렸다.

남원북철 南轅北轍

南 : 남녘 남 轅 : 끌채 원 北 : 북녘 북 轍 : 바퀴자국 철

뜻풀이 남쪽으로 가려고 하면서 북쪽으로 수레를 몰고 간다는 뜻으로, 서로 정반대가 되는 것을 이르는 말.

출전 『전국책(戰國策)』·〈위책〉

해설

춘추전국 시대 때 위나라가 조나라를 공격하려고 하자 외국에 사신으로 가 있던 계량이 그 소식을 듣고 급히 고국으로 돌아와서 임금에게 아뢰었다.

"신이 오늘 길에서 수레를 타고 초나라로 간다는 사람을 만났습니다. 그런데 초나라와는 정반대 방향은 북쪽으로 수레를 몰고 가기에 이상해서 물었더니, 그는 말이 좋아서 괜찮고, 노자가 많아서 괜찮으며, 마부가 수레를 잘 다루니 괜찮다는 것이었습니다. 그렇지만 아무리 말이 좋고 노자가 많으며 마부가 수레를 잘 다룬다고 해도 가려고 하는 방향이 틀렸는데 어떻게 목적지에 이를 수가 있겠습니까? 수레를 계속 몰고 갈수록 목적지와 더욱 멀어질 것이 뻔합니다. 이처럼 지금 대왕께서 우리나라가 강한 것만 남의 나라를 친다면 초나라로 가려는 사람이 엉뚱하게 반대 방향으로 가는 것과 마찬가지인 줄로 압니다."

계량의 말을 들은 왕은 비로소 느낀 점이 있어 곧바로 초나라를 칠 계획을 포기했다.

낭중지추 囊中之錐

囊 : 주머니 낭 中 : 가운데 중 之 : 어조사 지 錐 : 송곳 추

뜻풀이 주머니 속에 송곳이 들어 있어도 반드시 뾰족한 끝을 드러내는 것처럼, 재능이 뛰어난 사람은 몰래 피해 있어도 자연히 사람들에게 알려진다는 말.

출 전 『사기(史記)』·〈평원군전(平原君傳)〉

해 설

중국 춘추전국 시대 때 진(秦)나라가 조나라에 쳐들어오자 혜문왕은 아우이자 재상인 평원군을 초나라에 사신으로 보내 구원병을 요청하기로 했다.

이에 평원군은 같이 갈 사람 20명을 그의 식객 3,000명 중에서 뽑았는데, 19명은 뽑았으나 나머지 1명은 뽑지 못해 몹시 고민하고 있었다.

그러자 이때 모수라는 식객이 나서서 평원군에게 청했다.

"대감, 저를 뽑아 주십시오."

평원군은 그를 처음으로 보는 것 같아서 물었다.

"그대는 내 집에 언제 왔소?"

"3년 정도 되었습니다."

이에 평원군이 모수에게 타이르듯이 말했다.

"재능이 뛰어난 사람은 마치 주머니 송곳이 그 뾰족한 끝을 드러내듯이 숨어 있어도 언제인가는 세상 사람들이 자연히 알게 되는 법이오. 그런데 내 집에 온 지 3년쯤 되었다는 그대는 내 눈에 한

번도 띈 적이 없으니 별다른 재능이 없는 것 아니오?"

"그것은 대감께서 소인을 지금까지 주머니 속에 넣어 주시지 않았기 때문입니다. 이번에 소인을 주머니 속에 넣어 주신다면 반드시 그 끝을 드러내 보일 것입니다."

평원군은 모수의 재치 있는 말에 만족하고 그를 일행 속에 넣었다. 그리하여 20명을 이끌고 초나라에 이른 평원군은 모수의 눈부신 활약으로 극진한 대우를 받았으며 목적도 쉽게 이룰 수가 있었다.

내우외환 內憂外患

內 : 안 내　憂 : 근심 우　外 : 바깥 외　患 : 근심 환

뜻풀이 나라 안팎의 근심과 걱정을 일컫는 말.

출전 『십팔사략(十八史略)』

해설

　춘추전국 시대 때 초나라와 진(晉)나라가 한때 대립한 적이 있었다. 기원전 579년에 진나라 여공이 송나라와 동맹을 맺어 잠깐 동안 평화가 지탱되었으나, 3년 뒤에 초나라가 정(鄭)나라와 위(衛)나라를 공격하자 결국 평화가 깨어지고 말았다.

　이때 진나라 안에서는 극·낙·범씨 등의 대부들이 정권을 잡고 있었는데, 이보다 앞서 낙서는 진나라에 반기를 든 정나라를 치기 위해 스스로 장군이 되었고, 범문자는 부장이 되었다.

　그리고 정나라와 초나라군이 나타나자 낙서는 초나라와 싸우자고 했는데, 범문자가 이를 반대하고 나섰다.

　"제후가 반란을 일으키면 이를 치고, 공격을 당하면 구하는 것이 마땅하나, 그러다가는 나라가 매우 위태로워질 걱정이 있소. 성인이라면 능히 밖의 근심도 없고 안의 걱정도 없게 할 수 있겠으나, 우리의 경우는 나라 밖의 재난이 없으면 반드시 나라 안에서 일어나는 근심이 있는 형편이오. 그러므로 초나라와 싸우는 것은 잠깐 멈추고, 나라 안의 문제부터 정리하는 것이 어떻겠소?"

내조지공 內助之功

內 : 안 내   助 : 도울 조   之 : 어조사 지   功 : 공 공

뜻풀이 아내가 남편을 도와줌을 일컫는 말.

출 전 『삼국지(三國志)』·『위서(魏書)』·〈후비전(后妃傳)〉

해 설

　위나라 초대 황제인 조비의 황후 곽씨는 태어나면서부터 남달리 영리하여 그녀의 아버지는 "내 딸은 여자 중의 왕이다."라고 하여 여왕으로 불리었다. 조조가 위나라 왕이었을 때 그녀는 세자궁으로 들어가서 조비를 황태자로 세우기 위해 여러 모로 공을 세웠다. 왜냐하면 조조가 조식을 더 사랑하여 그를 황태자로 삼으려고 했기 때문이었다. 그러나 황후는 시기심도 매우 강하여 조예의 어머니인 견후를 모함하여 죽게 만들기도 하였다.

　이보다 앞서 조비가 곽씨를 황후로 삼을 때에 잔잠이 반대하며 그에게 상소했다.

　"예부터 제왕이 훌륭한 정치를 하는 데에는 조정에서 정사를 돕는 신하는 물론이고, 아내가 지아비를 돕는 공(內助之功)도 중요합니다. 성품이 부드럽고 따뜻하지 못하거나 사납고 독살스러운 여인을 황후의 자리에 앉힐 수는 없습니다. 또한 신분이 낮은 여인을 황후로 맞아들였다가 패가망신하는 경우도 있습니다. 그러므로 황후를 정하실 때에는 특별이 신중을 기해야 할 것입니다."

　하지만 조비는 잔잠의 상소를 받아들이지 않고 곽씨를 황후로 맞아들였다.

노구능해 老嫗能解

老 : 늙을 노 嫗 : 늙은여자 구 能 : 능할 능 解 : 풀 해

[뜻풀이] 할머니도 능히 이해할 수 있음을 뜻하는 말.

[출전] 당나라 백거이

[해설]

　중국 당나라 때의 대표적 시인이었던 백거이는 평생 동안 주옥 같은 훌륭한 시를 많이 남겼다.

　그의 시는 누구나 다 이해할 수 있게 입으로 말하는 것처럼 쓴 것이 특징이었다. 그는 시를 완성하면 그때마다 무식한 할머니들에게 읽어 주고, 만약에 할머니들이 이해하지 못하는 구절이 있으면 반드시 고쳤다.

　이리하여 '백거이의 시는 할머니도 알아들을 수 있다.(白居易詩 老嫗能解)'는 말이 나오게 되었다.

노마식도 老馬識途

老 : 늙을 노 馬 : 말 마 識 : 알 식 途 : 길 도

뜻풀이 늙은 말이 길을 안다는 뜻으로, 경험이 많아서 일을 잘 처리하는 사람을 일컫는 말.

출 전 『한비자(韓非子)』·〈설림편(說林篇)〉

해 설
  제나라의 재상이었던 관중은 환공을 따라 고죽국이라는 나라를 공격한 일이 있는데, 그는 봄에 떠났다가 겨울에야 물러나게 되었다.
  그런데 제나라군들은 길을 잘못 들어 엉뚱한 곳으로 가는 바람에 군사들은 길을 찾느라고 갈팡질팡하게 되었다.
  이때 관중이 나서서 군사들을 안심시켰다.
  "아무 걱정 마시오. 늙은 말들은 경험이 많아 길을 잘 알기 때문에 반드시 우리를 안내해 줄 것이오."
  관중은 곧 늙은 말 몇 마리를 골라 앞장서게 했더니, 말들은 봄에 왔던 길을 따라 곧장 가는 것이었다.
  이리하여 제나라군은 모두 무사히 돌아오게 되었다.

노사일음 勞思逸淫

勞 : 힘쓸 **노** 思 : 생각 **사** 逸 : 한가할 **일** 淫 : 음탕할 **음**

뜻풀이 사람이 일을 하지 않고 놀기만 하면 그릇되기 쉬움을 이르는 말.

출전 노나라 공보문백

해설

중국 춘추전국 시대 때 노나라의 대부인 공보문백이 퇴근하여 집에 돌아와 보니 늙은 어머니가 삼을 삼고 있었다. 이것을 본 공보문백은 깜짝 놀라

"어머니, 우리가 가난하지도 않은데, 어머니께서 삼을 삼으신다면 남들이 저를 보고 무능하다고 비웃을 테니 그만두십시오."하고 말렸다. 그러자 귀족의 집안에서 자랐던 그의 어머니는 아들을 앞에 앉혀 놓고 매우 엄하게 꾸짖었다.

"너와 같은 사람이 벼슬살이를 하고 있으니 우리 노나라가 망하게 된 것이다. 사람은 일을 해야 좋은 생각을 하게 된다. 항상 편안하게 지내는 사람은 결국 방탕하게 되고 나쁜 마음을 갖게 되는 것이다."

노안비슬 奴顔婢膝

奴 : 종 노   顔 : 얼굴 안   婢 : 계집종 비   膝 : 무릎 슬

뜻풀이 종이 상전을 대하듯이 남에게 굽실거리는 비굴한 태도를 이르는 말.

출 전 〈강호산인가(江湖散人歌)〉

해 설

　진(晉)나라 때 갈홍이 쓴『포박자(抱朴子)』·〈교제편(交際篇)〉에 "굽실거리며 바로 쳐다보지도 못 한다."는 글이 실려 있으며, 당나라의 시인 육구몽의 시 〈강호산인가(江湖散人歌)〉에는 노안비슬이라는 말이 나온다.

　그 후 중국 남송(南宋) 때에 이르러 원나라의 침략이 잦은데다가 황제와 대신들의 무능과 부패가 쌓이고, 적과 타협하는 정책을 써서 많은 영토를 잃어버렸다.

　그러자 진중위라는 사람이 용감하게 집권자들을 꾸짖는 상소를 올렸는데. 이때에도 노안비슬이라는 말을 썼다.

　즉 적들 앞에서 종이 상전을 대하듯이 얼굴에는 비굴한 웃음을 띄고 다리를 후들후들 떨었다는 것이다.

노어해시 魯魚亥豕

魯 : 노나라 **노**　魚 : 물고기 **어**　亥 : 돼지 **해**　豕 : 돼지 **시**

뜻풀이 글자를 틀리게 쓰거나 틀리게 새기는 실수를 일컫는 말.

출전 『공자가어(孔子家語)』

해설

　공자의 제자인 자하가 진(晉)나라로 들어갈 때 위나라를 지나게 되었다. 그때 어떤 사람이 역사책을 들고,

　"진사벌진(晉師伐秦)함에 삼시섭하(三豕涉河)로다."라고 읽는 것을 들었다. 즉 그 뜻은 '진나라를 칠 때에 돼지 세 마리가 강을 건넜다'는 뜻이었다.

　이에 자하는 그 사람에게,

　"아니, 진나라군 중에서 돼지 세 마리가 강을 건넜다니 그게 어디 이치에 맞는 말입니까? 아마도 삼시섭하가 아니라 기해섭하(己亥涉河)이겠지요."하고 말했다.

　그런 뒤에 진나라에 가서 알아보니 역시 기해섭하, 즉 기해날에 강을 건넜다는 것이었다.

　결국 기해와 삼시는 글자 모양이 매우 비슷했으므로 그 사람이 틀리게 읽었던 것이다.

　이처럼 글자를 틀리게 읽음으로써 웃음거리가 되는 것을 가리켜 노어해시라고 한다.

노이무공 勞而無功

勞 : 힘쓸 노   而 : 어조사 이   無 : 없을 무   功 : 공 공

뜻풀이 온갖 애를 썼으나 아무런 보람이나 효과가 없음을 일컫는 말.

출 전 『장자(莊子)』·〈천운편(天運篇)〉

해 설

　공자가 위(衛)나라로 떠나고 없을 때에 안연이 사금에게 물었다.
　"우리 스승님의 여행에 무슨 일이 없겠습니까?"
　"안됐지만 그대의 스승은 아마 곤욕을 치를 것이오."
　사금의 말에 안연이 깜짝 놀라며 물었다.
　"어째서 곤욕을 치른다고 하십니까?"
　"그대 스승은 전에도 지방에서 여러 번 곤욕을 치르곤 했었습니다. 대체로 물 위를 가려면 배를 이용해야 하고, 땅 위에서는 수레를 이용해야 되는 것이오. 그런데 물 위를 가야 할 배를 육지로 옮겨 밀고 가려면 평생을 수고해도 한 발짝도 가지 못할 것이오. 지금은 옛날과 오늘의 차이가 물과 육지의 차이와 같고, 주(周) 나라와 노나라의 차이도 배와 수레의 차이 같습니다. 그런데도 주나라의 도를 노나라에서 실행하려는 것은 마치 배를 육지에서 끌어당기는 것과 같아서 비록 애는 쓰지만 효과는 반드시 신통하지 않을 것이오. 또한 그대 스승의 몸에도 재앙이 닥칠 것이오."

녹림 綠林

綠 : 푸를 록   林 : 수풀 림

뜻풀이 본디는 형주에 있는 산의 이름이었으나, 전한(前漢) 말에 망명자들이 이 산에 숨었기 때문에 도적이라는 다른 이름으로 불리게 되었다.

출 전 『한서(漢書)』·〈왕망전(王莽傳)〉

해 설
중국 전한 말의 정치가인 왕망은 한나라를 뒤엎고 신나라를 세워 여러 가지 개혁 정책을 시행하였으나 모두 실패했고 엄청난 혼란을 일으켰다.

또 실정으로 인해 발생한 굶주림으로 백성들의 생활이 진구렁으로 빠지자, 일반 백성들과 지방의 세력가들을 중심으로 곳곳에서 반란이 일어났다. 그들은 처음에는 적은 숫자였으나, 형주에 있는 녹림산으로 모이면서 대규모의 반란군을 이루게 되었다.

이때 모인 반란군의 우두머리들은 장패를 비롯하여 왕상·왕광·왕봉·마무·양목·성단 등으로, 이들은 곳곳에서 관군과 싸워 승리하면서 눈덩이처럼 세력을 키워 나갔다.

그리하여 한때는 반란군의 숫자가 5만 명을 넘은 적도 있었다.
그러다가 뒷날에 후한을 세운 유수(광무제)와 유현이 군사를 일으키자 이들도 유수의 군사들과 힘을 합쳤다. 이로써 왕망은 나라를 세운 지 15년 만에 망하고 말았다.

논공행상 論功行賞

論 : 논할 **논**　功 : 공 **공**　行 : 행할 **행**　賞 : 상줄 **상**

뜻풀이 세운 공을 평가하고 의논하여 주는 상을 이르는 말.

출 전 『삼국지(三國志)』·『위지(魏志)』·〈명제기(明帝紀)〉

해 설

　위나라의 문제인 조비가 죽고 조예가 황제의 자리에 올라 명제가 되자, 이 소식을 들은 오나라의 손권은 곧바로 군사를 이끌고 위나라를 공격했다.

　이에 태수인 문빙이 오나라군을 맞아 싸웠는데, 조정에서 군사를 보내 문빙을 도우려고 하자 조예가 나서서 말렸다.

　"오나라는 본디 물 위에서의 싸움에는 강한 군대인데, 그들이 배를 버리고 육지에 오른 것은 그만큼 자신이 있기 때문일 것이다. 그러나 싸움이 그들의 뜻대로 되지 않으면 곧 지칠 것이고, 특히 우리의 군사는 문빙이 지휘하고 있으니 오래지 않아 오나라군은 쫓기는 신세가 될 것이다."

　조예의 말대로 얼마 뒤에 과연 오나라군은 물러나기 시작했는데, 이 기회를 놓치지 않고 위나라군은 그들을 공격했다.

　그리하여 사마 의는 오나라군의 장수인 장패의 목을 베었고, 조휴도 심양에서 오나라군을 쳐부수었다.

　싸움이 끝나자 위나라 조정에서는 공을 세운 실적에 따라 상을 주었는데 한 치도 틀리지 않고 모두 공평했다.

농병황지 弄兵潢池

弄 : 희롱할 농 兵 : 병사 병 潢 : 못 황 池 : 못 지

뜻풀이 하는 짓이 아이들 장난과 같다는 뜻.

출 전 『한서(漢書)』·〈공수전(龔遂傳)〉

해 설
　한나라 선제 때에 발해군 일대의 백성들은 관리들의 온갖 횡포로 생활이 매우 어려워지자 곳곳에서 반란을 일으켰다.
　이에 선제는 신하들이 추천하는 공수를 발해 태수로 삼아 발해군의 반란을 가라앉히라고 명령하였다.
　이때 공수는 70세가 넘은 노인이었고 몸집도 매우 작아서 선제가 보기에 아무래도 의심스러워서
　"그대는 반란을 가라앉힐 무슨 방법이라도 있는가?"하고 물어보았다. 그러자 공수는
　"백성들이 반란을 일으키는 것은 생활이 매우 어렵기 때문인데, 이는 폐하의 무지한 아이들이 썩은 물이 있는 못에서 병기를 휘두르며 장난하는 것과 같습니다(弄兵潢池)."라고 대답했다.

누란지위 累卵之危

累 : 포갤 **누**　卵 : 알 **란**　之 : 어조사 **지**　危 : 위태할 **위**

[뜻풀이] 알을 포개 놓은 것처럼 매우 위태로움을 비유하는 말.

[출 전] 『사기(史記)』·〈범수열전(范睡列傳)〉

[해 설]

　춘추전국 시대 때 위(魏)나라의 범수는 학문이 매우 뛰어났으나 집안이 워낙 보잘것없어서 뜻을 펴지 못하고 있던 중 마침 제(齊)나라에 사신으로 가는 수가의 수행원이 되어 따라갔다. 그런데 제나라에서 수가보다 범수가 더 주목을 받자 기분이 몹시 상한 수가는 제나라와 몰래 통한다는 죄를 뒤집어씌웠다. 그러고는 범수를 붙잡아 고문을 한 뒤에 반 주검이 된 그를 감옥 안의 변소에 버렸다.

　이때 범수는 옥졸을 설득한 끝에 감옥을 간신히 빠져 나와 정안평의 집에 숨어 있으면서 이름을 장록으로 바꾸었다.

　그러던 어느 날 진(秦)나라에서 왕계가 사신으로 오자 정안평은 그를 찾아가 장록을 추천했고, 장록은 왕계의 도움으로 무사히 진나라로 달아나게 되었다. 진나라에 다다른 장록은 소양왕을 만나게 되었는데, 이때 왕계는 다음과 같이 장록을 소개했다.

　"폐하, 이 분은 천하에 뛰어난 외교가입니다. 이 분이 우리나라의 정치에 대하여 '마치 알을 포개 놓은 것처럼 매우 위태롭다'고 했습니다. 이 분을 쓰면 나라의 힘은 커지고 민심은 크게 안정될 것입니다."

　이에 왕은 장록에게 작은 벼슬을 내렸으며, 그 뒤에 장록은 진나라에서 자신의 뜻을 펴게 되었다.

능서불택필 能書不擇筆

能:능할 능　書:글 서　不:아니 불　擇:가릴 택　筆:붓 필

뜻풀이 글씨를 잘 쓰는 사람은 붓을 가리지 않는다는 말.

출전 『당서(唐書)』·〈구양순전(歐陽詢傳)〉

해설

　당나라 때의 사람인 구양순은 우세남·유공권·저수량과 함께 '서예의 4대가'로 이름을 크게 날렸다. 구양순은 왕희지의 체를 배워 독특한 서체를 이루었다.

　한편, 저수량은 좋은 붓과 먹이 아니면 글씨를 쓰려고 하지 않았다는데, 어느 날 그가 우세남에게 물었다.

　"내 글씨와 구양순의 글씨 중에서 어느 것이 더 뛰어나다고 생각하는가?"

　이 물음에 우세남이 대답했다.

　"구양순은 붓과 종이를 가리지 않고 그의 뜻대로 글씨를 썼다고 하네. 그러나 자네는 종이와 붓의 좋고 나쁨에 얽매여 있는 것 같으니, 아무래도 자네는 구양순을 따르지 못할 것 같네."

다기망양 多岐亡羊

多 : 많을 **다** 岐 : 가닥나눌 **기** 亡 : 잃을 **망** 羊 : 양 **양**

뜻풀이) 여러 갈래의 길에서 양을 잃었음을 비유한 말.

출 전) 『열자(列子)』·〈설부편(說符篇)〉

해 설)

중국 춘추전국 시대의 사상가인 양자의 이웃집에서 어느 날 양 한 마리가 달아나자, 그 집 하인들은 말할 것도 없고, 양자의 집 하인들까지 양을 찾으러 나섰다. 이에 양자가 그의 하인에게 물었다.

"양 한 마리를 찾는데 왜 그리 소란스러우냐?"

"예, 양이 달아난 쪽에 갈림길이 많기 때문에 그렇습니다."

얼마 후, 양을 찾으러 갔던 하인들이 찾지 못한 채 지쳐 돌아왔다.

"그래 양은 찾았느냐?"

"아닙니다요, 마님! 갈림길에 또 갈림길이 있어서 양이 어느 길로 달아났는지 몰라 그냥 돌아왔습니다."

하인의 말을 들은 양자는 우울한 표정을 한 채 그 날 하루 종일 말이 없었다. 그래서 어느 날 그의 제자가 선배를 찾아가서 양자의 이야기를 하고 까닭을 묻자, 선배가 대답했다.

"스승님께서는 큰길에는 갈림길이 많아서 양을 잃어버리듯 학자는 여러 방면으로 배우기 때문에 그 본성을 잃어버린다고 생각하신 것일세. 본디 학문의 뿌리는 하나였는데, 이처럼 달라지고 말았지. 그러므로 본디 하나였던 뿌리로 되돌아가면 잃는 것도 얻는 것도 없다고 생각하시면서 그렇지 못한 현실을 안타깝게 여기시는 것이네."

다난흥방 多難興邦

多 : 많을 다 難 : 어려울 난 興 : 일어날 흥 邦 : 나라 방

뜻풀이 어려운 일을 겪은 후에 나라를 일으킨다는 말.
출 전 〈학림계전〉
해 설

　진(晉)나라는 지배층 사이의 싸움이 10년을 계속한데다가, 서북쪽과 북쪽의 다섯 민족이 진나라의 다스림에서 벗어나 각기 그들만의 나라를 세우고 진나라로 쳐들어왔다.

　그때 사마 예는 좌승상이었는데, 수도인 장안이 곧 적의 손 안에 들어갈 형편이었고, 넓은 영토가 적에게 점령당해 백성들이 아우성치는 것을 알면서도 가만히 지켜보고만 있었다.

　이에 조적과 유곤 등의 장수가 군사를 이끌고 적들과 맞서는 한편, 〈권진표〉를 올려 그에게 제위에 올라 나라를 다스려 달라고 요청했는데 그 내용은 다음과 같다.

　"나라가 이렇게 어려움을 계속 당하고 있을 때 조정도 근심하고 있다는 것은 알고 있습니다. 그러나 이때에 떨치고 일어선다면 나쁜 일이 좋은 일로 될 수도 있는 것입니다. 다난은 우리에게 나라를 일으키고 굳게 할 수 있도록 격려해 줄 수 있으며, 깊은 근심은 황제로 하여금 정세를 자세히 살피고 새로운 결심을 내릴 수 있게 할 것입니다."

　바로 이때에 그들이 올린 〈권진표〉에서 다난흥방이라는 성구가 나오게 되었다.

다다익선 多多益善

多 : 많을 다　益 : 더할 익　善 : 착할 선

뜻풀이 많을수록 더욱더 좋음을 이르는 말.
출 전 『사기(史記)』·〈회음후열전(淮陰侯列傳)〉
해 설

　어느 날, 유방이 한신에게 물었다.
　"그대의 생각에는 짐과 같은 사람이 군사를 얼마나 거느릴 수 있다고 생각하는가?"
　한신이 대답했다.
　"폐하께서는 10만 명 정도의 군사라면 충분히 거느리실 것입니다."
　유방이 한신에게 다시 물었다.
　"그렇다면 그대는 군사를 얼마나 거느릴 수 있다고 생각하는가?"
　유방의 물음에 한신은 조금도 머뭇거림이 없이 대답했다.
　"신은 군사가 많을수록 더욱더 좋다고 생각합니다."
　그러자 유방이 비웃는 듯한 표정을 지으면서 물었다.
　"그대가 그토록 군사를 잘 거느리는데, 왜 짐에게 잡혔는가?"
　한신은 잠깐 생각하더니 입을 열었다.
　"폐하께서는 군사들을 다스리시는 능력이 신보다 뒤떨어지나, 장군들을 다스리시는 능력은 누구보다도 뛰어나신 줄 압니다."

다반사 茶飯事

茶 : 차 **차**   飯 : 밥 **반**   事 : 일 **사**

뜻풀이 차를 마시거나 밥을 먹는다는 뜻으로, 이상하거나 신통할 것이 없는 일을 일컫는 말.

출 전 〈조주어록(趙州語錄)· 459칙〉

해 설

　조주 선사는 차를 매우 잘 마셨기 때문에 절을 찾아오는 사람에게는 으레 차를 권했다.

　하루는 어떤 사람이 절에 찾아오자 조주 선사가 그에게 물었다.

"댁은 이 절에 몇 번이나 오셨는지요?"

"이번이 처음입니다."

"그러십니까? 그러면 차나 한 잔 드시지요."

　그 사람이 차를 마시고 떠난 뒤에 또 한 사람이 절을 찾아오자 조주 선사가 역시 그 사람에게 물었다.

"댁은 이 절에 몇 번이나 오셨습니까?"

"예, 저는 여러 번 왔었습니다."

"그러십니까? 차나 한 잔 드시지요."

　그러자 옆에서 차를 나르던 시봉 스님이 조주 선사에게 물었다.

"스님, 이 절에 처음으로 온 사람이나 여러 번 온 사람에게 모두 차를 권하시니 어쩐 까닭이십니까?"

　이 말을 들은 조주 선사가 말했다.

"아하! 내가 그렇게 말했었나? 그럼 자네도 차나 한 잔 들게."

단기지교 斷機之敎

斷 : 끊을 단   機 : 베틀 기   之 : 어조사 지   敎 : 가르칠 교

뜻풀이 베틀의 실을 끊어서 자식을 훈계함을 일컫는 말.

출전 〈열녀전(烈女傳)〉

해설

맹자는 공자의 손자인 자사에게서 학문을 익혔다. 어느 날, 유학을 떠나 공부를 하고 있던 맹자가 갑자기 어머니를 찾아왔는데, 그때 어머니는 베를 짜고 있었다. 어머니는 맹자를 보자 그에게 물었다.

"그래 네 학문은 어디까지 나아갔느냐?"

"네, 아직까지는 얼마 나아가지 않았습니다."

맹자의 말을 들은 어머니는 애써서 짜고 있던 베를 가위로 잘라 버렸다. 이에 깜짝 놀란 맹자가 왜 베를 잘라 버리시냐고 물었다.

맹자의 물음에 어머니는 엄숙한 표정을 지으며 그를 나무랐다.

"잘 듣거라. 네가 학업에 정신을 쏟지 않는 것은 어미가 지금 베를 잘라 버린 것과 같으니라. 군자란 마땅히 학문에 힘써 이름을 떨치고, 모르는 것이 있으면 어린아이에게라도 물어 깨쳐야 하는 법이다. 그래야만 몸과 마음이 맑아지며 혼탁한 세상에 나아가서도 위험을 피할 수 있다. 네가 학문에 힘쓰지 않고 그만두게 되면 남의 꽁무니나 따라다니는 어리석은 사람이 될 뿐이다. 그것은 곧 이 어미가 생계를 위해서 짜던 베를 잘라 버린 것과 같으니라."

이 말을 들은 맹자는 즉시 되돌아가 학문을 닦은 끝에 마침내 훌륭한 학자가 되었다.

단사호장 簞食壺漿

簞 : 밥그릇 **단**   食 : 밥 **사**   壺 : 병 **호**   漿 : 마실 것 **장**

뜻풀이 도시락에 담은 밥과 병에 넣은 마실 것이란 뜻으로, 백성들이 소박한 정성으로 손님을 맞이하는 것을 이르는 말.

출 전 〈좌전(左傳)·소공 25년〉

해 설

　노나라의 대귀족 계손씨가 반란을 일으키자 임금인 소공은 급히 제나라로 피하게 되었다. 그러자 이때 제나라의 경공이 고자와 국자 등을 거느리고 나와서 맞이했는데, 고자는 도시락과 구운 갈비 넷을 들고 나오고, 국자는 병에 물을 담아서 들고 나왔다.

　이를테면 경공은 소공이 급하게 피하면서 아무것도 먹지 못해 시장하고 목이 마를 것이라고 짐작하고 미리 음식을 준비해서 나온 것이다. 소공은 제나라에서 자기에게 관심을 가지고 후하게 대접해 주자 거듭해서 감사함을 표시했다.

　『맹자(孟子)』·〈양 혜왕장구(梁惠王章句)〉에도 이와 비슷한 이야기도 실려 있다. 제나라가 연나라를 공격하여 승리하자 연나라 백성들은 몹시 기뻐하며 제나라군을 맞이했다.

　이에 맹자가 제나라 임금에게 말했다.

　"연나라 백성들이 도시락과 물병을 들고 나와 폐하의 군사들을 맞이하는 까닭은 그들을 어려운 처지에서 구해 주기를 바라기 때문입니다. 만약 제나라가 그들을 구하지 않고 오히려 진구렁 속으로 허덕이게 한다면 그들은 절대로 폐하의 군사를 환영하지 않을 것입니다."

단장 斷腸

斷 : 끊을 단   腸 : 창자 장

뜻풀이 창자가 끊어질 듯이 견딜 수 없는 심한 슬픔이나 괴로움을 이르는 말.

출전 『세설신어(世說新語)』·〈출면편(黜免篇)〉

해설

환온이 촉나라의 땅을 빼앗으려고 군사를 배에 싣고 삼협을 지날 때였다. 그때 부하 한 명이 새끼원숭이를 붙잡았는데, 어미원숭이가 그것을 보고 배를 따라오면서 몹시 구슬프게 울었다.

이렇게 1백여 리를 따라오던 어미원숭이는 배가 강가로 가까이 다가오자 배 안으로 훌쩍 뛰어 들어오더니 곧 죽고 말았다.

이에 군사들이 어미원숭이의 배를 갈라 보았더니 새끼를 잃은 슬픔 때문에 창자가 토막토막 끊어져 있었다.

얼마 후 이 소식을 들은 환온은 크게 화를 내며 새끼원숭이를 붙잡은 부하에게 매를 때린 뒤에 배에서 내쫓아 버렸다.

당랑거철 螳螂拒轍

螳 : 사마귀 당 螂 : 사마귀 랑 拒 : 막을 거 轍 : 바퀴자국 철

뜻풀이 자신의 분수도 모르고 함부로 덤벼드는 것을 비유하는 말.

출 전 〈한시외전(韓詩外傳)〉

해 설

중국 춘추전국 시대 때에 제나라의 장공이 하루는 수레를 타고 사냥을 하러 가고 있었다.

그런데 도중에 어떤 곤충 한 마리가 앞발을 도끼처럼 쳐들고 수레바퀴에서 덤벼드는 것을 보았다.

"허허, 용기가 대단한 놈이로다. 저 곤충의 이름이 무엇인가?"

장공의 물음에 마부가 대답했다.

"사마귀라는 곤충인데 앞으로 나아갈 줄만 알고 뒤로 물러나는 것은 모르지요. 그래서 자기의 힘은 생각하지도 않고 저렇게 누구에게나 함부로 덤벼든답니다."

마부의 말을 들은 장공은 고개를 끄덕이며 일렀다.

"비록 하찮은 곤충이지만 그 용기는 매우 칭찬할 만하다. 저것이 인간으로 태어났다면 천하에 이름을 크게 떨치는 장수가 되었을 것이다. 저 곤충이 다치지 않게 수레를 돌려서 가도록 하라."

당랑포선 螳螂捕蟬

螳 : 사마귀 당 螂 : 사마귀 랑 捕 : 잡을 포 蟬 : 매미 선

[뜻풀이] 자신에게 닥칠 재난은 모르고 눈 앞의 이익만 탐내는 어리석음을 비유하는 말.

[출전] 〈정간편(正諫篇)〉

[해설]

춘추전국 시대 때에 오나라의 왕이 초나라를 치려고 하는데 아무도 말릴 수가 없었다.

그러던 어느 날, 어떤 신하의 아들이 고무줄을 매어 만든 새총으로 후궁의 꽃밭에서 새를 잡다가 왕에게 들켰다. 이에 왕이 그 아이에게 무엇을 하느냐고 묻자 이렇게 대답했다.

"대왕님, 후궁의 꽃밭에 매미가 앉아 노래하고 있는 것을 본 사마귀가 그 매미를 잡아먹으려고 합니다. 그런데 사마귀 뒤에는 참새가 그를 잡아먹으려고 노리고 있고 참새는 참새대로 새총이 자기를 겨누고 있는 줄을 모르고 있으니, 이들은 모두 눈 앞의 이익만 생각하고 자기에게 닥칠 위험은 모르고 있습니다."

아이의 말을 들은 왕은 크게 느낀 바가 있어 초나라를 치려던 계획을 거두었다고 한다.

대공무사 大公無私

大 : 큰 대　公 : 공정할 공　無 : 없을 무　私 : 사사로이할 사

뜻풀이 모든 일에 공평무사함을 이르는 말.

출전 『진서(晉書)』

해설

춘추전국 시대 때에 진(晉)나라의 평공이 신하인 기황양에게 물었다.

"남양현의 현령 자리가 비어 있는데, 누구를 임명하는 것이 좋겠소?"

"해호가 마땅할 것입니다."

"아니, 해호와 그대는 서로 으르렁거리는 사이가 아니오?"

"공께서 저에게 물으신 것은 현령에 알맞은 사람을 물으신 것이지, 사사로운 관계를 물으신 것은 아닙니다."

이리하여 현령이 된 해호는 남양현을 잘 다스려 모든 백성들이 그를 칭찬했다.

얼마 동안 세월이 흐른 뒤에 평공이 기황양에게 다시 물었다.

"지금 조정에 법관 한 명이 필요한데 그대는 누가 적임자라고 생각하시오?"

"기오라면 알맞을 것입니다."

"아니, 기오라면 그대의 아들이 아니오? 어떻게 자기 자식을 추천하는 거요?"

평공이 매우 의아스럽다는 듯이 묻자, 기황양은 얼굴빛 한 번 변

하지 않고 차분히 대답했다.

"공께서는 저에게 법관으로 알맞은 사람을 물으셨지 저와 어떤 사이인지는 묻지 않으셨기에 기오를 추천한 것입니다."

평공은 기황양의 말에 따라 그의 아들을 법관으로 임명했다. 이에 기오는 모든 송사를 매우 공평하게 처리해서 백성들이 크게 기뻐하며 존경했다.

대기만성 大器晩成

大 : 큰 대 器 : 그릇 기 晩 : 늦을 만 成 : 이룰 성

뜻풀이 큰 솥이나 큰 종은 시간이 오래 걸려야 만들어지듯이, 크게 될 사람도 갑작스럽게 이루어지지 않는다는 말.

해설

마원은 전한을 무너뜨리고 신나라를 세운 왕망의 신하로 있다가 그가 죽은 뒤에 후한의 광무제를 섬겨 큰 공을 세워 복파 장군이 되었던 사람이다.

이 마원이 젊었을 때 시골에 있는 빈 터를 감독하는 말단 관리가 되어 형인 마황과 이별하고 떠나게 되었다.

이때 형이 동생에게 다음과 같이 충고했다.

"너는 대기만성에 딸리는 사람이다. 훌륭한 목수는 산에서 갓 베어 온 통나무를 남에게 보여 주지 않고 아무도 모르게 잘 다듬어서 훌륭한 작품을 만들어 낸다. 그렇듯이 너는 너 혼자만 지니고 있는 천성과 재주를 살려서 참고 기다린다면 틀림없이 큰 인물이 될 것이다."

형의 진심 어린 충고를 가슴 깊이 간직한 마원은 그때부터 열심히 노력한 끝에 마침내 역사에 이름을 남긴 훌륭한 장군이 되었다.

대우탄금 對牛彈琴

對 : 대할 대   牛 : 소 우   彈 : 뛰길 탄   琴 : 거문고 금

뜻풀이 소를 마주 대하여 거문고를 탄다는 뜻으로, 어리석은 사람에게 도를 깨우쳐 주려고 함을 이르는 말.

출전 모자(牟子)

해설

어느 날, 공명의라는 악사가 들에서 거문고 타던 중 조금 떨어진 곳에서 소 한 마리가 풀을 뜯어먹고 있는 것을 보고 생각했다.

'옳지, 저 소에게 내 연주를 들려 주자.'

그는 곧 소 앞으로 다가가 거문고를 타기 시작했는데, 연주하는 곡마다 매우 우아하고 아름다웠다. 하지만 소는 음악에는 관심을 보이지 않고 오직 고개를 숙인 채 풀만 뜯어먹고 있을 뿐이었다.

공명의는 크게 실망한 끝에 시험 삼아 다른 소리를 연주해 보기로 하였다. 그래서 거문고로 파리나 모기가 날아드는 소리와 개가 짖는 소리를 연주해 보았더니, 그제야 소는 꼬리를 휘두르기도 하고 귀를 쫑긋거리기도 하면서 마침내 반응을 보이는 것이었다.

대장부 大丈夫

大 : 큰 대　丈 : 어른 장　夫 : 사내 부

뜻풀이 남자를 달리 이르는 말.

출 전 『맹자(孟子)』·〈등문공장구(騰文公章句)〉

해 설
　어느 날, 경춘이 맹자를 찾아와서 이야기를 나누다가 공손 홍과 장의에 대한 말이 나오자 경춘은 그들을 몹시 치켜세우면 말했다.
　"그들이 한 번 화를 내면 제후들이 몹시 두려워하며 떨고, 그들이 조용히 있으면 천하가 조용해진다니, 정말로 대장부라고 하겠습니다."
　하지만 맹자의 생각은 달랐다.
　"허허, 그들이 어째서 대장부란 말이오? 천하라는 넓디넓은 거처에 머무르면서 천하의 바른 자리에 서서 천하의 큰 도를 행하며 뜻을 얻었을 때는 백성들과 그 뜻을 함께 하고, 그렇지 못했을 때는 오직 혼자서 그 길을 가는 것입니다. 부귀와 영화도 그의 마음을 움직일 수가 없고, 가난과 천함도 그의 마음을 움직이지 못하며, 위협과 무기도 그를 억누르지 못하는 이런 사람을 가리켜 대장부라고 하는 것입니다."
　맹자의 말처럼 대장부는 큰길을 걸으면서 큰 도를 행하고, 그 성과를 대중과 함께 누리는 사람을 이르는 것이다.

도룡지기 屠龍之技

屠 : 잡을 **도**　龍 : 용 **용**　之 : 어조사 **지**　技 : 기술 **기**

뜻풀이 용을 잡는 기술을 뜻하는 것으로, 대단한 것 같으나 사실은 전혀 쓸모없는 기술을 이르는 말.

출　전 『장자(莊子)』·〈열어구편(列御寇篇)〉

해　설

　주나라 때에 주평만이라는 사람이 기술을 배우려고 모든 재산을 처분한 뒤에 길을 떠났다. 그 후 3년이 지난 뒤에 고향에 돌아와서 사람들에게 용을 잡는 기술을 배웠다고 자랑했다.

　그는 용은 어떻게 잡아야 하며 어떤 칼을 쓰고 머리는 어떻게 누르며 배는 어떻게 갈라야 하는가에 대해서 한참 자랑을 늘어놓았다.

　그러자 어떤 사람이 그에게 물었다.

　"당신은 참으로 대단한 기술을 배웠구려. 그런데 어디로 가야 용을 붙잡을 수가 있소?"

　이에 그는 얼굴을 붉힌 채 아무 대꾸도 못 했으므로 주위에 있던 모든 사람들이 배꼽이 빠지도록 웃었다고 한다.

도원낙토 桃源樂土

桃 : 복숭아 **도**   源 : 물줄기 **원**   樂 : 즐거울 **낙**   土 : 흙 **토**

뜻풀이 극락세계를 비유하는 말.

출 전 〈도화원기(桃花源記)〉

해 설
　어느 날, 한 어부가 배를 저어 가는데 갑자기 복숭아꽃이 만발한 숲이 나타났다. 얼마쯤 계속해서 가자 이번에는 산 아래의 작은 굴에서 물이 흘러나오고 있었으므로 굴 속을 들여다보았더니 여태껏 보지 못했던 세계가 펼쳐져 있는 가운데 모든 사람들이 안락하게 살고 있었다.
　그들은 어부를 보자 마을로 데려와서 푸짐하게 대접한 뒤에 자기들은 진(秦)나라 때 혼란을 피하여 이 마을에 살던 선조의 자손들이라고 말했다.
　그리하여 어부는 이 마을에서 며칠 동안 묵으면서 후한 대접을 받았는데, 어부가 떠나려고 하자 마을 사람들이 신신당부했다.
　"돌아가시거든 우리들이 이곳에 살고 있다는 사실을 절대로 알리지 마시오."
　그러나 집에 돌아온 어부는 도저히 참을 수가 없었으므로 마침내 소문을 퍼뜨리고 말았다.
　어부의 말을 들은 마을 사람들이 그곳을 찾으려고 그와 함께 가 보았으나 끝내 찾을 수가 없었다.

도주의돈지부 陶朱猗頓之富

陶:질그릇 도 朱:붉을 주 猗:의지할 의 頓:갑자기 돈 之:갈 지 富:부자 부

뜻풀이 막대한 재산이나 큰 부자를 일컫는 말.

출 전 『사기(史記)』·〈화식열전(貨殖列傳)〉

해 설

　도주는 월나라의 왕 구천의 신하였던 범려가 늙었을 때 썼던 이름이다. 범려는 구천을 도와 월나라를 위해 노력했으나, 어려움은 같이 헤쳐 나갈 수 있지만 태평성대를 함께 하기는 힘든 사람임을 알고 제나라로 옮겨서 살았다.

　그는 제나라에서 치이자피라고 이름을 고친 뒤에 스승의 가르침에 따라 장사를 하여 엄청난 재산을 모았다. 이에 제나라의 조정에서는 그의 재주를 아껴 재상으로 삼으려고 했으나 그는 그 동안 모은 재산을 사람들에게 모두 나누어 주고 도라는 지방으로 떠나 이름을 주라고 바꾸고 유통업으로 역시 큰돈을 벌었다.

　이렇게 두 번씩이나 엄청난 재산을 모은 그는 다시 가난한 백성들에게 재산을 모두 나누어 주었다.

　이러한 선행 때문인지 그의 자손들도 역시 장사를 하여 큰 부자가 되었다.

　한편, 의돈은 춘추전국 시대 때 노(魯)나라의 사람으로 처음에는 가난한 선비로 지내다가 소금과 목축으로 엄청난 재산을 모았으므로 예부터 중국에서는 이 두 사람과 석숭을 재산가로 손을 꼽았다.

도청도설 道聽途說

道 : 말할 도 聽 : 들을 청 途 : 길 도 說 : 말할 설

뜻풀이 길거리에 퍼져 떠돌아다니는 뜬소문을 일컫는 말.

출 전 『여씨춘추(呂氏春秋)』·〈찰전편(察傳篇)〉

해 설

　중국 송나라에 정씨 집안이 있었는데, 우물이 멀리 떨어져 있어서 날마다 하인이 물을 길어야 했다.

　얼마 후에 정씨 집안은 집 근처에 조그만 우물을 파서 물을 편리하게 썼고 하인의 수고도 덜게 되었다. 그런데 마침내 이 소문이 사람들 입에 오르내리더니 나중에는,

　"정씨네가 우물을 파던 중에 땅에 묻힌 사람을 파냈다."는 황당한 소문으로 나돌게 되었다.

　이에 왕이 이 소문을 듣고 신하를 보내 알아보았더니 결국 헛소문이었다.

　이를 두고 공자는

　"길거리에서 얻어들은 뜬소문을 그대로 퍼뜨리는 것은 자신의 덕을 버리는 것이다."라고 말했으며, 그 후 송나라 학자 형병은 공자가 한 말을,

　"길에서 얻어들은 소문을 길에서 퍼뜨리게 되면 허튼소리가 많게 된다."고 풀이하기도 했다.

도행역시 倒行逆施

倒 : 거꾸로 **도**　行 : 행실 **행**　逆 : 거스를 **역**　施 : 베풀 **시**

뜻풀이 고집을 부려서 억지로 일을 하거나, 도리에 어긋나게 행동하는 것을 일컫는 말.

출전 「사기(史記)」·〈오자서전(伍子胥傳)〉

해설

　춘추전국 시대 때 초나라의 사람인 오자서는 가족들이 평왕에서 모두 살해되자 겨우 목숨을 건져 오나라로 달아나서 복수할 기회만 노리고 있었다.

　그 후, 오자서는 오나라를 도와 초나라의 서울인 영도로 쳐들어 갔는데, 그때는 왕이 죽은 뒤였으므로, 그의 시체를 파서 채찍으로 300번이나 때려 가슴에 맺힌 원한을 풀었다.

　이 소식을 들은 오자서의 벗인 신포서는 사람을 보내 그에게 전했다.

　"그대의 복수는 너무 지나쳤다. 그대는 자신이 초나라 백성임을 명심해야 한다."

　이에 오자서는 신포서의 심부름꾼에게 말했다.

　"나를 대신하여 그에게 고맙다는 말을 전해 주시오. 내 처지가 이미 날이 저물었는데 가야 할 길이 멀기만 했으므로 어쩔 수 없이 사리에 어긋난 복수를 했다고 말이오."

독서망양 讀書亡羊

讀 : 읽을 독　書 : 글 서　亡 : 잃을 망　羊 : 양 양

[뜻풀이] 글을 읽는 데 정신이 팔려서 양을 잃었다는 뜻으로, 하는 일에는 뜻이 없고 다른 생각만 하다가 낭패함을 이르는 말.

[출전] 『장자(莊子)』·〈변무편(騈拇篇)〉

[해설]

　어느 곳에 하인과 하녀가 서로 양을 치면서 살고 있었다. 그런데 뜻밖에도 같은 날 기르던 양을 잃어버리자 사람들이 하인에게 물어보았다.

　"당신은 어쩌다가 양을 잃었소?"

　"저는 댓가지를 옆에 낀 채 글을 읽고 있었습니다."

　이번에는 하녀에게 물어보았다.

　"그럼 당신은 무슨 일을 하고 있었소?"

　"주사위 놀이를 하고 있었습니다."

　이렇게 하인과 하녀가 했던 일은 달랐으나 양을 잃은 것은 똑같았다.

돌돌괴사 咄咄怪事

咄 : 놀라는 소리 돌   怪 : 기이할 괴   事 : 일 사

뜻풀이 매우 괴상한 일로 여겨서 놀라는 모양을 이르는 말.

출 전 『세설신어(世說新語)』·〈문학편(文學篇)〉

해 설

하루는 어떤 사람이 은호에게 물었다.

"꿈에 시체를 보면 벼슬하게 되고 똥을 보면 재물을 얻는다고 하는데 그것은 무슨 근거가 있는 말입니까?"

"벼슬 자체가 썩은 것이고 재물 자체가 똥을 섞은 흙이기 때문이지요."

은호의 말을 전해 들은 사람들은 그의 대답이 묘하다면서도 고개를 끄덕였다. 그렇다고 은호가 벼슬을 전혀 하지 않은 것이 아니었다. 그는 진(晉)나라의 무제 때부터 강제 때까지 문관과 무관 벼슬을 두루 지낸 사람이었다.

그러나 당시에 진나라의 조정이 몹시 어지러웠고, 관료들끼리 서로 모함하고 자기의 주장이 옳다고 큰소리를 치는 세상이어서 결국 은호는 벼슬에서 물러나 신안이라는 곳으로 쫓겨나고 말았다.

그때부터 은호는 벼슬을 하지 않았다고 하는데, 이런 일 등으로 받은 충격이 너무 커서 정신이 조금 이상해졌다. 그리고 주위 사람들은 그가 항상 손가락 하나를 세워 공중에 돌돌괴사라는 네 글자를 쓰는 것을 보았다고 한다.

동가지구 東家之丘

東 : 동녘 **동**　家 : 집 **가**　之 : 어조사 **지**　丘 : 언덕 **구**

뜻풀이 동쪽 집에 사는 공자라는 뜻으로, 가까이에 있는 유명한 인물을 알아보지 못함을 비유하는 말.

출 전 『공자가어(孔子家語)』

해 설

　중국의 사상가였던 공자는 성이 공씨이고 이름은 구였는데, 전하는 말에 따르면 그의 제자는 무려 3천 명이었으며, 이 중에서 이름을 크게 떨친 제자도 72명이나 되었다고 한다. 중국의 통치자들은 거의 모두가 그를 받들었기 때문에 공자라고 높여서 불렀고 성인으로 보았다.

　그러나 공자가 살아 있을 때에는 그의 명성이 대단하지 않았던 것으로 보인다. 『공자가어』에 따르면 그 당시 공자의 서쪽 이웃에 살고 있던 사람까지도 동쪽 집에 누가 살고 있으며 어떤 사람인지 잘 몰랐다고 한다.

　그리하여 서쪽 이웃에 살던 사람은 공자에 대해 말할 때마다 거침없이 공자의 이름을 들먹이며, '동쪽 집에 사는 공구가 어떻게 했다'는 식으로 말했다고 한다.

동류합오 同流合汚

同 : 함께 동   流 : 무리 류   合 : 합할 합   汚 : 더럽힐 오

[뜻풀이] 나쁜 무리들과 어울려 못된 짓만 저지른다는 뜻.

[출 전] 『맹자(孟子)』·〈진심장구(盡心章句)〉

[해 설]
　하루는 맹자가 제자인 만장과 이야기를 나누던 중 맹자가 만장에게 말했다.
　"공자께서는 향원들을 가장 꺼렸는데 그들을 가리켜 예의를 모르는 나쁜 놈들이라고 하셨다."
　"백성들이 모두 그들을 좋게 여기고 또 그들 자신도 좋은 사람이라고 말하는데, 공자께서는 왜 예의를 모른다고 하셨을까요?"
　"그런 사람들은 나쁜 풍습에 휩쓸려 세상을 어지럽히는(同乎流俗 合乎汚世) 사람들로서 겉으로는 매우 성실하고 청렴결백한 것처럼 보여 모든 백성들이 좋다고 하고 또 그들 스스로도 그렇게 생각한다. 하지만 그런 사람들은 절대로 좋은 일을 할 수 없는 것이기 때문에 공자께서는 그들을 가리켜 예의를 모른다고 하신 것이다."
　이 성구인 동류합오는 동호류속 합호오세의 준말이다.

동병상련 同病相憐

同: 함께 동 病: 앓을 병 相: 서로 상 憐: 불쌍히여길 련

뜻풀이 같은 병을 앓는 사람끼리 서로 불쌍히 여긴다는 뜻으로, 어려운 처지에 있는 사람끼리 서로 딱하게 여겨 동정하고 도와주는 것을 일컫는 말.

출 전 『오월춘추(吳越春秋)』·〈합려전(闔閭傳)〉

해 설

　오자서는 초나라 사람이었으나 그의 가족들이 초나라 왕에게 모두 죽임을 당하자 복수를 다짐하여 오나라로 망명하여 합려의 밑으로 들어갔다. 마침 그때 비무기의 모함으로 아버지를 잃은 백희가 오나라로 망명했으므로, 오자서는 대부가 되도록 힘써 주었다.

　그런데 같은 대부인 피리가 백희를 좋아하지 않은 태도를 보이자 오자서가 물었다.

　"그대는 백희를 왜 달갑게 여기지 않소?"

　"그러는 당신은 백희를 왜 신뢰하는 겁니까?"

　"나와 그는 똑같은 원한을 품고 있기 때문이오. 〈하상가〉라는 노래에도 나오듯이 '같은 병을 앓으니 서로 돕고 같은 근심을 하니 서로 구한다.'라는 구절이 있습니다."

　"당신의 말뜻은 알겠습니다만 백희는 사람을 해칠 상이니 결코 마음을 허락하지 마십시오."

　그러나 오자서는 피리의 충고를 무시하고 백희와 함께 일했다.

동산재기 東山再起

東 : 동녘 **동**　山 : 뫼 **산**　再 : 다시 **재**　起 : 일어날 **기**

뜻풀이 어떤 일을 그만두었다가 다시 하게 되는 것을 일컫는 말.

출 전 『진서(晉書)』·〈사안전(謝安傳)〉

해 설
　동진 때에 대신을 지냈던 사안은 선비로서 젊어서부터 이름이 매우 높았다.
　이에 양주 자사인 유빙이 사안에게 벼슬을 하라고 계속 권했으나 번번이 사양하다가 마지못해 벼슬을 했으나, 한 달쯤 지내고는 어떤 핑계를 대고 벼슬을 그만두었다.
　이후, 벼슬을 높여 그를 다시 불렀는데도 여전히 응하지 않고 괴계군의 동산으로 들어가 숨어 살았다.
　그러다가 환온이 부르자 그때서야 산에서 나와 환온의 밑에 들어가 벼슬을 했으며, 그가 죽은 뒤에는 벼슬이 재상과 같았다. 그리고 전진의 왕인 부견이 쳐들어왔을 때에는 정토 도독이 되어 조카인 사현과 함께 부견의 백만 대군을 비수에서 무찔렀다.
　이처럼 사안이 동산에 숨었다가 다시 나와 이름을 크게 떨치자, 사람들은 이를 가리켜 동산재기라고 일컫게 되었다.

동호지필 董狐之筆

董 : 성 동 狐 : 여우 호 之 : 어조사 지 筆 : 붓 필

뜻풀이 사실을 숨기지 않고 그대로 쓰는 것을 일컫는 말.

출전 진 영공

해설

중국 춘추전국 시대 때 어린 나이로 왕이 된 진(晉)나라 영공은 몹시 어리석고 포악하여 사람을 죽이는 것을 즐겼다.

이에 재상이던 조순이 여러 번 말렸지만 왕은 듣지 않고 오히려 조순을 죽이려다 실패했으므로, 위험을 느낀 조순은 잠깐 동안 몸을 피하게 되었다.

그러던 중 그의 사촌 형인 조천이 심복을 시켜 도원에서 술에 취한 왕을 감쪽같이 살해하고 말았다. 왕이 죽었다는 소식을 들은 조순은 즉시 도성으로 돌아와 새로운 왕을 세우고 계속해서 재상의 임무를 행하였다.

그 후, 사관인 동호가 역사를 기록할 때 '조순이 왕을 살해하였다'고 적었는데, 그것을 본 조순이 깜짝 놀라 동호를 찾아가 사실대로 말했다.

그러자 동호는 엄숙한 어조로 조순을 나무랐다.

"대인께서는 신변의 위험을 느껴 달아나기는 했으나 국경을 넘지는 않았습니다. 하지만 조정으로 다시 돌아와서 죄인들을 처벌하지 않았으니, 재상인 대인이 책임을 지지 않으면 누가 지겠습니까?"

득과차과 得過且過

得 : 얻을 득   過 : 지날 과   且 : 어조사 차

뜻풀이 뚜렷한 목적이 없이 한가하게 지내는 것을 말함.

출 전 『남촌철경록(南村輟耕錄)』

해 설

　오대산에 괴상한 동물이 살고 있었는데, 네 다리에 날개까지 있었으나 날 수는 없었다고 하는 전설이 있었다. 이 동물은 따뜻한 봄이나 무더운 여름이면 몸에서 아름다운 털이 돋아나 보기에 매우 좋았는데, 이때 그의 노랫소리는

　"봉황도 나만 못 해, 봉황도 나만 못해."하는 듯이 자신 있게 들렸다고 한다.

　그리고 겨울에는 아름답던 털이 모두 빠져서 금방 알에서 부화된 새의 새끼와 같았고, 몸을 움츠리면 차마 볼 수 없을 정도로 몹시 흉했다는 것이다.

　또한 이때의 울음소리는 마치

　"그럭저럭 지내자, 그럭저럭 지내자."하는 것처럼 들렸기 때문에 사람들은 그 동물을 산박쥐라고 불렀다고 한다.

득기소재 得基所哉

得 : 얻을 **득**　基 : 어조사 **기**　所 : 처소 **소**　哉 : 비롯할 **재**

뜻풀이 알맞은 곳을 얻어서 만족스러운 상태를 비유하는 말.

출　전 『맹자(孟子)』·〈만장장구(萬章章句)〉

해　설

　중국 춘추전국 시대 때 정나라에 자산이라는 유명한 정치가가 있었는데, 하루는 어떤 사람이 그에게 물고기 한 마리를 주자 자산은 연못 관리인에게 물고기를 건네며 못에 넣어 기르라고 분부했다.

　하지만 관리인은 물고기를 끓여 먹고 자산에게는 분부대로 했다고 거짓말을 하였다.

　이에 자산은 매우 흐뭇한 웃음을 띠며 계속해서,

　"마땅한 곳을 얻었구나, 마땅한 자리를 얻었어(得基所哉 得基所哉)!"라고 말했다.

　이런 일이 있은 뒤에 연못 관리인은 다른 사람에게 이 일을 몰래 알리고 나서,

　"누가 자산을 총명한 사람이라고 했소? 그가 연못에 넣어 키우라고 준 물고기는 내 뱃속에 들어간 것이 옛날인데 지금까지도 '득기소재 득기소재'하고 있으니 말이오."라고 말했다.

득롱망촉 得隴望蜀

得 : 얻을 **득**　隴 : 땅이름 **롱**　望 : 바랄 **망**　蜀 : 나라이름 **촉**

뜻풀이 만족할 줄 모르고 계속 욕심만 부리는 것을 이르는 말.

출전 『후한서(後漢書)』·〈잠팽전(岑彭傳)〉

해설

　후한을 세운 광무제 유수는 동쪽 일대를 자신의 손에 넣은 뒤에 군사를 이끌고 서쪽으로 나아갔다. 이때 대장군인 잠팽과 오한은 유수를 따라 먼저 천수를 치고 서성에서 외효를 포위했는데, 외효는 신나라를 세운 왕망의 부하로 있다가 유수에게 항복한 뒤에 다시 또 그를 배반하고 공손술에게 항복한 상태였다.

　공손술은 왕망 때에 촉 땅에서 독립을 선언하고 성도에 도읍을 정하고 촉나라 왕으로 행세하면서 수십만 명의 군사를 거느리고 있었다. 유수가 군사를 이끌고 서쪽으로 나아간 것은 공손술과 외효가 버티고 있는 농과 촉 등 두 지방을 빼앗아 천하를 통일하려는 목적에서였다.

　잠팽과 오한의 군사가 서성에서 외효를 포위하고 있을 때 유수는 일이 생겨 먼저 뤄양으로 돌아가게 되었다.

　이때 유수는 잠팽에게 서성을 빼앗은 다음 즉시 쓰촨으로 쳐들어가라는 편지를 보냈는데, 편지에는 다음과 같이 씌어 있었다.

　"사람은 지쳤어도 만족을 모르는 것이니, 농을 쳐서 빼앗은 다음에 촉마저 빼앗기를 바란다."

득의망형 得意忘形

得 : 얻을 득 意 : 뜻 의 忘 : 잊을 망 形 : 형체 형

뜻풀이 뜻한 바를 이루면 자신의 형체마저 잊어버림을 일컫는 말.
출 전 『진서(晉書)』·〈완적전(阮籍傳)〉
해 설

위(魏)나라와 진(晉)나라의 왕조가 바뀔 시기에 활동한 시인 완적은 진왕조의 지배층에 대해 불만이 많았다.

그러나 그는 불만을 말하지 못하고 울적한 마음을 달래기 위해 날마다 술을 마시고 시를 썼는데, 그때에 친한 벗으로는 혜강을 비롯하여 산도·유령·왕융·상수·완적의 조카인 완함이 있었다.

이들 7명은 모임을 만들어 언제나 죽림 밑에 모여서 술을 마시고 시를 썼는데, 이들이 바로 죽림칠현이다.

그런데 이 죽림칠현 중에서 희로애락의 변화가 가장 심한 사람은 완적으로서, 그는 술을 잘 마시고 휘파람을 길게 불면서 거문고를 잘 탔고, 기쁠 때에는 형체마저도 잊을 정도였다고 한다.

등용문 登龍門

登 : 오를 등 龍 : 용 용 門 : 문 문

뜻풀이 용문은 중국 황하의 상류에 있는 급류로 잉어가 많이 모이는데, 거의 오르지 못하며 만약 오르기만 하면 용이 된다는 전설로서, 벼슬길에 오르거나 입신 출세하는 것을 비유하는 말.

출 전 『후한서(後漢書)』·〈이응전(李膺傳)〉

해 설

　후한의 임금인 환제 때에 이응이라는 매우 청렴결백한 관리가 있었다. 그가 하남윤으로 있을 때에 재산이 많고 세력이 있는 양원군의 죄를 고발했다가 도리어 벌을 받은 일이 있었으며, 사예교리가 된 뒤에도 탐관오리들을 원수처럼 대했다.

　어느 날, 야왕 현령이자 환관인 장량의 아우 장식이 죄를 짓고 도성으로 와서 형의 집에 숨어 있다는 말을 들었다. 그러자 이응은 곧바로 부하들을 이끌고 가서 그를 붙잡아 모두가 보는 앞에서 죄를 신문한 뒤에 그를 처형해 버렸다.

　이런 일이 있은 뒤에 환관들은 이응이라는 말만 들어도 두려움에 벌벌 떨었고, 그는 갑자기 유명해졌다.

　그래서 많은 사람들이 그를 만나러 왔으나 쉽게 만날 수가 없었으므로, 그를 만나는 것을 일러,

　"용문에 올랐다(登龍門)."고 하면서 모두 큰 영광으로 여겼다.

등태산이소천하 登泰山而小天下

登:오를 등 泰:클 태 而:어조사 이 小:작을 소 天:하늘 천 下:아래 하

뜻풀이 태산에 오른 뒤에야 비로소 천하가 작은 것을 안다는 뜻으로, 큰 진리를 깨우친 사람은 보통 사람과는 달리 세상을 보는 눈이 훨씬 넓어짐을 이르는 말.

출 전 『맹자(孟子)』·〈진심장구(盡心章句)〉

해 설

맹자는 다음과 같이 말했다.

"공자께서 동산에 올라가서는 천하를 작다고 느끼셨다. 그러므로 바닷물을 본 사람은 시냇물을 물로 여기지 않고, 성인에게서 배운 사람은 잡다한 말들을 올바른 말이라고 받아들이지 않는다. 물을 보는 방법은 반드시 큰물을 보아야 하며, 해와 달이 밝은 빛을 지니고 있다는 사실은 작은 틈새까지도 그 빛이 골고루 비추는 데에서 알 수가 있다. 흐르는 물은 웅덩이를 채우지 않으면 흐르지 않듯이 군자도 빛나는 문장을 이루지 못하면 모든 것에 환히 소통할 수 없는 것이다."

마수시첨 馬首是瞻

馬 : 말 **마** 首 : 머리 **수** 是 : 이 **시** 瞻 : 볼 **첨**

뜻풀이 옛날의 전쟁에서 군사들이 장수의 말머리를 좇아 움직였듯이, 한 사람의 뜻을 좇아 흐트러짐이 없이 행동하는 것을 비유하는 말.

출 전 『춘추좌씨전(春秋左氏傳)』·〈양공14년〉

해 설

　진(晉)나라와 노나라가 송·위(衛)·조나라와 연합하여 진(秦)나라를 공격했는데 이때 앞장섰던 것은 진나라였다.
　연합군이 경수를 건넜을 때 진나라의 장수 순언이
　"내일 새벽에 닭이 울 때 우물은 메워 버리고 부뚜막은 깨어 버린 뒤에 나의 말머리를 따라 행동하라."하고 명령했다.
　그러자 이때 한 장수가 불만이 섞인 표정으로,
　"진나라에서는 여태껏 이런 명령을 내린 일이 없소. 나의 말머리는 동쪽으로 향할 것이오."하고 부하 군사들을 이끌고 돌아서 버렸다.
　그제야 순언은 자기가 명령을 잘못 내렸음을 깨달았다. 그리고 이길 가망이 없는 싸움을 포기한 후 군사를 되돌려 동쪽으로 물러날 것을 명령했다.
　이리하여 싸움은 흐지부지 끝나고 말았다.

마저작침 磨杵作針

磨 : 갈 **마**　杵 : 공이 **저**　作 : 만들 **작**　針 : 바늘 **침**

뜻풀이 쇠공이를 갈아서 바늘을 만든다는 뜻으로, 한 번 시작한 일은 끝까지 노력해야 성공함을 이르는 말.

출 전 『잠확유서(潛確類書)』

해 설
　당나라의 시인이었던 이백은 어렸을 때에 공부보다는 놀기를 더 좋아하는 말썽꾸러기였다.
　어느 날 그가 밖으로 놀러 나갔다가 길에서 노파가 앉아 쇠공이를 돌에다 열심히 갈고 있는 것을 보았다. 이백은 이를 지켜보다가 호기심이 생겨 노파에게 물어보았다.
　"할머니, 그 쇠공이를 갈아서 무엇을 만들려고 그러세요?"
　이백의 물음에 노파가 대답했다.
　"갈아서 바늘을 만들려고 그런다."
　노파의 대답을 들은 어린 이백은 이상하다는 듯이 다시 물었다.
　"할머니, 그렇게 굵은 쇠공이를 갈아서 언제 바늘을 만들어요?"
　이에 노파는 여전히 쇠공이를 갈며 중얼거렸다.
　"그게 뭐 어려운 일이냐? 열심히 갈다 보면 마침내 바늘이 되고야 말 것이니라."
　노파의 말을 들은 이백은 크게 느낀 것이 있어 집에 돌아와 한참 동안 생각에 잠겼다. 그리고 이때부터 뜻을 굳게 세우고 공부에 온 정성을 쏟은 끝에 마침내 중국에서 가장 뛰어난 시인이 되었다.

마혁과시 馬革裹尸

馬 : 말 **마**　革 : 가죽 **혁**　裹 : 쌀 **과**　尸 : 주검 **시**

[뜻풀이] 말의 가죽으로 주검을 싼다는 뜻으로, 싸움터에서 적과 싸우다 죽는 것을 비유한 말.

[출전] 『후한서(後漢書)』·〈마원전(馬援傳)〉

[해설]
　마원은 후한 때의 유명한 장수로서 광무제 때 외적의 침입을 물리치는 전투에 몇 번 참가하여 큰 공을 세운 적이 있었다.
　어느 날, 위무 장군 유상이 귀주 일대에서 싸우다가 패하자 62세인 마원은 광무제에게 자기가 나가서 싸우겠다고 요청했다. 하지만 광무제는 마원이 늙었으므로 허락하지 않자, 마원은 말 위에 올라 무기를 휘둘러 보이는데 젊은 장수 못지않게 날쌨다.
　이에 광무제는 크게 감탄하면서 허락했고, 마원은 대군을 이끌고 귀주 일대의 싸움터에 나가게 되었다.
　그리하여 마원은 한시도 부대를 떠나지 않고 싸움을 북돋우다가 안타깝게도 전사하고 말았다.

막제고 藐諸孤

藐 : 멀 막 諸 : 모두 제 孤 : 외로울 고

뜻풀이 어리고 연약한 고아를 뜻함.

출 전 『춘추좌씨전(春秋左氏傳)』·〈희공(僖公) 9년〉

해 설

진(晋)나라 헌공이 세상을 떠난 후 이극과 비정이 문공을 왕으로 세우려고 하자, 선생과 중이·이오 등 세 공자가 그 무리를 이끌고 반란을 일으켰으므로 문공은 망명하고 말았다.

이에 앞서 헌공은 세상을 떠나기 전에 순식을 해제의 스승으로 임명했는데, 헌공이 병으로 자리에 눕게 되자 순식을 불러 말했다.

"어린 자식을 대부에게 부탁했는데 어떻게 되겠소?"

헌공의 물음에 순식이 머리를 조아리며 대답했다.

"신은 있는 힘을 다해 충성을 바칠 것입니다. 다행히 일이 성공하여 즉위하신다면 이는 지하에 계신 주군의 음덕이옵고, 만일 실패한다면 신은 죽음으로써 그 뒤를 따를 것입니다."

그러나 결국 해제는 즉위하지 못한 채 죽임을 당했고, 순식도 뒤를 따라 죽으려고 했으나 주위의 만류로 결국 공자 탁을 왕으로 세운 뒤에 헌공의 장례를 치렀다.

이처럼 아비를 잃어 갈 곳이 없는 자식을 가리켜 막제고라고 이른다.

만가 挽歌

挽 : 상여꾼노래 만　歌 : 노래 가

뜻풀이 상여꾼들이 죽은 사람을 위해 부르는 노래를 일컫는다.

출 전 『몽구(蒙求)』

해 설

　전한 때의 사람인 전횡은 전국 시대 제나라의 왕족인 전씨의 일족으로, 재상으로 있던 전광이 죽었다는 소식을 듣고 제나라 왕이 되었다.

　그러나 제나라가 미처 자리가 잡히기도 전에 한나라군이 쳐들어와 한나라군의 장수인 관영이 전횡의 군사를 물리치고 제나라를 차지했다.

　이에 전횡은 붙잡혀 죽을 것을 두려워하여 가족들을 데리고 섬으로 달아나 숨어서 살았다.

　그 후 한나라가 천하를 통일하자 황제인 고조가 전횡을 불렀으므로 그는 식객 두 명과 함께 뤄양으로 들어와 황제의 사자에게 말했다.

　"나도 처음에는 한나라 왕처럼 제나라 왕이 되어 스스로를 짐이라고 말했소. 그런데 지금에 와서는 한나라 왕은 황제가 되어 있는데, 나는 나라를 잃어버린 채 포로가 되었으니 너무나 부끄러울 뿐이오."

　그리고는 자기를 따라온 두 식객에게 자기 머리를 고조에게 바치라고 한 뒤에 목을 찔러 자결했다.

　이 소식을 들은 고조는 눈물을 흘리면서 왕자의 예를 갖추어 전횡의 장례를 치러 주었다.

한편, 전횡의 장례가 끝나자 자기들이 맡은 임무를 끝냈다고 여긴 두 식객은 주인의 무덤 옆에 구덩이를 파고 자신들의 목을 찔러 자결했다. 또 섬에 남아 있던 제나라의 백성과 가족 등 5백여 명도 전횡이 자결했다는 소식을 듣고 모두 그 뒤를 따르고 말았다.

뒷날, 당나라 때의 학자인 이주한은 이에 대해서 다음과 같이 말했다.

"전횡이 자결하자 그를 따르던 사람들이 드러내 놓고 울 수는 없었지만 슬픔을 참을 길이 없었다. 그래서 슬픈 심정을 담은 노래를 지어 자신들의 마음을 달랬다. 뒷날에 사람들이 이것을 널리 퍼뜨려 〈해로호리가〉라고 했는데, 이것이 관례가 되어 죽은 사람을 보낼 때면 사람들은 언제나 이 노래를 부르게 되었다.

만부지망 萬夫之望

萬 : 일만 **만**　夫 : 사나이 **부**　之 : 어조사 **지**　望 : 우러러볼 **망**

뜻풀이 천하의 만민이 우러르고 사모함을 일컫는 말.

출 전 『주역(周易)』·〈계사하전(繫辭下傳)〉

해 설

　공자가 말했다.

　"낌새를 아는 것이 참으로 신기하다. 군자는 윗사람을 사귈 때는 아부하지 않으며, 아랫사람을 사귈 때는 몸을 더럽히지 않는다. 그것은 그가 낌새를 알기 때문이다. 낌새는 움직임의 작은 징조이고, 좋고 나쁨을 미리 아는 것이다. 그래서 군자는 낌새를 보면 일을 시작하여 하루가 지나기를 기다리지 않는다. 『주역』에서 이르기를 '굳기가 돌 같으며 하루 해를 보내지 않으니 곧고 좋다'고 하였다. 뜻은 돌과 같이 굳은 것이니 어찌 하루를 보낼 수 있는가. 군자는 낌새를 알기 때문에 큰 것도 알며, 부드러운 것을 알기 때문에 강한 것도 안다. 그래서 만인이 우러러 받드는 것이다."

　공자의 이 같은 말은 군자와 소인의 차이에 대하여 일의 낌새를 안다는 점을 중심으로 이야기한 것이다.

만성풍우 滿城風雨

滿 : 찰 만 城 : 도읍 성 風 : 바람 풍 雨 : 비 우

뜻풀이 어떤 일이나 사건이 널리 알려지는 것을 일컫는 말.

출 전 「냉재야화(冷齋夜話)」

해 설

　송나라 때 유명한 시인으로 사무일과 반빈로가 있었는데, 어느 날 사무일이 반빈로에게 시를 얼마나 지었느냐고 물었다. 그러자 반빈로는

　"어제 저녁에 한가로이 누워 있는데 숲이 술렁거리는 소리와 함께 빗소리를 들으면서 느낀 점이 있어 '성에 가득한 비바람 소리를 들으니 중양절이 멀지 않았구나'하고 한 구절을 떠올리는 순간 빚쟁이가 찾아오는 바람에 뒷구절을 잇지 못하고 말았네."하고 대답했다.

　그런데 이 한 구절의 시가 오히려 유명하게 되어 여러 사람들이 읊게 되었고 만성풍우라는 성구까지 낳게 되었다.

만수무강 萬壽無疆

萬 : 일만 **만**　壽 : 목숨 **수**　無 : 없을 **무**　疆 : 굳셀 **강**

뜻풀이 오래 살라는 뜻으로, 손윗사람이나 존경하는 사람에게 쓰는 말.

출 전 『시경(詩經)』·〈빈풍 칠월〉

해 설
　어른의 생일이나 새해에 나누는 덕담으로써 다음과 같은 구절이 나온다.

　　설날에 얼음을 탕탕 깨어
　　일월에 얼음 창고에 넣는다.
　　이월에는 이른 아침에 일어나
　　염소와 부추를 바쳐 제사 지낸다.
　　구월에는 된서리가 내리고
　　시월에는 타작 마당을 치운다.
　　두어 통 술을 마련해 마을 사람을 대접하고
　　임금님 계신 곳에 올라가서
　　뿔술잔에 부은 술을 권하면서
　　부디 만수무강하소서.

만전지책 萬全之策

萬 : 일만 **만**　全 : 온전할 **전**　之 : 어조사 **지**　策 : 계책 **책**

뜻풀이　실패할 위험이 없는 아주 안전한 계책을 일컫는 말.
출 전　『후한서(後漢書)』·〈유표전(劉表傳)〉
해 설

　중국 후한 말기 때에 원소와 조조가 세력 다툼으로 관도에서 싸운 끝에 원소의 군에 패해 많은 군사들이 죽거나 다쳤다.
　당시 형주 목사였던 유표는 이들의 싸움을 바라보면서 살피고 있었다. 그는 원소가 도움을 청하자 받아들였으나 실제로는 군사를 움직이지 않았을 뿐만 아니라 조조에 대해서도 적대 행위를 하지 않고 있었다.
　이때 유표의 부하인 한숭과 유선이 그를 만나 말했다.
　"이렇게 싸움만 바라보고 있다가는 나중에 양쪽으로부터 원망을 사게 될 것입니다. 원소는 조조를 깨뜨린 뒤에 분명히 우리를 공격할 것 같으니 조조를 도와 안전을 꾀하는 것이 좋겠습니다. 그러면 조조는 장군의 은혜를 잊지 않고 우리를 도울 것이니 이것이 가장 안전한 계책이 될 것입니다(萬全之策)."
　하지만 결단력이 모자랐던 유표는 그대로 머뭇거리고 있다가 뒷날에 큰 봉변을 당하고 말았다.

망극득모 亡戟得矛

亡 : 잃을 망　戟 : 갈라진 창 극　得 : 얻을 득　矛 : 창 모

[뜻풀이] 물건을 잃거나 얻을 때 이로움과 해로움의 두 가지로 생각할 수 있음을 이르는 말.

[출전] 『여씨춘추(呂氏春秋)』·〈이속편(離俗篇)〉

[해설]

　춘추전국 시대에 제나라와 진(晉)나라가 한창 싸울 때에 어린 병사가 세 갈래로 갈라진 창을 잃어버리고 긴 창을 얻었으나 마음이 편하지 않았다.

　그래서 지나가던 사람에게 물었다.

　"싸움터에서 갈라진 창을 잃은 대신 긴 창을 얻어 부대로 돌아가면 벌을 받지 않을까요?"

　이에 그 사람이 병사를 위로하듯이 말했다.

　"갈라진 창이나 긴 창이나 모두 무기이니 하나를 잃고 하나를 얻었으면 마찬가지인데 어찌 부대로 돌아가지 못하겠는가?"

　병사는 그래도 마음이 놓이지 않아 다른 사람에게 또다시 물어보았더니, 그 사람의 대답은 먼젓번 사람과 달랐다.

　"갈라진 창과 긴 창이 어떻게 같을 수가 있겠는가?"

　이렇게 서로 다른 대답을 들은 병사는 이러지도 못 하고 저러지도 못 했다고 한다.

망매지갈 望梅止渴

望 : 바라볼 **망** 梅 : 매화나무 **매** 止 : 그칠 **지** 渴 : 목마를 **갈**

뜻풀이 매화나무의 열매인 매실은 시기 때문에 매실 이야기만 들어도 침이 나와 갈증이 없어진다는 뜻.

출 전 『세설』·〈가귤편(假橘篇)〉

해 설
　어느 날 조조가 군사들을 이끌고 가는데 날씨는 몹시 무덥고 먹을 물은 떨어져 군사들이 기진맥진하여 걸음을 제대로 걸을 수 없을 지경에 이르렀다.
　이를 본 조조는 문득 좋은 생각을 떠올리고 군사들에게 외쳤다.
　"저 산만 넘어가면 매화나무밭이 있으니 빨리 가서 매실이나 실컷 따 먹도록 하자."
　조조에게서 매실이라는 말을 들은 순간 군사들의 입 안에서 침이 돌아 갈증을 풀고 행군을 계속하게 되었다.

망양흥탄 望洋興嘆

望: 바라볼 망　洋: 큰바다 양　興: 일으킬 흥　嘆: 탄식할 탄

뜻풀이 크고 넓은 바다를 바라보고 탄식한다는 뜻으로, 어떤 일에 자기의 힘이 미치지 못하여 탄식함을 이르는 말.

출전 『장자(莊子)』·〈추수편(秋水篇)〉

해설

　가을에 큰물이 나면 황하의 물이 넘쳐서 강가의 소와 말이 잘 보이지 않았는데, 이때마다 황하의 신인 하백은 자기가 세상에서 으뜸이라고 생각하며 몹시 뽐냈다.

　어느 날, 하백은 황하의 물줄기를 따라 동쪽으로 계속 내려가다가 북새에 이르러 바라보니 바다의 끝이 보이지 않았다. 이에 하백은 부끄러움을 느끼고 북해의 신에게 감탄하면서 말했다.

　"나는 내가 제일인 줄 알았더니 지금 당신이 이렇게 끝이 없는 바다를 거느리고 있는 것을 보니, 이제야 내가 우쭐할 까닭이 없음을 알았소. 이제 나는 영원히 사람들의 웃음거리가 되고 말았구려."

　그러자 북해의 신은 하백을 위로했다.

　"우물 안 개구리는 바다가 어떤가를 모르며, 여름 한철을 사는 곤충은 겨울이 어떤지 모르오. 나는 넓은 우주의 일부분이기 때문에 지금까지 단 한 번도 우쭐한 적이 없소. 그대가 이곳에 와서 바다를 보고 뉘우친 것은 큰 발전이오."

망자존대 妄自尊大

妄 : 어리석을 **망**   自 : 스스로 **자**   尊 : 높일 **존**   大 : 큰 **대**

뜻풀이 어리석게 자기가 잘난 척함을 이르는 말.

출 전 『후한서(後漢書)』·〈마원전(馬援傳)〉

해 설

마원은 광무제인 유수가 뤄양에서 후한을 세우고 즉위했을 때 농서에서 장순과 외효의 부하 장수로 있었다.

이때 공손술이 성도에서 스스로 황제라 칭하자, 외효는 마원에게 성도에 가서 형편을 알아보라고 명령하였다. 마원은 공손술과 같은 고향 사람이어서 공손술이 자기를 반갑게 맞아 줄 것으로 생각했다.

그러나 공손술은 높은 자리에 앉아 거드름을 피우며 마원을 쌀쌀하게 대했으며, 얼마 후에는 황제의 신분으로 마원에게 벼슬과 관복을 내렸다. 그러자 마원은 화를 내고 돌아와서 외효에게 말했다.

"공손술은 우물 안의 개구리처럼 어리석게 우쭐거리고 있습니다. 차라리 뤄양으로 가서 광무제를 섬기는 것이 낫겠습니다."

이에 외효는 마원을 다시 뤄양으로 보내자 이번에는 광무제에게서 극진한 대접을 받은 뒤에 그의 부하가 되어서 돌아왔다. 그러나 외효는 광무제를 매우 경계하고 있었으므로, 마원이 광무제를 아무리 좋게 말해도 듣지 않았다.

그 후, 광무제는 외효와 공손술을 차례로 무너뜨리고 천하를 통일했다.

매독환주 買櫝還珠

買 : 살 매   櫝 : 궤 독   還 : 돌려줄 환   珠 : 진주 주

뜻풀이 빈 함을 사고 진주는 돌려준다는 뜻.

해설

  정나라에서 진주 장사를 하던 초나라 장사꾼이 귀중한 진주를 함에 넣고 정성껏 포장했다. 함에는 예쁜 꽃무늬와 조그만 보석들이 박혀 있고, 좋은 향내까지 났다.

  그리하여 아름다운 진주함은 많은 사람들의 눈길을 모았는데, 하루는 어떤 사람이 찾아와서 많은 돈을 치르고 진주함을 샀다.

  진주 장사꾼은 기쁜 웃음을 띄고 진주함을 건네자 그 사람은 함의 뚜껑을 열고 진주를 꺼내 장사꾼에게 준 다음에 함만 가지고 갔다.

  이리하여 물건을 볼 줄 모르거나 선택할 줄 모르는 것을 비유해서 매독환주라는 성구가 나오게 되었다.

매황유하 每況愈下

每 : 매번 매 況 : 하물며 황 愈 : 나아질 유 下 : 아래 하

[뜻풀이] 형편이 날이 갈수록 점점 더 나빠지는 것을 이르는 말.

[출 전] 『장자(莊子)』·〈지북유편(知北遊篇)〉

[해 설]

어느 날, 동곽자라는 사람이 장자를 찾아와서 도라는 것은 어디에 있느냐고 물었다.

"도라는 것은 개구리나 개미 같은 것에 있소."

이 말을 들은 동곽자가 따지고 들었다.

"아니, 신성한 도가 그처럼 보잘것없는 것에 있다는 말이오?"

그러자 장자는 다시 말했다.

"그렇다면 기왓장이나 쌀이나 벽돌 같은 것에 있지요."

장자의 말에 더욱 아리송해진 동곽자는 왜 점점 낮아지는 것에 도가 있느냐고 묻자, 장자는 엄숙한 표정으로 대꾸했다.

"도는 어느 것에나 다 있는 것으로 자질구레하거나 하찮은 것에서 도리가 더욱 밝아지는 것이오."

맥수지탄 麥秀之嘆

麥 : 보리 **맥**　秀 : 빼어날 **수**　之 : 어조사 **지**　嘆 : 탄식할 **탄**

뜻풀이 기자가, 은나라가 망한 뒤에도 보리만은 잘 자라는 것을 보고 한탄했다는 옛일에서 온 말로, 고국의 멸망을 한탄한다는 뜻.

출 전 『논어(論語)』·〈미자편(微子篇)〉

해 설

은나라의 마지막 왕이었던 주는 포악하기가 이를 데 없어서 간신들의 꾐에 빠져 폭정을 일삼았다.

그때의 정황 공자는 이렇게 말했다.

"은나라에는 어진 이가 세 사람 있었는데 미자는 떠나고, 기자는 종이 되고, 비간은 바른말을 하다가 죽임을 당했다."

이처럼 기자는 미친 사람처럼 머리를 풀어 헤치고 남의 종이 되어 숨었다.

이후, 무왕이 은나라를 무너뜨린 뒤에 기자의 인품을 사모하여 그를 조선의 왕으로 삼았다.

그로부터 몇 해 후 오래간만에 은나라의 도읍을 찾은 기자는 슬픈 마음을 억누를 길이 없었다.

왜냐하면 화려하고 번창했던 도읍지가 보리와 기장이 무성하게 자란 폐허로 변해 버렸기 때문이었다.

이를 본 기자는 세상의 허무함과 감회에 젖어 노래를 지어 불렀는데, 이것이 바로 유명한 〈맥수가〉이다.

麥秀漸漸兮(맥수점점혜)
禾黍油油兮(화서유유혜)
彼狡童兮(피교동혜)
不與我好兮(부여아호혜)

무성하게 자란 보리여
벼와 기장도 가득하구나
저 교활한 어린아이(주왕)가
내 말을 듣지 않은 탓이로다.

맹인모상 盲人摸象

盲 : 장님 맹　人 : 사람 인　摸 : 더듬을 모　象 : 코끼리 상

뜻풀이 장님이 코끼리를 더듬어 보듯이 모든 것을 자기의 생각대로 주장함을 이르는 말.

출전 불교 설화

해설

　어느 날, 왕이 코끼리 한 마리를 끌어 오게 한 뒤에 장님들에게 코끼리가 어떻게 생겼는지 한 번 더듬어 보라고 한 다음에 코끼리가 어떻게 생겼는지 물어보았다.

　그러자 코끼리의 상아를 만져 본 첫 번째 장님이 말했다.

　"예, 코끼리는 뾰족하고 긴 무같이 생겼습니다."

　두 번째 장님은 코끼리의 귀를 더듬어 보고 키처럼 생겼다고 말했다.

　세 번째 장님은 코끼리의 다리를 만져 보고 말했다.

　"허허, 쓸데없는 소리들을 하고 있구먼, 코끼리는 틀림없이 기둥처럼 생겼어. 암 틀림없는 기둥이고 말고."

　이어서 코끼리의 등을 만져 본 장님은 침상처럼 생겼다고 말했고, 배를 더듬어 본 장님은 큰 독처럼 생겼다고 말했으며, 꼬리를 만져 본 장님은 굵은 동줄처럼 생겼다고 제각기 주장했다.

　이렇게 장님들이 서로 자기가 옳다고 주장하는 바람에 왕과 신하들은 한바탕 웃고 말았다.

맹인할마 盲人瞎馬

盲 : 장님 맹　人 : 사람 인　瞎 : 눈멀 할　馬 : 말 마

[뜻풀이] 장님이 눈이 먼 말을 타고 다니듯이 아주 위태로움을 뜻하는 말.

[해설]
　진(晉)나라 때 사람인 고개지는 재주가 몹시 뛰어나고 그림도 잘 그리며 우스갯소리를 좋아하여 고관 대작인 한현과 은중감과 매우 가깝게 지냈다.
　하루는 은중감의 집에서 한데 모여 이야기를 나누던 중에, 이 세상에서 가장 위태로운 것에 대한 이야기가 나오자 한현이 먼저 말했다.
　"창날이나 칼날의 파편으로 밥을 지어 먹는 것일세."
　이어서 은중감이 입을 열었다.
　"1백 세 노인이 마른 나뭇가지를 붙잡고 나무에 오르는 것이 아닐까?"
　마지막으로 고개지가 말했다.
　"어린아이가 우물의 두레박에 매달려 있는 것이오."
　그때 참군이라는 낮은 벼슬에 있던 사람이 곁에서 듣고 있다가 우습다는 표정으로 한 마디 거들었다.
　"소인의 생각으로는 장님이 눈이 먼 말을 타고 한밤중에 못가에 이르는 것이 아닐까 합니다."
　참군의 말을 들어 보면 그만큼 위험한 상황이 좀처럼 없을 듯싶

었다. 그러나 공교롭게도 은중감은 한쪽 눈이 먼 애꾸눈이었으므로, 이 날의 모임은 참군의 버릇없는 참견으로 인해 매우 어색하게 끝나고 말았다.

중국 송나라의 유의경이 지은 『세설신어』에 나오는 대목이다.

멸차조식 滅此朝食

滅 : 없앨 **멸** 此 : 이 **차** 朝 : 아침 **조** 食 : 먹을 **식**

뜻풀이 앞에 있는 적들을 쳐부순 다음에 식사를 하겠다는 뜻으로, 어떤 일을 이루겠다는 굳은 결심을 나타내는 말.

출전 춘추전국 시대 노 성공

해설
　춘추전국 시대 때 제나라군이 위(衛)나라를 공격하자 노나라와 위나라는 진(晉)나라에 구원을 요청했으므로, 진나라의 경공은 극극이라는 장수에게 군사를 이끌고 가서 제나라군을 막게 하였다.
　이리하여 진·노·위나라의 연합군이 미계산까지 나아가 제나라군과 싸웠는데, 이때 제나라군의 장수 고고는 싸움이 끝난 뒤에 진영으로 돌아와서 말했다.
　"이번에는 누가 나가서 싸울 텐가. 내 용기를 사겠다면 기꺼이 팔겠다."
　이튿날 아침, 양쪽의 군사들은 안이라는 곳에서 맞서게 되었는데, 이때 제나라의 경공은 군사들을 이끌고 나가면서 말했다.
　"눈 앞의 적들을 쳐부순 다음에 돌아와서 아침 식사를 하자."
　그러나 싸움은 뜻밖에도 매우 치열해서 경공은 하마터면 연합군의 포로가 될 뻔했다.

명경지수 明鏡止水

明 : 밝을 **명** 鏡 : 거울 **경** 止 : 그칠 **지** 水 : 물 **수**

뜻풀이 밝은 거울과 고요한 물이라는 뜻으로, 맑고 조용한 심경을 이르는 말.

출전 『장자(莊子)』·〈덕충부편(德充符篇)〉

해설

정자산은 같은 스승 밑에서 배우는 신도가가 권력가인 자신을 무시한다고 생각하여 거세게 항의하자 신도가가 말했다.

"내가 들으니 거울이 밝으면 티끌이나 먼지가 앉지 않고, 어진 사람과 오랫동안 함께 있으면 허물이 없다고 하였네. 지금 그대가 가지고 있는 가장 큰 것은 스승님인데도 오히려 이 같은 말을 한다면 이 또한 허물이 아니겠는가?"

이상은 명경에 관한 이야기이고 지수에 관한 이야기는 다음과 같다.

공자의 제자인 상계가 왕태의 문하에 제자가 많은 것을 보고 불만스럽게 여긴 나머지 스승에게 물어보았다.

"사람은 흐르는 물을 거울 삼아 자기 모습을 비추어 보는 것이 아니고, 괴어 있는 물을 거울 삼아 자기 모습을 비추어 보는 것이다."

즉 왕태의 인품이 괸 물처럼 매우 고요하고 맑기 때문에 제자가 많다고 대답한 것이다.

명고이공 鳴鼓而攻

鳴 : 울릴 명 鼓 : 북 고 而 : 어조사 이 攻 : 칠 공

[뜻풀이] 북을 울려 공격한다는 뜻으로 허물이 있거나 잘못을 범한 사람을 여러 사람들에게 알려 망신시키는 것을 이르는 말.

[출전] 『논어(論語)』·〈선진편(先進篇)〉

[해설]

춘추전국 시대 때 노나라의 대귀족인 계씨는 대대로 높은 벼슬을 지내면서 세력을 크게 떨쳐 계강자 때에 이르러서는 거의 차이가 없을 지경에까지 이르렀다.

그런데 그때는 사라져 가는 노예 제도와 새로 일어나는 봉건 제도 사이에 갈등이 나날이 날카로워지는 시기였다. 그래서 노예의 주인과 지배 계급 안에서도 혁신 세력과 보수 세력으로 나누어지게 되었다.

이때 계강자는 혁신 세력에 서서 전제를 개혁하고 토지의 사유제와 농민들의 권리와 이익을 인정하는 한편, 토지에 대해 세금을 받으려고 하였다.

그때 공자는 이 정책에 반대했으나 그의 제자인 염구는 오히려 계강자를 지지하고 나섰다.

이에 공자는 불같이 화를 내며 제자들에게 말했다.

"이제 염구는 나의 제자가 아니다. 너희들은 북을 두드리며 그를 공격해라."

명락손산 名落孫山

名 : 이름 **명**   落 : 떨어질 **락**   孫 : 손자 **손**   山 : 메 **산**

뜻풀이 시험이나 시합에서 떨어지거나 평가에서 밀려나는 것을 말함.

출 전 송나라 소주

해 설

　송나라의 소주에 손산이라는 선비가 살고 있었다. 어느 해 지방에서 실시하는 과거인 향시에 친구와 함께 응시했는데 손산은 맨 끝으로 합격하고 친구는 떨어졌다.

　손산이 먼저 고향으로 돌아오자 마을 사람들과 친구의 아버지가 그를 축하하면서 함께 과거를 보았던 친구의 아버지가 아들의 소식을 그에게 물었다.

　그러자 장난꾼인 손산은

"해명처시손산 현랑갱재손산외(解名處是孫山 賢郎更在孫山外)" 라고 대답했다.

　즉, 합격자 명단의 맨 끝은 손산이요, 댁의 아드님은 손산 밖에 있다는 뜻으로, 친구는 과거에서 떨어졌다는 것이었다.

　여기서 해명이란 향시의 합격자를 말하고, 일등을 해원(解元)이라고 했으므로 향시를 해시(解試)라고도 한다.

명찰추호 明察秋毫

明 : 밝을 명　察 : 살필 찰　秋 : 가을 추　毫 : 터럭 호

뜻풀이 작은 일까지도 자세히 살핀다는 뜻.

출 전 『맹자(孟子)』·〈공손추장구〉

해 설

　춘추전국 시대 때에는 제나라 환공과 진(晉)나라 문공이 서로 권력을 다투었다.

　그 후 춘추전국 시대에 이르러서는 제나라의 선왕이 다시 권력을 잡으려고 맹자에게 환공과 문공의 업적에 대해서 알려 달라고 청하자 맹자가 말했다.

　"공자의 제자들은 왕도에 대해서만 알 뿐 다른 것에 대해서는 별로 흥미가 없습니다. 이를테면 덕으로 천하를 통일하는 것이 진정으로 통일을 이루는 것입니다."

　"어떤 덕을 말씀하십니까. 과인도 천하를 통일할 수 있겠습니까?"

　"물론입니다. 제가 들으니 전에 제나라에서 종을 새로 만들고 종 사이에 난 구멍을 짐승의 피로 메우기 위해 소를 잡으려고 했으나, 대왕께서 소를 매우 불쌍히 여겨 잡지 못하게 하였다는데 사실입니까?"

　"사실입니다."

　"그렇다면 대왕의 그런 착한 마음씨도 왕도에 따라 착한 정치를 베풀면 천하를 통일할 수 있습니다. 문제는 되느냐 안 되느냐에 있는 것이 아니라 하느냐 마느냐에 있는 것입니다. 가령 어떤 사람이

'나의 힘은 3천 근을 들 수 있는데 새의 털 하나도 들 수 없다고 말하고, 눈이 밝은 사람이 짐승의 가을 털을 자세히 살필 수가 있는데 달구지는 볼 수 없다'고 한다면 믿으시겠습니까?"

"믿을 수가 없지요."

"바로 그것입니다. 대왕께서 소에 대해서는 그토록 어진 마음을 썼는데, 백성들에 대해서 외면한다면 새의 털을 들 수 없는 것이 아니라 듣지 않는 것이고, 달구지를 볼 수 없는 것이 아니라 보지 않는 것입니다. 따라서 문제는 결국 못 하는 것이 아니라 하지 않는 것입니다."

모야무지 暮夜無知

暮 : 늦을 모 夜 : 밤 야 無 : 없을 무 知 : 알 지

뜻풀이 어두운 밤중에 하는 일이라 보고 듣는 사람이 없다는 뜻으로, 뇌물이나 선물을 몰래 건네는 것을 말함.

출전 『후한서(後漢書)』·〈양진전(楊震傳)〉

해설

후한 때의 사람인 양진은 몹시 가난했으나 학문이 매우 높아서 사람들은 그를 관서 공자라고 불렀다.

양진이 50세가 넘어 벼슬길에 올라 형주 자사로 있을 때, 그의 은혜를 입은 양밀이라는 사람이 밤중에 황금 10근을 가지고 찾아와서 예물로 바쳤다.

왕밀이 예물을 바친 것은 옛날에 입은 은혜에 보답하는 뜻도 있었으나, 앞으로 더 은혜를 입자는 속셈에서였다.

그러나 양진은 예물을 받지 않고 말했다.

"나는 그대를 알고 있는데, 그대는 내 마음을 모르는 웬일인가?"

그러자 왕밀은 양진이 일부러 사양하는 것으로 알고 말했다.

"늦은 밤이라 아무도 모릅니다."

이에 양진은 얼굴빛을 고치고 꾸짖었다.

"하늘과 땅이 알고 그대와 내가 아는 일인데, 어째서 아무도 모른다고 하는가?"

왕진의 꾸지람을 들은 왕밀은 부끄러워서 황금을 가지고 돌아갔다.

목계양도 木鷄養到

木 : 나무 **목**　鷄 : 닭 **계**　養 : 기를 **양**　到 : 이를 **도**

뜻풀이 사람이 점잖지만 융통성이 없음을 비유하는 말.

출 전 『장자(莊子)』·〈달생편(達生篇)〉

해 설
　　제나라 사람인 기성자는 싸움닭을 기르는 데 특별한 재주를 가지고 있었다. 하루는 왕이 그에게 싸움닭을 기르라고 명령했다.
　　그런데 왕은 성질이 매우 급해서 10일 만에 다 길렀느냐고 그에게 묻고, 그 후 10일 만에 또 다 길렀느냐고 물었다.
　　기성자는 그때마다 닭이 침착하지 않다는 둥 성질이 급하다는 둥 이유를 들어 아직 멀었다고 대답했다.
　　그러다가 한 달 만에 임금이 다 길렀느냐고 묻자, 그제야 기성자는 닭이 침착해지고 성질이 차분해져서 다 길러 놓았다면서 이렇게 말했다.
　　"이제야 싸움닭이라고 할 수 있는데, 마치 나무로 깎아 놓은 닭과 같아서 다른 닭들이 보기만 해도 싸울 생각을 버리고 달아나게 될 것입니다."
　　이런 까닭으로 뒷날에 사람들은 수양이 되고 점잖은 사람을 일러 목계양도라고 하였다.

목무전우 目無全牛

目 : 눈 목   無 : 없을 무   全 : 온전할 전   牛 : 소 우

뜻풀이 눈 앞에 온전한 소가 남아 있지 않다는 뜻으로, 일솜씨가 대단하다는 말

출전 『장자(莊子)』·〈달생편(達生篇)〉

해설

춘추전국 시대 때 포정이라는 사람은 소를 아주 잘 잡았다. 하루는 위나라 왕이 그에게 소를 잡으라고 명령했는데, 그가 칼을 다루는 솜씨는 혀를 내두를 정도였다.

이를 본 왕이 감탄하면서 그에게 물었다.

"정말로 훌륭한 솜씨로구나. 그대는 어떻게 하여 그런 솜씨를 갖게 되었는가?"

"예, 부지런히 노력하고 쉬지 않고 연습했기 때문입니다. 소를 처음으로 잡을 때는 눈에 한 마리의 소가 보였으나, 3년이 흐른 뒤에는 소가 보이지 않고 고깃덩어리만 보였습니다. 그래서 뼈와 살 사이로 칼을 움직여 소 한 마리를 뼈와 살로 완전히 갈라놓게 되었습니다."

포정의 말을 들은 왕은 매우 기뻐하며 말했다.

"정말로 솜씨가 훌륭하도다. 과인은 그대의 말을 듣고 느낀 바가 매우 많다."

목후이관 沐猴而冠

沐 : 머리감을 목　猴 : 원숭이 후　而 : 어조사 이　冠 : 관 관

뜻풀이 머리를 감은 원숭이가 관을 썼다는 뜻으로, 옷과 관은 갖추었으나 속과 행동은 사람답지 못함을 비웃는 말.

출전 『사기(史記)』·〈항우본기(項羽本紀)〉

해설
　진(秦)나라의 말기에 유방과 항우 등이 군사를 일으켜 진나라의 학정에 대항해서 싸울 때였다.
　여러 장수들은 진나라의 도성인 함양을 먼저 빼앗은 사람을 관중 일대의 왕으로 삼자고 약속했다.
　그런데 항우보다 세력이 약한 유방이 함양을 먼저 빼앗자, 뒤늦게 다다른 항우는 흥분하여 진나라의 궁궐을 모조리 불태우고 많은 금은보화와 젊은 여인들을 끌고 동쪽으로 가려고 했다.
　이때에 어떤 사람이 항우에게 함양에 도읍을 정하면 앞으로 큰 일을 이룰 수 있으니 그대로 함양에 머무르라고 간곡하게 권했으나 그는 듣지 않았다.
　이에 그 사람은 항우가 큰 인물이 되지 못할 것을 알고
　"초나라 사람(항우)들은 '머리를 감은 원숭이가 관을 쓴 것과 같다'더니 그 말이 틀림없구나!"하고 깊이 탄식했다.
　그런데 이 말이 어쩌다가 항우의 귀에 들어가게 되었으므로, 항우는 그를 잡아다가 끓는 물에 넣어 죽여 버리고 말았다.

무가내하 無可奈何

無 : 없을 **무**   可 : 허락할 **가**   奈 : 어찌 **내**   何 : 어찌 **하**

뜻풀이 어찌할 수가 없음을 이르는 말.

출전 『사기(史記)』·〈혹리열전(酷吏列傳)〉

해설

　한나라 무제 때 해마다 큰 전쟁을 일으켜 농민들의 부담이 날마다 늘자 생활이 몹시 어려워져 곳곳에서 반란이 일어났다.

　반란군은 곳곳에서 고을을 습격하여 무기를 빼앗고 죄수들을 석방했으며, 악질 관리들을 닥치는 대로 죽였다.

　이에 당황한 황제와 조정의 대신들은 관리들을 보내는 한편, 관군들을 보내 반란군을 다스렸는데, 이때 반란군 수만 명이 죽고 반란군과 관련이 있다고 의심되는 사람들도 수천 명씩 죽였다.

　이렇게 관군들은 여러 해 동안에 반란군들을 참혹하게 다스렸으나, 반란군은 여전히 크게 뭉쳐 산천을 끼고 대항하는 기세가 하늘을 찌를 듯하여 나라에서도 어찌할 수가 없었다.

무병자구 無病自灸

無 : 없을 무   病 : 앓을 병   自 : 스스로 자   灸 : 뜸 구

뜻풀이 병이 없는데도 뜸을 뜬다는 뜻으로, 아무 이익도 없는 일을 고통스럽게 행함을 일컫는 말.

출전 『장자(莊子)』·〈도척편(盜跖篇)〉

해설
어느 날, 공자가 도척을 만나 이야기를 나눈 뒤에 노나라의 동쪽 성문에서 도척의 형인 유하계를 만나자 그가 공자에게 말했다.

"며칠 동안 뵙지 못했습니다. 어디를 다녀오신 것 같은데, 혹시 도척을 만나고 오시는 것은 아닙니까?"

이 물음에 공자는 하늘을 보고 탄식한 후에 대답했다.

"예, 도척을 만나보고 오는 길입니다."

유하계가 다시 물었다.

"제가 전날에 말씀드린 것처럼 혹시 도척이 선생님의 뜻을 거스르지 않았습니까?"

"맞습니다. 나는 세상에서 말하는 것처럼 병도 없는데 뜸을 뜬 사람이지요. 급히 달려가 호랑이 머리를 쓰다듬고 수염을 잡아 묶은 것과 같아서 하마터면 호랑이의 밥이 될 뻔했습니다."

무산지몽 巫山之夢

巫 : 무당 무   山 : 메 산   之 : 어조사 지   夢 : 꿈 몽

[뜻풀이] 무산에서 꾼 꿈이라는 뜻으로, 남녀의 정이 아기자기한 것을 비유하여 이르는 말.

[출전] 『문선(文選)』·〈고당부병서(高堂賦幷序)〉

[해설]

옛날에 초나라의 양왕이 송옥과 함께 운몽의 누대에서 놀다가 고당의 관사를 우러러보니 그 위에만 구름이 몰려 있는데, 구름이 갑자기 하늘로 솟구치는가 싶더니 순식간에 모양을 바꾸는 등 짧은 시간 동안에 끝없이 변화를 일으켰다.

그래서 왕이 송옥에게 물었다.

"저것은 무슨 기운인가?"

"조운이라는 것입니다."

"조운이라는 게 무엇인가?"

"옛날 선왕께서 고당을 찾아 노신 일이 있는데 몸이 몹시 노곤하여 낮잠을 주무셨습니다. 그때 웬 여인이 꿈에 나타나 선왕에게 '소녀는 무산의 여신입니다. 나그네로 폐하께서 고당에 오셨다는 말을 듣고 베개를 함께 베려고 왔습니다.'라고 말했습니다. 이에 선왕은 그녀와 잠자리를 함께 했고 이튿날 그녀는 떠나면서 '소녀는 무산 남쪽의 험준한 벼랑에 있습니다. 아침에는 구름으로 날고 저녁에는 빗방울로 머무릅니다. 아침저녁으로 양대에 있을 것입니다.'라고 말했습니다. 이튿날 아침에 보니 그녀의 말이 맞아 그곳에 묘당을 짓고 조운이라고 이름한 것입니다."

무용지용 無用之用

無 : 없을 무　用 : 쓸 용　之 : 어조사 지

뜻풀이 쓸모가 없는 가운데 쓸모가 있다는 뜻으로, 별 도움이 안 될 것 같은데도 진정한 도움을 준다는 말.

출전 『장자(莊子)』·〈산목편(山木篇)〉

해설

　어느 날, 장자가 제자와 함께 산길을 걷다가 가지와 잎이 매우 무성한 큰 나무를 보았는데, 나무꾼이 그 나무 주위를 한참 맴돌다가 나무를 베지 않고 그대로 가려고 하였다.

　그래서 장자가 그에게 다가가서 그에게 물었다.

　"당신은 왜 나무를 베지 않소?"

　"예, 옹이가 너무 많아서 쓸모가 없습니다."

　이에 장자가 제자에게 말했다.

　"이 나무는 재목감이 못 되어 제대로 누릴 수 있겠구나."

　이윽고 장자는 친구의 집에 이르러 하룻밤을 묵게 되자, 친구는 동자에게 기러기를 잡아 삶으라고 하였다.

　그러자 동자가 장자에게 물었다.

　"선생님, 두 마리의 기러기 중 한 마리는 잘 울고 한 마리는 울지 못하는데 어떤 놈을 잡을까요?"

　"울지 못하는 놈을 잡거라."

　이튿날 제자가 장자에게 물었다.

　"스승님, 산에 있던 큰 나무는 재목감이 못 되어 무사했는데, 이

댁의 기러기는 재목감이 못 되어 죽임을 당했습니다. 스승님께서는 앞으로 어느 쪽을 택하시겠습니까?"

이에 장자가 미소를 띠며 말했다.

"나는 재목감이 되는 것과 못 되는 것의 중간을 선택할 것이다."

문가라작 門可羅雀

門 : 문 **문**   可 : 가할 **가**   羅 : 그물칠 **라**   雀 : 참새 **작**

뜻풀이 문에 참새 그물을 친다는 뜻으로, 찾아오는 손님이 없어 한가함을 비유하는 말.

해설

　한(漢)나라 초기에 급암과 정당시라는 유명한 대신이 있었는데, 급암은 경제 때에 태자 선마가 되고, 무제 때에는 동해 태수와 주작도위라는 벼슬까지 지냈다.

　또 정당시는 무제 때에 대농령이라는 벼슬을 지냈던 사람으로 두 사람 모두 다 높은 벼슬을 지내고 권세가 있었기 때문에 날마다 찾아오는 사람들이 많아 그의 집 문턱이 닳을 정도였다.

　하지만 두 사람은 모두 성품이 곧은 탓에 모략을 받아 벼슬에서 물러나자, 생활이 몹시 어렵게 되었다.

　그때부터 두 사람의 집에는 찾아오는 사람들의 발길이 뚝 끊어져 버리고 말았다.

문경지교 刎頸之交

刎 : 목자를 **문** 頸 : 목 **경** 之 : 어조사 **지** 交 : 사귈 **교**

뜻풀이 친구를 대신해서 목이 잘려도 괜찮다는 뜻으로, 생사를 함께 하는 몹시 친한 사귐을 이르는 말.

출 전 『사기(史記)』·〈염파인상여열전(廉頗藺相如列傳)〉

해 설
 중국 춘추전국 시대 때 조나라의 혜문왕의 신하인 무현의 식객 가운데 인상여라는 사람이 있었는데, 진(秦)나라에 빼앗길 뻔했던 화씨지벽이라는 보물을 도로 찾아온 공으로 상대부라는 벼슬에 올랐다.
 그 후 3년째 되던 해에 두 나라 왕이 만난 자리에서 진나라 왕에게 모욕을 당할 뻔한 조나라 왕을 구한 공으로 상경이라는 벼슬에 올랐다.
 이리하여 인상여의 지위가 조나라의 명장인 염파보다 높아지자, 몹시 분개한 염파는
 "그놈이 세 치 혀 하나를 잘 놀렸을 뿐인데 싸움터에서 수많은 공을 세운 나보다 윗자리를 차지한 것은 말이 안 된다. 내가 이놈을 만나면 망신을 주고 말 테다."하고 별렀다. 이 말을 전해 들은 인상여는 병을 핑계 삼아 조정에 나가지도 않고, 거리에서 염파와 마주쳐도 그를 애서 피했다.
 이 같은 인상여의 행동에 실망한 부하 중 한 사람이 그의 밑에서 더 이상 있을 수 없다면서 불평하자, 인상여가 그에게 물었다.

"그대는 염파 장군과 진나라의 왕 중에서 누가 강하다고 생각하나?"

"그야 물론 왕이지요."

"그렇네, 나는 일찍이 진나라의 왕도 무서워한 사람이 아니야. 강대국인 진나라가 우리나라를 넘보지 못한 것은 염파 장군과 내가 버티고 있기 때문일세. 그런데 만약 나와 염파 장군 사이에 틈이 벌어진다면 진나라가 가만히 있겠는가? 나는 먼저 나라의 위기를 생각했기 때문에 염파 장군을 피한 것일세."

이 말을 들은 부하는 그제야 자신의 짧은 생각을 뉘우치고 그에게 사죄했으며, 염파 장군 또한 인상여의 말을 전해 듣고 그의 집을 찾아가 깊이 사죄했다.

그리하여 두 사람은 우의를 더욱 두텁게 하고 문경지교의 예로써 나라를 굳게 지켰다고 한다.

문과즉희 聞過則喜

聞 : 들을 문   過 : 허물 과   則 : 곧 즉   喜 : 기쁠 희

[뜻풀이] 자신의 잘못된 허물을 들으면 기뻐한다는 뜻으로, 잘못을 범했을 때 남의 비판을 기꺼이 받아들인다는 말.

[출 전] 『맹자(孟子)』·〈공손추장구〉

[해 설]

　어느 날 맹자는 제자들과 함께 남의 비판을 달갑게 받아들이는 문제에 대하여 이야기할 때 자로와 우임금·순임금에 대해 이렇게 말했다.

　"자로는 남이 자기의 결점을 말해 주면 매우 기뻐하고, 우임금은 남이 좋은 말로 자기를 충고해 주면 감격했다. 순임금은 더했는데, 그는 자신의 업적을 여러 사람의 공로로 돌렸으며, 자신의 단점은 고치고 장점을 본받으려고 애써 노력했다. 순임금은 농사도 짓고 도자기도 굽고 어부 노릇도 했으며, 나중에는 임금의 자리에 올랐는데, 그의 장점은 남에게 배우지 않은 것이 없었다. 남의 장점을 배워 여러 사람들을 위해 좋은 일을 하는 것이야말로 남을 잘되도록 도와주는 것이다."

문일득삼 問一得三

問 : 물을 문 一 : 하나 일 得 : 얻을 득 三 : 석 삼

뜻풀이 하나를 물어보았는데 세 가지를 얻었다는 뜻으로, 적은 노력으로 많은 이익을 얻었음을 이르는 말.

출전 『논어(論語)』·〈계씨편(季氏篇)〉

해설
　공자의 제자들 중에서는 스승이 무엇인가 중요한 부분은 남겨 두고 자기들을 가르치는 것이 아닌가 하고 의심하는 사람도 있었다.
　그래서 하루는 진항이라는 제자가 공자의 아들인 공리를 만나 넌지시 물어보았다.
　"그대는 혹시 스승님에게서 특별한 것을 배운 일이 있는가?"
　"그렇지 않소. 한 번은 정원에 계시는 아버님 곁을 지나가는데, 아버님이 나를 보시더니 『시경』을 공부하느냐고 물으시기에 아니라고 대답했더니 시를 공부하지 않으면 생동감이 떨어진다고 하시기에 나는 곧 시를 공부했지요. 또 하루는 아버님께서 예의를 공부하느냐고 물으시기에 아니라고 했더니, 예의를 공부하지 않으면 사회에 발을 붙일 바탕이 없다고 하시기에 예의를 공부했지요. 아버님께서 가르쳐 주신 것은 이 두 가지밖에 없습니다."
　이에 진항은 매우 흐뭇해하며 말했다.
　"나는 오늘 하나를 묻고 셋을 얻게 되었다(問一得三). 시와 예의를 공부해야 한다는 것을 비로소 알았으며, 군자는 아무리 친자식이라도 특별히 생각해 주지 않는다는 것을 알게 되었다."

문정약시 門庭若市

門 : 문 문   庭 : 뜰 정   若 : 같을 약   市 : 저자 시

[뜻풀이] 문 앞뜰이 떠들썩하여 시장 간다는 말.

[출 전] 『전국책(戰國策)』·〈제책(齊策)〉

[해 설]

제나라에 추기라는 재상이 있었는데, 키도 몹시 크고 모습도 매우 늠름했다. 어느 날 옷을 입고 있던 그가 아내에게 물었다.

"나와 성북의 서공 중 누가 더 잘났다고 생각하오?"

"서공보다는 서방님이 훨씬 잘났지요."

그러나 제나라에서 미남자로 소문이 난 서공보다 자기가 더 잘났다는 아내의 말이 믿어지지 않아 첩에게 물어도 그녀의 대답도 아내와 똑같았고, 조금 뒤에 찾아온 손님에게도 똑같은 대답을 들었다.

이튿날 아침에 추기는 궁궐에 들어가 왕에게 고했다.

"신이 서공보다 못생긴 것이 분명한데도 아내와 첩과 손님은 모두 신이 더 잘났다고 하였습니다. 그 까닭은 아내는 신을 사랑하기 때문이고, 첩은 신을 두려워하기 때문이며, 손님은 신에게 바라는 것이 있기 때문입니다. 이렇듯이 나라를 놓고 볼 때에도 궁궐에서 대왕을 우러러보지 않는 사람이 어디 있으며, 신하로서 대왕을 두려워하지 않는 사람이 누구이며, 대왕의 은혜를 바라지 않는 백성이 어디 있겠습니까? 따라서 대왕께 공경하는 말을 하는 사람들이 더욱 많을 테니 이 점을 깊이 헤아려 주시기 바랍니다."

제나라의 왕은 추기의 말에 크게 느낀 점이 있어 곧바로 전국에

명을 내려 왕에게 직접 간언하는 것을 장려한다고 밝혔다.
  그러자 이때부터 왕에게 간언하려고 궁궐로 들어오는 사람들이 많아 마치 조정은 시장 바닥처럼 떠들썩했다고 한다.

물의 物議

物 : 헤아릴 물　議 : 논할 의

뜻풀이 여러 사람의 논의나 평판을 말함.

출전 『남사(南史)』·〈사기경전(謝幾卿傳)〉

해설

　제나라와 양나라에서 관리로 있었던 사기경은 어릴 때부터 매우 영리하여 물에 빠진 아버지를 구하는 등 남과 다른 재주를 보였다.

　사기경이 살았던 시대는 많은 왕조들이 무너지고 사회가 몹시 어지러웠기 때문에 그는 정치에 뜻을 버리고 술을 마시면서 모든 일을 잊고 살았다.

　그리하여 술로 인해 좋지 않은 일이 자주 벌어지자 양나라의 무제는 그의 벼슬을 빼앗아 버렸고, 벼슬을 잃어버린 그는 고향으로 돌아왔다.

　하지만 여전히 교제하기를 좋아하는 관리들이 술병을 들고 찾아왔으므로 그의 집은 언제나 떠들썩했다.

　사기경은 유중용과 특히 친하게 지냈는데, 두 사람의 뜻이 맞으면 기분이 내키는 대로 자유롭게 행동했으며, 때로는 덮개가 없는 수레를 타고 교외를 다니면서 주위 사람들의 평판에는 조금도 신경을 쓰지 않았다.

물이류취 物以類聚

物 : 물건 **물**   以 : 써 **이**   類 : 종류 **류**   聚 : 모일 **취**

뜻풀이 물건이란 종류대로 모이게 마련이라는 뜻으로, 비슷한 것끼리 모이는 것을 말함.

출전 춘추전국 시대

해설

춘추전국 시대 때 제나라의 사람인 순어곤은 몸집이 작아도 말재주가 대단했다. 하루는 왕이 그에게 어진 선비를 초대하라고 하자 순어곤은 하루 사이에 7명이나 추천했다.

이에 왕이 그에게 물었다.

"어진 선비는 천 리 길을 다니며 1백 년을 찾아 헤매어도 찾기가 어렵다고 하는데, 그대는 하루 사이에 7명이나 추천했으니 너무 지나친 것이 아닌가?"

그러자 순어곤이 정색을 하며 말했다.

"폐하, 지나친 것이 아닙니다. 폐하, 새는 새끼리 함께 있고 짐승은 짐승끼리 함께 있는 법입니다. 만일 도라지나 더덕을 늪에 가서 찾는다면 평생 동안 한 뿌리도 못 찾을 테지만 산에 가면 얼마든지 찾을 수 있습니다. 이것은 물건마다 각각 비슷한 종류가 있기 때문입니다. 그렇듯이 신은 어진 선비와 함께 항상 생활하기 때문에 그들을 찾는 것이 마치 못의 물을 퍼내는 것처럼 쉬운 일입니다."

미능면속 未能免俗

未 : 아닐 미 能 : 능할 능 免 : 벗을 면 俗 : 속될 속

뜻풀이 속된 습관과 풍습에서 벗어나지 못하고 있음을 일컫는 말.

출 전 『진서(晋書)』·〈완적편(阮籍篇)〉

해 설
　완함과 그의 작은아버지인 완적은 매우 가까운 이웃에 살았고, 나머지 완씨들은 북쪽에 살았다. 그래서 사람들은 완함과 완적 일가를 남완이라 부르고 그 밖의 완씨 일가들을 북완이라고 불렀는데, 남완은 모두 가난한 반면 북완은 모두 부자들이었다.

　그때의 풍속으로 해마다 7월 7일이 되면 옷에 좀이 생기고 습기가 차는 것을 막기 위해 뜨거운 햇볕에 겨울옷을 쬐는 행사가 있었다.

　그리하여 이 날이 되면 북완은 화려한 옷을 쬐면서 자기네들이 잘 사는 것을 은근히 자랑했다. 북완의 이런 행동을 아니꼽게 여긴 완함은 어느 해 7월 7일에 굵은 베로 만든 짧은 바지 하나를 장대에 꿰어 햇볕에 쬐면서 비웃는 어조로 말했다.

　"아직도 속된 습관과 풍속에서 벗어나지 못하고 있으니(未能免俗) 나도 그런 뜻을 나타내야겠다."

미망인 未亡人

未 : 아닐 미   亡 : 잃을 망   人 : 사람 인

뜻풀이 남편을 여읜 여자가 자기 스스로를 일컫는 말.

출 전 『춘추좌씨전(春秋左氏傳)』·〈성공(成公) 14년〉

해 설
　위(衛)나라의 정공이 병으로 자리에 누운 채 병이 낫지 않자 첩에게서 낳은 아들 간을 태자로 삼았다.
　그 후 정공의 병이 악화되어 결국 세상을 떠났는데, 태자는 아버지의 상을 당해서도 조금도 슬퍼하거나 애통해하지 않았다.
　이에 장례를 치른 후 정공의 아내는 태자의 무례한 태도에 몹시 분개하여 이렇게 말했다.
　"저 망나니는 결국 나라를 망치고 말 것이다. 그뿐만 아니라 이 미망인에게도 트집을 잡아 괴롭힐 것이 틀림없다. 아아! 이제 하늘은 우리나라를 버리시려는가? 당연히 왕위를 물려받아야 할 내 아들 전야가 따돌림을 당하는 신세가 되고 말았구나!"
　이 이야기에서처럼 미망인이란, 남편이 죽으면 자기도 따라서 죽어야 하지만 아직 살아 있다는 뜻으로, 아내가 자기를 부끄럽게 여겨 사용한 말이다.

미증유 未曾有

未 : 아닐 미　曾 : 일찍 증　有 : 있을 유

뜻풀이 이제까지 한 번도 없었음을 이르는 말.

출　전 『묵자(墨子)』·〈수신편(修身篇)〉

해　설

　『묵자(墨子)·수신편(修身篇)』에 보면,

　"천하를 상대로 선비가 될 수 있는 사람은 일찍이 없었다."라는 말이 있고, 『맹자(孟子)』·〈告子章句〉 상편에도,

　"산에 나무가 깨끗이 베어져 있는 것을 사람들이 일찍이 이 산에는 나무가 없다고 여기지만, 이것이 어찌 산의 본성이겠는가?"라고 하였다.

　또한 『전국책(戰國策)』·〈진책(秦策)〉에서는,

　"천자의 나라를 세울 땅은 일찍이 없었다."고 하였다.

반간계 反間計

反 : 거스를 **반**   間 : 염탐꾼 **간**   計 : 꾀 **계**

뜻풀이 적의 간첩을 거꾸로 이용하여 아군을 위한 정보 활동을 시키는 것을 말함.

출전 『삼국지연의(三國志演義)』

해설

동오의 도독인 주유는 조조를 공격하려고 했으나, 조조군에 채모와 장윤이 장강의 북쪽을 굳게 지키고 있었기 때문에 어려웠다.

그때 조조의 부하인 장간이 주유를 만나러 왔는데, 그의 목적은 지난날에 주유와 두텁게 사귄 것을 이용해서 동오의 군사 기밀을 몰래 알아보는 것이었다.

주유는 장간의 목적을 알고 채모와 장윤의 이름으로 가짜 항복 문서를 위조해 놓았는데, 거기에는 '곧 조조의 목을 베어 바치겠다.'는 구절이 들어 있었다.

장간은 우연히 이 항복 문서를 발견하고 한밤중에 주유가 잠든 틈을 이용해 그것을 훔쳐 가지고 조조에게 돌아가 바쳤다.

그러자 대로한 조조는 자세히 알아보지도 않고 채모와 장윤을 처형하고 말았다.

이리하여 주유의 반간계는 성공했고 오나라군은 조조군을 크게 깨뜨렸다.

반구제기 反求諸己

反 : 돌아올 **반**　求 : 구할 **구**　諸 : 모두 **제**　己 : 몸 **기**

뜻풀이 모든 허물을 자기 자신에게 돌려 찾는다는 뜻.

해 설

　천하를 중국 하나라의 우왕이 다스리고 있을 때였다. 어느 날, 하나라를 배반했던 제후 유호씨가 군사를 거느리고 쳐들어오자 우왕은 아들인 백계에게 군사를 주어 막게 했으나 패배하고 말았다.

　백계의 부하들은 너무나 분하여 다시 한번 싸우자고 그에게 요청했으니, 백계는 부하들을 말렸다.

　"그럴 필요는 없다. 우리 군사가 적보다 못하지 않은데 패배한 것은 오직 나의 덕이 유호씨보다 부족하기 때문이다. 나는 내 자신에게서 허물을 찾아 먼저 내 자신부터 바로잡아야 할 것이다."

　그때부터 백계는 뜻을 굳게 세우고 부지런히 일하고 검소하게 생활하는 등 자신의 수양에 힘썼다. 또한, 백성을 사랑하고 덕이 있는 사람을 우대하며, 재능이 있는 사람을 구하여 썼다.

　이렇게 1년을 보내자 유호씨도 이 사실을 알고 침범할 생각을 버린 채 기쁜 마음으로 항복했다고 한다.

반노환동 返老還童

返 : 돌아온 **반**   老 : 노인 **노**   還 : 돌아올 **환**   童 : 아이 **동**

뜻풀이 노인이 어린아이로 변했다는 뜻으로, 아주 건강함을 비유하는 말.

해 설

전설에 의하면 한나라 때의 회남왕 유안은 선학도를 무척 좋아했으며, 오래 살고 늙지 않는 방법을 알기 위해 몹시 애썼다고 한다.

그러던 어느 날, 8명의 노인이 찾아와서 자기들에게 늙는 것을 물리치는 기술이 있다면서 왕에게 알려 주겠다고 하였다.

그러자 문지기가 그들을 데리고 들어와서 왕에게 사실대로 보고하자 왕은

"그들 자신도 모두 저렇게 늙었는데 어떻게 늙지 않는 기술을 가르쳐 준다는 말인가? 이것은 분명히 속임수일 것이다."라고 하면서 믿으려고 하지 않았다. 그러자 8명의 노인은 웃으면서,

"왕께서 우리들이 늙은 것을 보고 믿지 않으시는데, 이렇게 하면 믿겠소?"하고 말을 끝내자마자 그들이 모두 어린아이로 변해 버렸다고 한다.

반식재상 伴食宰相

伴 : 의지할 **반**　食 : 먹을 **식**　宰 : 재상 **재**　相 : 서로 **상**

뜻풀이 하는 일이 없이 밥이나 축내며 자리만 차지하고 있는 재상을 일컫는 말.

출전 『당서(唐書)』·〈노회신전(盧懷愼傳)〉

해설

　노회신은 요숭과 함께 당나라의 현종 때에 재상을 지낸 사람이다. 그는 몹시 청렴결백하고 욕심이 없어서 녹봉이 나오면 주위의 어려운 친지나 친척들에게 모두 나누어 주었으므로 집안 식구들은 굶주리기를 밥먹듯이 하였다.

　그러나 업무를 처리하는 능력은 부족했는데, 어느 날 요숭이 일 때문에 10일 동안 자리를 떠나면서 업무를 노회신에게 맡기게 되었다.

　그런데 노회신은 중요한 문제를 혼자서는 도저히 처리할 수가 없어 결재 서류가 산처럼 쌓인 것을 휴가를 끝내고 돌아온 요숭이 다 처리한 후 부하에게 물었다.

　"이 정도면 재상이라고 할 만한가?"

　"그렇습니다. 아주 훌륭한 재상이십니다."

　그때부터 노회신은 자신이 요숭에게 뒤떨어짐을 알고 무슨 일이나 요숭과 의논해서 처리했다고 한다.

　이런 일이 있은 다음부터 세상 사람들은 노회신을 가리켜 반식재상이라고 부르게 되었다.

반형도고 班荊道故

班 : 나눌 반 荊 : 가시나무 형 道 : 길 도 故 : 옛 고

뜻풀이 옛날에 사귀던 벗을 만나 지난 일을 더듬으며 이야기를 나누는 것을 이르는 말.

출전 『춘추좌씨전(春秋左氏傳)』·〈양공 26년〉

해설

중국 춘추전국 시대 때 초나라의 대부인 오거는 채나라의 대부인 성자와 아주 친한 사이였고, 오거의 아버지와 성자의 아버지도 역시 몹시 친한 사이였다.

오거의 아내는 왕자모의 딸이었는데, 왕자모는 신이라는 지방에서 벼슬을 지내다 죄를 범하고 달아난 사람이었다.

이런 사실을 두고 어떤 사람이 '오거가 왕자모를 달아나게 했다'는 헛소문을 퍼뜨렸으므로, 오거는 어쩔 수 없이 정나라로 몸을 피했다가 다시 진(晉)나라로 피하려고 할 때였다.

마침 나랏일로 진나라에 가던 성자가 정나라를 지나다가 도성 근처에서 뜻밖에도 오거를 만나게 되었다.

이에 두 사람은 몹시 기뻐하며 풀밭에 앉아 음식을 먹으며 지나간 추억을 더듬으며 이야기를 나누었는데, 여기에서 반형도고라는 성구가 생겨났다.

발분도강 發憤圖强

發 : 일으킬 발 憤 : 결낼 분 圖 : 지도 도 强 : 억셀 강

뜻풀이 단단히 결심하여 강해지려고 힘을 쓴다는 말.

출 전 『위서(魏書)』·〈부화전(傅禾傳)〉

해 설

　남북조 시대 때 북위(北魏)의 학자인 부화는 20세가 넘도록 글을 제대로 알지 못해 벗에게서 편지라도 오면 다른 사람에게 부탁해야만 답장을 쓸 수 있었다.

　그가 어느 날 사람을 청하여 편지를 부탁했는데 편지를 써서 주기는커녕 욕설까지 내뱉었다.

　이에 부화는 크게 깨닫고 이를 악물고 독서에 전념했다고 한다.

　또 『논어(論語)』·〈술이편(述而篇)〉에도 발분이라는 말이 나온다.

　하루는 섭공이 자로에게 공자의 사람됨에 대해 물었으나, 자로는 머뭇거리며 아무 말도 못 했다. 그러자 공자는 이 사실을 알고 자로에게 말했다.

　"너는 왜 공자라는 사람은 한 번 정열 쏟으면(發憤) 밥을 먹는 것조차 잊고 아무 걱정이 없이 즐겁게 살아 앞으로 늙음이 오는 것까지 모른 채 산다고 하지 않았느냐?"

발산거정 拔山擧鼎

拔 : 뽑을 발　山 : 메 산　擧 : 들어올릴 거　鼎 : 솥 정

뜻풀이 용기와 힘이 남보다 훨씬 뛰어남을 비유하는 말.

해설

항우가 그의 작은아버지인 항량과 함께 오중에 있을 때였다.

항량은 병법에 매우 밝고 재능이 몹시 뛰어나서 오중의 백성들은 모두 그를 우러러보았으며 항우도 매우 존경했다.

그때 항우는 22, 3세였으나 체격이 몹시 크고 힘이 장사여서 몇 백 근이나 되는 솥도 가볍게 들어 올렸다.

뒷날에 항우는 진(秦)나라의 폭정에 항거하여 군사를 일으켰으며, 진나라가 망한 뒤에는 유방과 8년 동안이나 천하를 차지하기 위한 싸움을 벌이기도 하였다.

그러다가 결국은 유방에게 패하여 자결하고 말았는데, 자결하기 전에 그가 사랑하던 첩인 우희와 명마인 오추마를 바라보면서 시를 지었는데, 그 시에,

"힘은 산을 뽑을 듯하고(拔山) 기세는 세상을 덮을 듯하다."라는 구절이 들어 있다.

방민지구 심우방천 防民之口 甚于防川

防:막을 방　民:백성 민　甚:심할 심　于:어조사 우　川:내 천

뜻풀이 백성들의 입을 막는 것이 냇물을 막는 것보다 더욱 어렵다는 뜻.

출전 『국어(國語)』·〈주어(周語)〉

해설

　서주 때의 주려왕은 대단한 폭군이어서 백성들의 원망이 하늘에 닿을 듯했다. 이에 상경리의 벼슬을 지내던 소목공이 여러 번 간했으나 듣지 않았을 뿐만 아니라, 위나라에서 무당을 불러다가 점을 쳐서 자기를 원망하는 사람들을 찾아내게 하여 그 자리에서 죽이곤 하였다.

　이렇게 되자 불평하는 사람이 없게 되었고, 이에 주려왕은 소목공을 향해,

　"과인에게 이제 불평하는 백성이 없는 것을 보니 정말로 태평한 세상이 아닌가?"하고 자랑하자 소목공이 말했다.

　"폐하, 하지만 이것은 진정으로 태평한 것이 아닙니다. 백성들의 입을 막는 것은 냇물을 막는 것보다 더욱 어렵습니다. 냇물을 막으면 넘쳐 흐르므로 결코 막을 수 없듯이 백성들의 입도 그와 마찬가지입니다. 그러므로 백성들이 자신의 의견을 자유롭게 발표할 수 있도록 해야 합니다."

　그러나 왕은 소목공의 말을 끝내 듣지 않아 결국 3년도 안 되어 서주에서 일어난 반란으로 진(晉)나라의 체라는 지방으로 쫓겨나고 말았다.

방약무인 傍若無人

傍 : 곁 **방**   若 : 같을 **약**   無 : 없을 **무**   人 : 사람 **인**

뜻풀이 주위에 사람이 없는 것처럼 아무런 거리낌이 없이 마구 행동하는 사람을 이르는 말.

출 전 『사기(史記)』·〈자객열전(刺客列傳)〉

해 설

　위(衛)나라의 사람인 형가는 칼과 술과 글을 좋아했는데 위나라에서 뜻을 펴지 못한 그는 천하를 정처없이 떠돌면서 협객과 어진 사람들을 두루 사귀었다.

　연나라에서는 전광을 만나 마음을 터놓고 사귀었으며, 축이라는 악기를 잘 탔던 고점리도 이곳에서 만났다. 그리하여 고점리가 축을 타면서 연주하면 그는 음률에 따라 노래를 불렀는데, 감정이 복받쳐 오르면 서로 부둥켜안고 울면서 주위에 사람이 없는 것처럼 행동했다(傍若無人).

　이렇게 형가와 고점리가 축을 타면서 노래를 부를 때의 모습을 비유한 데서 방약무인이라는 성구가 나오게 되었다.

배궁사영 杯弓蛇影

杯 : 술잔 배 弓 : 활 궁 蛇 : 뱀 사 影 : 그림자 영

뜻풀이 술잔에 비친 활의 그림자를 뱀으로 보았다는 뜻으로, 의심과 겁이 많은 사람을 비유하는 말.

출전 『진서(晉書)』·〈악광전(樂廣傳)〉

해설

　진나라 때의 사람인 악광에게 어느 날 친한 친구가 찾아오자 술상을 차려 대접했다. 그런데 친구는 무슨 근심이라도 있는 것처럼 말도 적고 술도 몇 잔 마시지 않고 곧장 집으로 돌아가더니 자리에 눕고 말았다.

　그는 의사를 불러 진맥도 해보고 약도 먹었으나 병은 좀처럼 나아질 기미가 보이지 않았다.

　이 소식을 들은 악광은 서둘러 친구를 찾아가 묻자, 친구가 자리에서 일어나 말했다.

　"그 날 자네 집에서 술을 마실 때 술잔 속에 작은 뱀이 꿈틀거리는 것을 보고 기분이 매우 나빴는데, 그 술을 내가 억지로 마시고 와서 이렇게 되었네."

　친구의 말을 들은 순간 악광은 짚이는 데가 있어 친구를 억지로 끌고 자기 집으로 왔다.

　그런 다음 벽에 걸린 활을 치우고 술상을 차려 친구에게 술을 한 잔 권한 뒤에 물었다.

　"어떤가? 지금도 술잔에 뱀이 꿈틀거리는가?"

"지금은 그렇지 않네."

친구는 술잔 속에 비친 활의 그림자를 뱀으로 착각했던 것이다. 이리하여 악광의 친구는 의심이 깨끗이 사라지고 병도 씻은 듯이 나았다고 한다.

배성차일 背城借一

背 : 등 배   城 : 성 성   借 : 빌릴 차   一 : 한 일

뜻풀이) 목숨을 바쳐서라도 끝까지 싸우겠다는 결심을 비유하는 말.

출 전) 『춘추좌씨전(春秋左氏傳)』·〈제경공(齊頃公) 2년〉

해 설)
　춘추전국 시대 때 제나라는 진(晉)·노·위(衛)나라 등 세 나라의 연합군에게 크게 패한 일이 있었는데, 진나라는 제나라를 계속 공격해서 어려움에 빠뜨렸다.
　그러자 제나라의 경공은 빈미인을 보내 화친을 교섭하게 하면서 이렇게 당부했다.
　"우리는 항복이 아닌 화친을 바라는 것이니, 진나라에서 무리한 요구를 한다면 다시 싸울 뿐 굴복은 절대로 하지 않는다고 전하시오."
　빈미인이 진나라군의 진영에 이르자 과연 진나라의 장수 극극이 무리한 요구를 하자 빈미인이 엄숙한 목소리로 꾸짖었다.
　"만일 진나라가 우리나라와 친선을 맺는다면 우리나라도 조상들이 물려준 적은 재물과 땅을 아끼지 않고 줄 것이오. 그러나 만일 이를 거절하고 계속해서 쳐들어온다면 우리나라도 군사들을 모아 도읍의 성 아래에서 죽기를 각오하고 싸울 뿐 절대로 항복은 하지 않을 것이오."

백구지과극 白駒之過郤

白 : 흰 **백**   駒 : 망아지 **구**   之 : 어조사 **지**   過 : 지날 **과**   郤 : 틈 **극**

뜻풀이 흰 말이 빨리 지나는 것을 문틈으로 보는 것같이 눈 깜짝할 사이라는 뜻으로, 인생과 세월이 야속하게도 덧없고 짧음을 이르는 말.

출 전 『장자(莊子)』·〈지북유편(知北遊篇)〉

해 설

　사람이 천지 사이에서 사는 것은 마치 흰 말이 달리면서 문틈으로 지나가는 것처럼 순간일 뿐이다. 세상의 모든 것들은 물이 솟아나듯이 문득 생겼다가 물이 흘러가듯이 아득하게 사라져 간다. 한 번 변화해서 생겼다가 다시 변화해서 죽는 것이다. 생물들은 모두 이것을 슬퍼하고 사람들도 이것을 애달파한다.

　죽음이란 마치 화살이 화살통에서 빠져 나가고 칼이 칼집에서 빠져 나가는 것처럼 뚜렷하니 넋이 가려고 하면 몸도 이를 따르는 법이니 이 얼마나 거대하게 돌아가는 것인가!

백락일고 伯樂一顧

伯 : 맏 **백** 樂 : 즐거울 **락** 一 : 한 **일** 顧 : 돌아볼 **고**

뜻풀이 훌륭한 말이 백락을 만나 세상에 알려진다는 뜻으로, 자기의 재능을 남이 알고 잘 대우한다는 말.

출 전 『전국책(戰國策)』

해 설

　백락은 말을 볼 줄 아는 유명한 사람인데, 『전국책』에는 다음과 같은 이야기가 쓰여 있다.

　소대가 이런 말을 하였다.

　"어떤 사람이 백락을 만나 '저에게 준마 한 필이 있는데 전번에 팔려고 저잣거리에 내놓았으나 3일이 지나도록 아무도 거들떠보지 않았습니다. 바라건대 제 말을 한 번 살펴보아 주시면 후하게 사례를 하겠습니다.'라고 말해서 백락이 그 사람을 따라가 말을 한 번 살펴보고 돌아갔습니다. 그랬더니 말값이 갑자기 10배나 오르면서 서로 사겠다고 법석을 떨어댑니다."

　백락과 관련된 이야기는 〈송온처사서(送溫處士序)〉에도 나온다.

　"백락이 한 번 기북 평야를 지나가면 말들이 모두 없어진다고 한다. 기북의 말은 천하에 많다고 하는데, 백락이 비록 말을 잘 본다지만 그 많은 말을 어떻게 한 마리도 없게 할 수가 있는가? 그것은 백락이 말을 잘 볼 줄 알아 좋은 말을 만나면 이를 취했기 때문에 좋은 말이 모두 없어졌다는 뜻이다. 진실로 좋은 말이 남지 않았다면 말이 없다고 해도 헛된 말은 아닐 것이다. 동도는 사대부에게 있어서 기북과 같은 곳이다. 재능을 믿고 깊이 숨겨서 저자에 내다 팔지 않은 사람 중에는 낙수의 북쪽 강가에 석생이 있고, 남쪽 강가에는 온생이 있다."

백룡어복 白龍魚服

白 : 흰 백   龍 : 용 용   魚 : 물고기 어   服 : 옷 복

뜻풀이 귀한 사람이 천한 사람의 모습을 흉내 내는 것을 말함.

출 전 『설원(說苑)』

해 설

어느 날, 흰 용 한 마리가 물고기로 변신해 인간 세상에 내려와 맑은 강물에서 한창 재미있게 놀고 있을 때였다.

예차라는 어부가 큰 물고기를 발견하고 곧장 화살을 쏘았다. 그리하여 왼쪽 눈에 화살을 맞은 흰 용은 황급히 하늘로 올라가서 하느님께 이 사실을 고한 뒤에 예차에게 벌을 주라고 청했다.

흰 용의 말을 다 듣고 난 하느님은 그에게 말했다.

"어부는 고기를 잡아먹고 사는 사람이다. 그러므로 예차가 화살을 쏜 것은 네가 아니라 물고기였는데, 그에게 무슨 죄가 있느냐? 누가 너더러 물고기로 변신해서 인간 세상에서 돌아다니라고 했느냐."

백면서생 白面書生

白 : 흰 백   面 : 얼굴 면   書 : 글 서   生 : 날 생

뜻풀이 오직 글만 읽고 세상일에는 조금도 경험이 없는 사람을 이르는 말.

출 전 『송서(宋書)』·〈심경지전(沈慶之傳)〉

해 설

남북조 시대 때 북위(北魏)가 군사를 일으켜 유연을 공격했다. 이 틈을 이용해 송나라가 북위를 공격하려고 대신들을 불러 이 문제를 의논하자, 교위의 벼슬을 지내던 심경지가 나서서 왕에게 충고했다.

"밭을 가는 일을 알기 위해서는 종들에게 물어보고, 베를 짜는 일을 알기 위해서는 하녀에게 물어보아야 합니다. 그런데 폐하께서는 북위를 공격하는 일에 대해서 얼굴이 하얀 샌님들에게 물어 일을 꾀하신다면 어떻게 성공하시겠습니까?"

본디 무인의 집안에서 자란 왕은 이 말을 듣고, 글만 아는 나약한 대신들과 심경지의 서슬이 시퍼런 강직함이 묘한 대조를 이루자 그만 웃고 말았다.

백안시 白眼視

白 : 흰 백　眼 : 눈 안　視 : 볼 시

뜻풀이 눈을 하얗게 뜨고 바라본다는 뜻으로, 상대를 업신여기거나 냉대하여 흘겨보는 것을 이르는 말.

출전 『진서(晉書)』·〈완적전(阮籍傳)〉

해설

　완적은 죽림 칠현의 한 사람으로 술과 거문고를 벗삼아 세월을 보냈다. 그도 처음에는 벼슬을 지냈으나 사마 중달이 반란을 일으켜 위(魏)나라 황실의 조상 등을 죽이고 정권을 잡자, 환멸을 느껴 벼슬을 버리고 산야에 묻혀 살았다.

　완적은 어머니의 상을 당해서도 슬퍼하기는커녕 머리를 풀고 지내 사람들에게 비난을 받기도 했다.

　또한, 그는 결코 예의에 얽매이지 않고 눈동자를 굴려 하얗게 하거나 푸르게 할 수 있었다. 그는 세속적인 예절에 젖은 선비를 만나면 흰 눈자위를 드러내고 대했는데, 하루는 혜희가 찾아오자 역시 흰 눈자위를 드러내고 맞이했으므로, 기분이 몹시 상한 혜희는 자리를 박차고 그의 집을 나와 버렸다.

　이 말을 들은 혜희의 아우인 혜강이 술병을 들고 거문고를 옆구리에 낀 채 완적을 찾자, 그는 반갑게 맞이하며 푸른 눈자위를 드러냈다고 한다.

백운친사 白雲親舍

白 : 흰 백   雲 : 구름 운   親 : 어버이 친   舍 : 집 사

[뜻풀이] 어버이에 대한 그리움을 비유하는 말.

[출전] 『당서(唐書)』·〈적인걸전(狄仁杰傳)〉

[해설]

적인걸은 당나라 초기에 대리승과 자사 등의 벼슬을 지냈다.

적인걸이 젊은 시절에 병주 법조참군의 벼슬을 지낼 때 그의 부모는 허난에 살고 있었다.

어느 날, 적인걸이 태항산에 올라 흰 구름이 외롭게 떠다니는 하늘을 쳐다보다가 하양으로 눈길을 돌리면서 옆에 있던 사람에게 말했다.

"우리 부모님은 저 흰 구름 아래에서 살고 계신다."

적인걸은 흰 구름이 사라질 때까지 한참 동안 쳐다보고 있다가 쓸쓸히 산을 내려왔다.

백절불굴 百折不屈

百 : 흰 백 折 : 꺾일 절 不 : 아니할 불 屈 : 굽을 굴

뜻풀이 백 번 꺾여도 굽어지지 않는다는 뜻으로, 어떤 어려움에도 굴하지 않음을 일컫는 말.

출 전 『후한서(後漢書)』·〈교현전(橋玄傳)〉

해 설

 후한 때의 사람인 교현은 성격이 대쪽 같아서 세상의 그릇된 일과 언제나 맞서서 용감히 싸웠다. 그는 젊었을 때 현에서 작은 벼슬을 지내며 양창의 죄를 들추어 낸 적이 있었고, 한양 태수로 있을 때는 그의 부하가 법을 어기자 곧바로 처형한 일도 있었다.

 그 후 상서령에 오른 교현은 개승이 황제와 가깝다는 것을 믿고 백성들의 재물을 강제로 빼앗은 일을 발견해서 황제에게 상소했다. 그러나 황제는 교현의 상소를 무시하고 오히려 개승의 벼슬을 더 높여 주었다.

 이에 분노를 참을 수 없었던 교현은 병을 핑계 삼아 곧장 벼슬을 내던지고 집으로 돌아가 버렸다.

 이후 황제가 그에게 태위라는 벼슬을 내렸으나 끝내 그는 벼슬을 받지 않았다.

번간걸여 墦間乞餘

墦 : 무덤 번 間 : 사이 간 乞 : 구걸할 걸 餘 : 남을 여

뜻풀이 장례를 치르고 난 무덤에서 남은 음식을 구걸해 먹는 것을 이르는 말.

출 전 『맹자(孟子)』·〈이루장구(離婁章句)〉

해 설
　전국 시대 때 한 사나이가 아내와 첩을 데리고 살았는데, 이 사람은 날마다 밖에 나가서 술이 거나하게 취해서 집으로 돌아왔다. 이에 아내와 첩이 그 까닭을 물으면 언제나 부귀한 사람들과 교제하면서 술을 마셨다고 했다.
　그래서 의심을 한 아내는 이튿날 아침에 거드름을 피우며 대문 밖을 나서는 남편을 몰래 따라가 보았다. 아내가 한참을 따라가 보아도 거리에서 남편을 아는 척하는 사람이나 이야기를 나누는 사람은 없었고, 남편은 곧장 성문을 나서서 공동묘지 쪽으로 가는 것이었다.
　그런 다음 장례를 치른 무덤가에 남은 술과 음식으로 배를 채운 후에 다른 무덤으로 발길을 옮기는 것이었다.
　이 모양을 목격한 아내는 하늘이 무너져 내리는 깊은 실망을 안고 집으로 돌아와 첩에게 사실을 알린 다음 둘이 부둥켜안고 목을 놓아 울었다.
　이때 마침 남편이 돌아와서 그 모습을 보고 호통을 쳤다.
　"무슨 일로 울고불고 난리를 치는 거야? 나 같은 남편을 만났으면 행복하게 생각해야지 무엇이 모자라서 이 소란을 피우고 있나?"

법지불행 자상정지 法之不行 自上征之

法:법 **법** 之:어조사 **지** 不:아니할 **불** 自:스스로 **자** 征:칠 **정**

뜻풀이 법이 제대로 지켜지지 않는 것은 웃사람이 법을 어기기 때문임을 이르는 말.

해설

상앙은 진(秦)나라 효공왕 때 재상을 지내면서 나라 안에 여러 가지 강력한 법을 시행하여 그 법을 위반하면 무거운 벌을 주었기 때문에 백성들은 이 법들에 대한 원망이 날로 높아졌다.

어느 날, 태자가 새로 시행한 법을 어기는 일이 생기자 상앙은 백성들에게 본보기가 될 좋은 기회로 여기고 태자를 형벌에 처하려고 했다. 그러나 왕위를 이을 태자에게 차마 형벌을 줄 수 없기 때문에 태자의 스승인 공자건에게 책임을 물어 처형하고, 공손가에게는 죄목을 이마에 먹물로 새기는 묵형에 처했다.

그러자 백성들은 감히 법을 어기지 못했고 10년이 지나자 진나라에서는 좀도둑까지 없어지게 되었다. 또 상앙은 법에 대해서 말하는 사람은 모두 국경 지방으로 내쫓았으므로 법에 대해서 말하는 사람이 아무도 없게 되었다.

이리하여 진나라는 상앙의 정책으로 천하에 강한 나라가 될 수 있었다.

별무장물 別無長物

別 : 다를 **별** 無 : 없을 **무** 長 : 길 **장** 物 : 사물 **물**

뜻풀이 몸에 없어서는 안 될 물건을 빼고는 다른 물건이 없다는 뜻으로, 몹시 가난함을 비유하는 말.

출 전 『세설신어(世說新語)』·〈덕행편(德行篇)〉

해 설

　동진(東晉) 때의 사람인 왕공과 왕침은 아주 친한 친구였다. 어느 날 왕공은 아버지를 따라 괴계 지방으로 떠났다가 돌아왔는데, 왕침이 왕공을 만나러 가서 그가 여섯 치나 되는 새 대자리를 깔고 앉아 있는 것을 보았다.

　그래서 속으로 왕공이 괴계 지방으로 가서 가져온 특산물이며 대자리를 많이 가져왔을 것이라고 생각하여 자기에게도 한 장 달라고 청했다.

　이에 왕공은 그가 깔고 앉은 대자리를 왕침에게 주었는데, 사실은 왕공의 생활이 아주 검소해서 한 장뿐인 대자리를 왕침에게 준 뒤에 짚으로 엮은 낡은 방석을 깔게 되었다.

　나중에 이 사실을 알게 된 왕침은 깜짝 놀라 왕공에게 가서 사과했다.

　"나는 자네가 대자리를 많이 갖고 있는 줄 알았네."

　이에 왕공은 웃으면서 말했다.

　"나는 평생에 남아도는 물건을 가진 적이 없네."

병입고맹 病入膏肓

病: 병 **병**　入: 들 **입**　膏: 기름 **고**　肓: 눈멀 **맹**

뜻풀이 병이 몸 속에 깊이 들어 더 이상 치료할 수 없음을 이르는 말.

출전 『춘추좌씨전(春秋左氏傳)』·〈성공(成公) 10년〉

해설

　춘추전국 시대 때 진(晉)나라 경공이 중병에 걸리자 사람을 진(秦)나라에 보내 명의를 불러오게 하였다.

　이때 자리에 누워 앓고 있던 경공은 꿈인지 생시인지 어렴풋한 순간에 두 아이를 만났는데, 그 중 한 아이가

　"안 되겠다. 환자가 명의를 불러오게 했으니 빨리 달아나자."하고 말하자 다른 아이가

　"걱정할 것 없다. 우리가 명치 끝의 아래에 숨어 있으면, 아무리 이름난 명의가 와서 좋은 약을 쓰더라도 우리를 쫓아내지는 못할 것이야."라고 말하는 것이었다. 이에 경공이 깜짝 놀라 깨어 보니 꿈이었다.

　얼마 후, 진나라의 명의가 찾아와서 경공의 병을 진단한 뒤에 이렇게 말했다.

　"병을 낫게 할 방법이 없습니다. 병은 이미 명치의 끝까지 미쳐 어떤 약으로도 치료할 수가 없게 되었습니다."

　이 성구는 뒷날에 뜻이 변하여 어떤 나쁜 사상이나 습관이 몸에 배어 도저히 고칠 수 없는 것을 비유하는 말로도 쓰이게 되었다.

보원이덕 報怨以德

報 : 갚을 보 怨 : 원한 원 以 : 써 이 德 : 큰 덕

뜻풀이 덕으로써 원한을 갚는 것을 이르는 말.

출전 노자(老子)·63장

해설

하는 것이 없음을 하는 것으로 삼고, 일이 없는 것을 일로 삼으며, 맛이 없는 것을 맛으로 삼고, 작은 것을 큰 것으로 갚고, 적은 것을 많은 것으로 갚으니, 원한을 덕으로 갚을 뿐이다.

어려운 것을 쉬울 때부터 꾀하고 큰 것을 작을 때부터 꾀하라. 하늘 아래에 아무리 어려운 일이라도 반드시 쉬운 데서부터 시작되며, 하늘 아래에 아무리 큰 일이라도 반드시 작은 데서부터 시작된다. 그러므로 성인은 끝까지 큰 일을 하지 않으면서도 큰 일을 이루어 간다.

대체로 쉽게 허락하는 것은 믿음이 적고, 너무 쉬운 것은 반드시 큰 어려움을 몰고 온다. 그러므로 성인은 모든 것을 항상 어렵게 생각한다. 그래서 끝내 어려움이 없는 것이다.

복수난수 覆水難收

覆 : 엎지를 복 水 : 물 수 難 : 어려울 난 收 : 거둘 수

[뜻풀이] 엎지른 물은 다시 거둘 수 없다는 뜻으로, 다시 수습할 수 없는 일을 비유한 말.

[출 전] 강태공

[해 설]

강태공의 본명은 강상인데 여상으로도 불리며 학문과 재질이 매우 뛰어나고 병법에도 몹시 밝았다. 그러나 집안이 가난했으므로 그의 아내는 이를 견디다 못해 강태공이 말려도 듣지 않고 이혼하고 말았다.

그 후 강태공은 위수가에 초막을 짓고 낚시질로 살아가고 있었는데, 몇 해가 지난 어느 날 위수가에 사냥을 나왔던 문왕의 눈에 띄어 조정에 들어가 왕을 돕게 되었다. 그리고 나중에는 무왕을 도와 상나라를 무찌르고 주나라를 세우는 데 큰 공을 세워 무왕은 그를 제나라 왕에 봉했다. 이에 강태공이 군사들의 호위를 받으며 위풍 늠름하게 제나라로 들어갈 때였다. 웬 여인이 길 한복판에 꿇어앉아 슬피 우는데 강태공이 내려다보니 자기를 버리고 떠났던 전날의 아내였다.

그녀는 땅바닥에 머리를 조아리면서 옛날의 부부관계로 되돌아가자고 애원하자, 강태공은 군사에게 물을 한 대야 떠 오게 한 다음 그 물을 땅에 쏟으면서 말했다.

"전날에 내가 그렇게 말렸는데도 떠났으면서 오늘 다시 부부관계를 맺을 수 있다고 믿는가? 그렇다면 땅바닥에 쏟은 물도 얼마든지 거두어 대야에 다시 담을 수 있을 테니 어디 한 번 해보시오."

복주복야 卜晝卜夜

卜 : 자리잡을 복 晝 : 낮 주 夜 : 밤 야

뜻풀이 시간 관념이 없이 밤낮으로 놀기만 하는 사람을 비유하는 말.

출전 『춘추좌씨전(春秋左氏傳)』·〈장공 22년〉

해설

　춘추전국 시대 때 진(陳)나라 사람인 경중은 선공과 형제 사이였다. 그런데 선공이 다른 여자에게서 태어난 아들을 세자로 삼으려고 세자로 봉했던 큰아들을 죽이자, 큰아들 편에 섰던 경중은 위험을 느끼고 제나라로 달아나 버렸다.

　이때 제나라의 환공은 경중을 따뜻하게 대해 주면서 벼슬을 내린 후 하루는 그의 집으로 놀러 가게 되었다.

　왕을 맞이한 경중이 그에게 술을 대접하자, 왕은 얼마나 기뻤던지 밤이 깊어도 계속해서 술을 마시려고 하였다.

　이에 경중은 할 수 없이,

　"신은 낮에 대왕을 모시고 놀기 위한 준비를 했을 뿐 밤에까지 놀 것은 미처 준비하지 못했습니다. 신이 감히 대왕을 붙들지 못함을 용서해 주십시오." 하고 왕이 돌아갈 것을 권했다고 한다.

봉시장사 封豕長蛇

封 : 봉할 봉 豕 : 돼지 시 長 : 어른 장 蛇 : 뱀 사

뜻풀이 큰 돼지나 긴 뱀처럼 먹을 것을 탐낸다는 뜻으로, 욕심쟁이를 비유하는 말.

출 전 『산해경(山海經)』·『회남자』

해 설

전설에 따르면 봉시는 큰 멧돼지로 상림 지방에 살았는데, 이빨이 매우 길고 발톱이 날카로우며 힘이 소보다 센 흉측한 짐승이라고 한다. 그리고 장사 역시 길이가 1백 자나 되는 긴 뱀으로 등에는 가시 같은 털이 돋고, 울음소리는 마치 목탁을 두드리는 소리와 같았다고 한다.

어떤 뱀은 머리가 빨갛고 몸뚱어리는 하얀데 마치 황소의 울음소리와 같았다고 한다.

그 밖에 동정호에는 파사라는 큰 구렁이가 살았는데 머리는 파랗고 몸뚱어리는 검었으며 어찌나 컸던지 코끼리도 통째로 삼켜 버린 적이 있다는데, 이런 전설들로 해서 사람들이 뒷날에 포악무도하고 욕심이 대단한 침략자들을 가리켜 봉시장사라고 말하게 되었다.

일찍이 진(秦)나라 애공에게 군사를 일으켜 오나라를 치라고 권했을 때

"오나라는 봉시장사처럼 큰 나라를 삼키려고 한다."고 말한 적이 있다.

부득요령 不得要領

不 : 아닐 불   得 : 얻을 득   要 : 구할 요   領 : 옷깃 령

뜻풀이 일을 하는 데에 꼭 필요한 묘리를 얻지 못함을 이르는 말.

출전 『한서(漢書)』·〈장건전(張騫傳)〉

해설

　한나라 때에 간쑤성 일대에 월씨라는 나라가 있고 그 중간에 흉노족이 있어서 자주 한나라를 몹시 괴롭혔다.

　그때 흉노족이 월씨를 공격했으므로 월씨가 흉노족에 앙심을 품고 있다는 소식을 들은 무제는 월씨와 힘을 합쳐 흉노족을 공격하기로 하고 장건을 월씨로 보냈다. 그러나 장건은 얼마 가지 못하고 흉노족에게 붙잡혀 그곳에서 10년을 넘게 살면서 결혼하여 자식까지 두었다. 그러면서도 탈출할 기회를 노린 끝에 성공하여 마침내 월씨에 다다르게 되었다.

　그러나 월씨는 그 동안에 이미 마련한 터전에서 매우 만족하게 살고 있었으므로 무제의 제의를 달갑게 여기지 않았다. 이리하여 장건은 결국 목적을 이루지 못하고, 다시 말해서 요령을 얻지 못한 채 1년 정도 머무르다가 한나라로 돌아오고 말았다.

부복장주 剖腹藏珠

剖 : 가를 부 腹 : 배 복 藏 : 감출 장 珠 : 진주 주

뜻풀이 배를 가르고 진주를 감춘다는 뜻으로, 재물에 눈이 멀어 자신에게 해가 되는 일도 서슴지 않고 행을 일컫는 말.

출전 『자치통감(資治通鑑)』·〈당기(唐記)·태종정관편〉

해설
　하루는 당나라의 태종이 신하들에게 이런 이야기를 들려 주었다.
　"서역에 어떤 장사꾼이 있었는데, 하루는 귀중한 진주를 얻고 어디에 감추면 좋을지 몰라 한참을 생각한 끝에 결국 자기 배를 가르고 뱃속에 감추어 버렸다. 이리하여 진주는 안전했으나 그는 아까운 목숨을 잃고 말았다. 이것은 짐이 들은 이야기인데 과연 그럴 수가 있는가?"
　태종은 이야기를 끝내고 신하들의 생각을 묻자, 신하들은 모두 있을 수 있는 일이라고 대답했다. 그러자 태종이 다시 말했다.
　"이 장사꾼이 진주라는 보물 때문에 목숨을 잃은 것은 누구나 어이없는 일이라고 비웃겠으나, 어떤 벼슬아치는 욕심이 많아 목숨을 버리기도 하고, 어떤 황제는 향락을 끝없이 추구하여 나라를 망하게 만들기도 하니, 그들이 모두 이 장사꾼과 무엇이 다르다고 하겠는가?"

부정 斧正

斧 : 도끼 **부**   正 : 바를 **정**

뜻풀이 귀신도 감탄할 정도로 뛰어난 솜씨를 말함.

출 전 『장자(莊子)』·〈서무귀편(徐無鬼篇)〉

해 설

초나라의 도읍지인 영도에 이름은 전해지지 않았으나, 사람들이 인이라고 부르는 아주 용감하고 침착한 사람이 살고 있었다. 그리고 영인에게는 손재주가 뛰어난 장석이라는 벗이 있었는데, 그들에게는 사람들을 놀라게 만드는 재주가 있었다.

그것은 영인이 자기의 코 끝에 파리의 날개처럼 밀가루를 반죽해서 붙여 놓으면 장석이 도끼로 내리쳐 그것을 깎아 내는 재주였다.

즉 장성이 도끼를 들어 올려 영인의 코를 내리치면 밀가루는 말끔히 사라지나 영인의 코는 무사했으며 그럴 때마다 영인의 얼굴빛은 조금도 변하지 않았다는 것이다.

이 소문을 들은 송나라의 송원군이 그들의 재주를 구경하려고 장석을 불러오자 그는 이렇게 말했다.

"미안합니다만 이제는 소인이 재주를 보여 드릴 방법이 없게 되었습니다. 소인의 벗인 영인은 이미 세상을 떠나고 말았으므로, 소인은 재주를 부릴 수 있는 하나뿐인 동반자를 잃은 셈입니다."

부족회선 不足回旋

不 : 아닐 불 足 : 족할 족 回 : 돌 회 旋 : 돌릴 선

뜻풀이 처지가 어려워 몸을 돌리기가 어려움을 이르는 말.

출 전 『한서(漢書)』

해 설

　어느 날 한나라의 경제는 땅을 하사받은 각지의 왕들을 불러들여 성대한 잔치를 베풀고 왕들에게 춤을 추고 놀게 하였다.

　이에 여러 왕들이 춤을 추며 즐겁게 노는데, 장사 땅을 하사받은 정왕만은 왠일인지 조금도 움직이지 않고 그대로 앉아 있었다.

　그러자 이상하게 생각한 경제가 그에게 까닭을 묻자 정왕이 이렇게 대답했다.

　"신은 나라가 작고 지방이 매우 좁아서 몸을 돌리기가 어렵습니다."

　이 말을 들은 경제는 정왕의 뜻을 알고 곧바로 무릉·영릉·규양 등 세 지방을 임시로 그에게 떼어 주어서 그의 영토를 넓혀 주었다.

부중지어 釜中之魚

釜 : 가마솥 **부**　中 : 가운데 **중**　之 : 어조사 **지**　魚 : 물고기 **어**

뜻풀이 가마솥 안의 물고기가 곧 죽을 줄도 모른 채 헤엄치고 있다는 뜻으로, 자기에게 닥칠 위험도 모르고 있음을 말함.

출전 『자치통감(資治通鑑)』·〈한기(漢紀)〉

해설

　후한의 정치는 약 20년 동안 양익과 그의 아우인 불의의 손에서 마음대로 놀아나고 있었는데, 한 번은 불의가 허난 태수로 있으면서 8명의 사자에게 각 고을을 돌아보게 하였다. 8명의 사자 중에는 장강도 있었는데, 그는 뤄양 근처의 숙소에 수레바퀴를 땅에 묻고 말했다.

　"들개나 이리 같은 양익 형제가 조정을 어지럽히고 있는데, 그까짓 여우나 살쾡이 따위를 잡아서 무엇에 쓰겠는가?"

　장강은 곧 양익 형제를 탄핵하는 상소를 올리자 양익은 장강에게 원한을 품고 그를 도둑 떼들이 우글거리는 광릉군의 태수로 보내 버렸다. 하지만 장강은 조금도 두려워하지 않고 그 날로 도둑 떼의 소굴로 들어가 그들의 우두머리인 장영을 만났다.

　그런 뒤에 자기가 그곳에 온 까닭을 자세히 설명하고 타이르자 장영이 크게 감탄하고 그에게 말했다.

　"저희들이 도둑으로 살아간다고 해도 그것은 물고기가 가마솥 안에서 헤엄을 치는 것이나 다름없습니다."

　이리하여 도둑 떼들은 모두 장강에게 항복했고, 장강은 그들에게 큰 잔치를 베푼 뒤에 모두 풀어주었다.

불가동일이어 不可同日而語

不:아니 불 可:가할 가 同:같을 동 日:날 일 而:어조사 이 語:말씀 어

뜻풀이 전혀 비교할 수 없는 사물을 같은 자리에 놓고 말할 수 없음을 이르는 말.

해설

춘추전국 시대 때에 유명한 유세가였던 소진은 여섯 나라를 돌아다니면서 모두 힘을 모아 진(秦)나라와 맞설 것을 강력하게 주장했다.

어느 날, 조나라에 다다른 소진은 왕을 만나 말했다.

"우리 여섯 나라의 땅은 진나라의 여섯 배나 되고, 여섯 나라의 군사는 진나라의 10배나 됩니다. 그러므로 여섯 나라가 하나처럼 손을 잡고 진나라와 싸운다면 진나라는 틀림없이 무너질 것입니다. 하지만 만약 그렇지 못하면 진나라는 여섯 나라를 차례로 무너뜨려서 그들의 발 아래에 무릎을 꿇게 만들 것입니다. 무너지는 것과 무너뜨리는 것, 다스리는 것과 다스림을 받는 것은 완전히 다른 것이니 이를 한 자리에 놓고 어떻게 비교할 수가 있겠습니까?"

불구대천지수 不俱戴天之讎

不:아닐 부 俱:함께 구 戴:머리에일 대 天:하늘 천 之:어조사 지 讎:원수 수

뜻풀이 하늘을 머리에 함께 이고 살 수 없는 원수라는 뜻으로, 세상에서 같이 살 수 없을 정도로 큰 원한을 비유하는 말.

출전 『예기(禮記)』·〈곡례편(曲禮篇)〉

해설

"아버지의 원수는 같은 하늘 아래 함께 하지 않고, 형제의 원수는 뽑은 칼을 결코 거두지 않으며, 친구의 원수는 같은 나라에 있을 수 없다."

이 말의 뜻은 아버지의 원수는 같은 하늘 아래 살 수 없으니 반드시 갚아야 하며, 형제의 원수를 만났을 때 무기를 가지러 집에 가면 그 틈에 달아날 염려가 있으니 반드시 칼을 품고 다니다가 만나는 즉시 원수를 갚아야 한다.

또한 친구의 원수일 때에는 같은 나라에 살지 않고 그를 다른 나라로 쫓아내거나 자기가 떠나는 것이 도리라고 보았다.

불두착분 佛頭着糞

佛 : 부처님 불　頭 : 머리 두　着 : 묻을 착　糞 : 똥 분

뜻풀이 부처 머리에 똥을 묻힌다는 뜻으로, 아주 깨끗한 물건을 더럽히는 것을 비유한 말.

출 전 『전등록(傳燈錄)』

해 설

어느 날 최상공이라는 사람이 절간의 뜨락을 거닐다가 부처의 머리 위에 새똥이 떨어져 있는 것을 보고 일부러 성난 척하면서 중에게 물었다.

"아니, 이놈의 새들에게는 불성도 없나?"

옆에 있던 중이 대답했다.

"불성이 있지요."

이에 최상공이 다시 물었다.

"그렇다면 저놈의 새들이 어째서 부처님 머리에 똥을 싸는 것이지요?"

그러자 중이 최상공에게 되물었다.

"그럼 저것들이 소리개의 머리에는 왜 똥을 싸지 않을까요? 그것은 바로 부처님 머리에는 똥을 쌀 수 있으나, 소리개의 머리에는 감히 그럴 수가 없기 때문이지요."

불수진 拂鬚塵

拂 : 털 불   鬚 : 수염 수   塵 : 먼지 진

뜻풀이 남의 수염에 묻은 먼지를 턴다는 뜻으로, 웃사람이나 권력자에게 아부하거나 비굴하게 구는 것을 일컫는 말.

출전 『송사(宋史)』·〈구준전(寇準傳)〉

해설

　송나라 때의 사람인 구준은 강직하기로 이름이 났으며 재상을 지내면서 학식과 능력이 있고 인품이 남달리 뛰어난 사람을 많이 추천했는데, 그 중에는 정위라는 사람도 있었다.

　어느 날 구준이 여러 대신들과 식사를 하는데 음식 찌꺼기가 그의 수염에 묻었다. 이를 본 정위는 재빨리 다가가서 자기의 소맷자락으로 그 찌꺼기를 닦아 내자, 구준이 껄껄 웃으면서 말했다.

　"허허, 자네는 조정의 중신인데 어찌 남의 수염에 묻은 음식 찌꺼기나 털고 있는가?"

　구준의 말을 들은 정위는 부끄러움에 쩔쩔매다가 달아나듯이 그 자리를 떠나고 말았다.

불원천리이래 不遠千里而來

不:아니 불 遠:멀 원 천:일천 천 里:마을 리 而:어조사 이 來:올 래

[뜻풀이] 천 리 길도 멀다고 여기지 않고 찾아왔다는 뜻으로, 수고로움을 아끼지 않는 정성을 비유하는 말.

[출전] 『맹자』·〈양 혜왕장구(梁惠王章句)〉

[해설]
　중국 춘추전국 시대 때 양나라의 혜왕은 당시 여러 나라 왕 중에서 인재를 가장 아끼는 임금으로 알려졌다.
　그리하여 많은 문인과 학자들이 그를 위해 봉사했다고 하는데, 맹자도 혜왕을 찾아가 만나 본 일이 있었다.
　이때 왕은 맹자에게
　"노인장께서 천 리 길을 멀다고 하지 않고 저를 찾아오셨는데, 우리나라를 이롭게 할 어떤 좋은 방법이라도 있습니까?"하고 묻자 맹자가 대답했다.
　"대왕께서는 어째서 이로움에 대해서만 말씀하십니까? 오직 어짊과 의로움만이 있을 뿐입니다."
　성구 불원천리이래는 바로 혜왕의 말에서 나왔다.

불위농시 不違農時

不 : 아니 불 違 : 어길 위 農 : 농사 농 時 : 때 시

[뜻풀이] 농사지을 때를 어기지 않는다는 말.

[출전] 『맹자』·〈양 혜왕장구(梁惠王章句)〉

[해설]
　어느 날 양나라의 혜왕이 맹자에게 어떻게 하면 나라의 힘을 강하고 부유하게 하며 백성들이 편안하게 살 수 있는가에 대해서 묻자 맹자가 대답했다.
　"농사지을 때를 어기지 않으면 거두어들이는 곡식이 많아 다 먹지 못할 것이고, 촘촘한 그물을 못에 던지면 잡힌 물고기가 많아 다 먹지 못할 것입니다. 또한 도끼를 들고 때를 맞추어 산에 올라가 나무를 베면 목재가 많아 다 쓰지 못할 것입니다. 이렇게 하여 곡식이 많고 물고기가 많고 목재가 많아 다 쓰지 못한다면 백성들은 아무 걱정이 없을 것입니다. 이렇게 백성들이 먹고 사는 데에다 그 밖의 일에 걱정과 근심이 없으면 비로소 왕도가 시작되는 것이라고 할 수 있습니다."

불입호혈 언득호자 不入虎穴 焉得虎子

不:아닐 불 入:들 입 虎:호랑이 호 穴:구멍 혈
焉:어조사 언 得:얻을 득 子:아들 자

뜻풀이 호랑이 굴에 들어가지 않고서는 호랑이 새끼를 잡을 수 없다는 뜻으로, 일단 뜻을 세웠으면 모든 고난과 시련을 이겨 내야만 성공할 수 있다는 말.

출 전 『후한서(後漢書)』·〈반초전(班超傳)〉

해 설

 후한 때의 사람인 반초가 황제의 명으로 중국의 서쪽에 있는 여러 나라를 돌아다니다 마침내 선선에 이르렀을 때였다.

 선선의 왕은 처음에는 반초 일행을 매우 반갑게 맞이하여 귀한 손님으로 모셨으나, 며칠 후 흉노국의 사자가 일행을 거느리고 와서 이간질을 하는 바람에 왕은 점점 반초 일행을 적으로 보기 시작했다.

 그런데 이때 반초 일행은 36명밖에 안 되었고, 흉노의 일행은 200여 명이나 되었으므로 반초는 이렇게 결심했다.

 '호랑이의 굴에 들어가지 않고서는 호랑이 새끼를 잡을 수 없다. 우리가 재빨리 손을 써야 그들을 이길 수 있다.'

 이리하여 반초는 한밤중에 일행을 거느리고 흉노의 사절단을 기습하여 그들을 죽이거나 불에 타서 죽게 하였다.

 이튿날 아침이 되자 반초는 흉노국의 사자의 머리를 왕 앞에 내놓고 좋은 말로 달래고 위로했다. 그러자 선선국의 왕은 기뻐하면서 한나라와 더욱더 두터운 친선관계를 원했다고 한다.

불치하문 不恥下問

不 : 아닐 불 恥 : 부끄러울 치 下 : 아래 하 問 : 물을 문

뜻풀이 자기보다 못한 사람에게 모르는 것을 묻는 일을 꺼리거나 부끄러워하지 않음을 일컫는 말.

출전 『논어(論語)』·〈팔일편(八佾篇)〉

해설

하루는 공자가 태묘에 가서 노나라의 왕이 조상에게 제사 지내는 의식에 참석했는데, 모든 일에 모르는 것이 있으면 사람들에게 물어 본 뒤에 시행했다.

그러자 어떤 사람들은 공자가 의례를 너무 모른다고 비난했는데, 그 말을 들은 공자는

"내가 모르는 일을 묻는 것이 바로 내가 의례를 알려고 하는 것이 아닌가?"하고 말했다.

그 무렵, 위나라에서 공어라는 사람이 죽었는데 그의 시호를 문이라고 정하였다. 그래서 사람들은 공어를 가리켜 공문자라고 했는데, 어느 날 공자의 제자인 자공이 이에 대해서 묻자, 공자는

"공어는 매우 영리하고 부지런하며 아랫사람에게 묻는 것을 부끄럽게 여기지 않았으므로 죽은 뒤에 시호를 문이라고 한 것이다."라고 대답했다.

비견접종 比肩接踵

比 : 비교할 비 肩 : 어깨 견 接 : 닿을 접 踵 : 발꿈치 종

뜻풀이 어깨를 걸어서 나란히 한다는 뜻으로, 낫고 못함이 없이 정도가 서로 비슷함을 이르는 말.

출전 춘추전국 시대

해설

제나라에서 한때 재상을 지냈던 안자는 아주 키가 작았으나 말재주는 뛰어났다.

어느 날 안자가 초나라에 사신으로 갔을 때 왕이 안자를 골려 주려고 그를 무례하게 대하면서 빈정거렸다.

"그대와 같은 난쟁이가 우리나라에 사신으로 온 것을 보니 제나라에는 사람이 없는 모양이구먼."

이에 안자가 태연하게 대답했다.

"우리나라에는 사람이 너무 많아 서로 어깨가 닿고 발꿈치가 부딪치며 소매를 올리면 태양도 가리워져 그늘이 드리워지고, 사람들이 땀을 흘리면 비가 내리는 듯한데 어째서 사람이 없다고 하십니까? 그러나 우리나라에는 한 가지 규칙이 있습니다. 이를테면 잘나고 재주가 있는 사람은 좋은 나라에 사신으로 가서 재주와 덕을 두루 갖춘 왕을 만나고, 저와 같은 사람은 이곳 초나라에 찾아와서 대왕과 같은 분을 만나게 되어 있습니다."

그러자 안자를 골려 주려던 왕은 오히려 그에게 놀림을 당하여 더 이상 할 말을 잃고 말았다.

비려비마 非驢非馬

非 : 아닐 **비**　驢 : 당나귀 **려**　馬 : 말 **마**

[뜻풀이] 당나귀도 아니고 말도 아니라는 뜻으로, 무엇과도 같지 않음을 이르는 말.

[출　전] 『한서(漢書)』·〈서역전(西域傳)〉

[해　설]
　한나라 때 서역이라 불리던 신장성 일대에는 구자국을 비롯하여 수십 개의 작은 나라들이 각기 흩어져 있었다.
　어느 해 구자국의 왕인 강빈이 한나라에 와서 1년 동안 머무른 일이 있었는데, 이때 한나라에서는 그를 매우 후하게 대접했고 그가 돌아갈 때에도 많은 예물을 주었다.
　그 뒤에도 구자국 왕을 몇 번 초청하여 융숭하게 대접했으므로 왕은 한나라의 궁궐 생활을 부러워한 나머지 한나라 식으로 궁궐을 지어 놓고 궁궐 안의 물건과 왕후와 시종 등 모든 사람들의 옷차림 및 제도에 이르기까지 모두 한나라 식을 따랐다.
　그러자 다른 나라들이 구자국을 비웃으면서,
　"당나귀가 당나귀 같지 않고 말도 말 같지 않으니, 마치 당나귀와 말 사이에서 태어난 노새와 같다."라고 말했다.

비아부화 飛蛾赴火

飛 : 날 비 蛾 : 나방 아 赴 : 갈 부 火 : 불 화

뜻풀이 여름밤에 불을 찾아 날아드는 나방이라는 뜻으로, 스스로 위험을 무릅쓰거나 재앙 속으로 뛰어드는 것을 일컫는 말.

출전 『양서(梁書)』·〈도개전(到漑傳)〉

해설
　도개는 아주 충직하고 뛰어난 정치가로서 키도 큰 데다가 위풍도 매우 늠름했고, 그는 청렴결백을 목숨보다 귀중하게 여겼으며 생활이 검소해서 집안에는 고작 의자 하나가 있을 정도였다.
　이에 고조는 항상 그를 곁에 두고 나랏일을 의논하는 등 믿음이 몹시 두터웠는데, 그의 아들 도경이 일찍 죽고 손자인 도신이 도개의 뒤를 이어 고조를 받들게 되었다.
　어느 날 도개와 도신이 고조를 따라 경구의 북고루에 가자, 고조는 도신에게 누대에 올라 시를 한 수 지으라고 명령했으므로 도신은 곧바로 시를 지어 고조에게 바쳤다.
　고조는 그 시를 읽고 옆에 있는 도개에게 건네면서 칭찬한 뒤에 글을 써서 도개에게 주었다. 그 내용은 다음과 같다.

"벼루에 먹을 갈아 글을 전하고 붓은 털을 날려 편지를 쓴다. 그러나 나방이 불로 들어가는 것 같으니 몸이 불타는 것을 어찌 막을 수가 있겠는가?"

비육지탄 髀肉之嘆

髀 : 넓적다리 **비** 肉 : 고기 **육** 之 : 어조사 **지** 嘆 : 탄식할 **탄**

[뜻풀이] 영웅이 말을 타고 전쟁터에 나가 싸우지 못하여 넓적다리에 살만 찌는 것을 한탄한다는 뜻으로, 재능이 떨칠 기회를 얻지 못하고 세월만 헛되이 보내는 것을 탄식하는 말.

[출 전] 『양서(梁書)』·〈도개전(到漑傳)〉

[해 설]

후한 말에 유비가 군사를 일으켜 여남 땅에서 조조와 싸우다가 크게 패한 후 1천 명도 안 되는 부하를 거느리고 갈 곳을 몰라 쩔쩔 매고 있었다. 이때 부장인 손건의 권유를 받아들여 형주 자사인 유표를 찾아가 그의 신세를 지고 있을 때였다.

유표는 종친인 유비를 맞아들여 그가 편안하게 지내도록 힘껏 도와주었는데, 어느 날 두 사람이 술을 마시던 중에 유비가 갑자기 목을 놓아 울기 시작했다.

깜짝 놀란 유표가 그 까닭을 묻자 유비가 길게 탄식하고 나서 말했다.

"저는 이전에 말을 타고 전쟁터로 돌아다니며 싸우느라고 넓적다리가 바싹 야위었습니다. 그러나 마음은 아주 즐거웠지요. 하지만 지금은 하는 일이 없이 한가로이 지내다 보니 넓적다리에 다시 살이 찌고 있군요. 세월은 매우 빠르게 지나가고 몸은 늙어 가는데, 이루어 놓은 것이라고는 아무것도 없으므로 슬퍼서 우는 것입니다."

빈자일등 貧者一燈

貧 : 가난할 빈 者 : 놈 자 一 : 하나 일 燈 : 불 등

[뜻풀이] 가난한 사람의 등 하나라는 뜻으로, 정성의 소중함을 이르는 말.

[출전] 『현우경(賢愚經)』·〈빈녀난타품(貧女難陀品)〉

[해설]
　석가모니가 사위국의 어느 절에 있을 때 그 나라에 난타라는 몹시 가난한 여인이 있었는데, 그녀는 하루하루 구걸을 해서 겨우 살아가고 있었다. 그런데 국왕을 비롯하여 모든 백성들이 석가모니를 정성껏 공양하는 것을 보고 그녀는 깊은 시름에 잠겼다.
　'저 사람들은 모두 정성을 다 바쳐 석가모니를 섬기는데 나는 전생의 죄가 많아 이렇게 비렁뱅이가 되어 아무것도 석가모니께 공양할 수가 없구나.'
　난타는 하루 종일 쉬지 않고 구걸해서 1전을 벌자 그 돈으로 기름을 사려고 기름집에 갔다. 이때 그녀의 사정을 들은 기름집의 주인은 이를 매우 기특하게 여겨 1전 어치보다 훨씬 많은 기름을 주었으므로, 난타는 몹시 기뻐하며 등 하나에 불을 밝혀 절에 간 뒤에 그 등을 석가모니에게 바쳤다. 그런데 먼동이 터서 다른 등에는 불이 모두 꺼졌는데도, 난타가 바친 등에는 그때까지 홀로 빛을 뿜고 있었다.
　이에 사람들이 난타의 등불을 손으로 문지르거나 입으로 불어 끄려고 했으나 끌 수가 없으므로, 난타의 정성스러운 마음을 갸륵하게 여긴 석가모니는 결국 그녀를 비구니로 출가시켜 주었다.

사공견관 司空見慣

司 : 맡을 사   空 : 하늘 공   見 : 볼 견   慣 : 익숙할 관

[뜻풀이] 익숙하여 신기하지 않음을 이르는 말.

[출 전] 당나라의 유우석

[해 설]
　유우석은 당나라 때에 문장과 시문에 뛰어난 시인으로 문인이었던 한유·유종원과 아주 친한 사이였다.
　유우석이 소주 자사로 있을 때 이곤이 토목 공사를 맡아 보는 사공이라는 벼슬을 지내면서 잔치를 베푼 다음 유우석을 초청했다.
　그러고는 무희들에게 노래를 부르고 춤을 추게 하자 유우석은 술에 많이 취하여 기분이 좋아 그 자리에서 칠언시를 지었는데, 그 시에서 사공견관이라는 말이 나온다.
　즉 유우석은 '이 사공은 이런 장면을 여러 번 보았으므로 신기할 것도 없을 테지만, 처음으로 보는 소주 자사의 마음은 무던히도 흥분된다'라고 했으므로, 이때부터 사람들은 아주 일상적인 것을 사공견관이라고 하게 되었다.

사마소지심 司馬昭之心

司 : 맡을 사 馬 : 말 마 昭 : 밝을 소 之 : 어조사 지 心 : 마음 심

뜻풀이 사마소의 마음은 길을 가는 사람도 다 안다는 뜻으로, 음흉한 마음이나 음모가 모두 드러났음을 비유하는 말.

해 설

　삼국 시대 때의 위나라는 문제가 죽은 뒤에 사마의·사마사·사마소 등 사마씨의 손으로 옮겨지게 되었다. 개중에서 사마소의 눈에는 황제라는 존재가 보이지 않았는데, 어느 날 황제가 사마소를 진공에 책봉하고 그에게 많은 보물을 내렸는데도 그는 코웃음을 치며 받지 않았다.

　그러자 황제인 조모는 격분하여 '사마소가 노리고 있는 것은 황제의 자리라는 것을 길을 가는 사람들이 모두 알고 있다. 짐이 앉아서 욕을 당하느니 차라리 싸워서 결판을 낼 것이다' 하고 결심한 다음 시위대를 거느리고 사마소를 습격했다.

　그러나 황제의 적은 군사로 사마소를 꺾을 수가 없었으므로 황제는 사마소의 부하에게 피살되고, 사마소는 조환을 허수아비 황제로 세웠다.

　그 후 사마소의 아들인 사마염이 황제를 쫓아내고 황제가 되어 나라의 이름을 진(晉)이라고 고쳤다.

사면초가 四面楚歌

四 : 사방 **사**   面 : 방면 **면**   楚 : 초나라 **초**   歌 : 노래 **가**

뜻풀이 사방에서 온통 초나라의 노랫소리만 들린다는 뜻으로, 사방이 모두 적에게 둘러싸인 상태를 일컫는 말.

출전 『사기(史記)』·〈항우본기(項羽本紀)〉

해설

　진(秦)나라가 멸망한 뒤에 항우와 유방이 천하를 놓고 차지하려고 싸우다가 4년째의 가을에 휴전 협정을 맺게 되었다.

　휴전이 이루어지자 항우는 약속대로 동쪽으로 물러나기 시작했으나 유방은 장량과 진평의 계책에 따라 항우를 뒤쫓은 끝에 해라는 곳에 이르러 항우군을 물샐틈 없이 포위하고 말았다.

　이때 항우군은 얼마 되지 않았는데, 군량미마저 떨어져 말할 수 없는 고통을 당하고 있었다.

　그러던 어느 날 밤에 사방을 유방의 군사들이 포위한 가운데 유방의 진영에서 초나라의 노랫소리가 들려 오자 항우는 초나라군이 한나라군의 유방에게 항복한 줄 알고 기운이 풀려 버리고 말았다.

사반공배 事半功倍

事 : 일 사   半 : 반 반   功 : 공 공   倍 : 더할 배

뜻풀이 노력은 적게 했어도 이루어진 공은 큼을 이르는 말.

출 전 『맹자(孟子)』·〈공손추장구〉

해 설

　춘추전국 시대 때 유명한 유학자인 맹자가 활동한 때는 여러 제후의 나라들이 천하를 차지하려고 전쟁이 끊이지 않았으므로 백성들이 신음하고 있을 무렵이었다.

　맹자는 이러한 상황에서 제나라 같은 대국에서 왕도를 행하고 어진 정치를 베푼다면, 천하를 통일하기가 주나라 문왕 때보다 쉬울 것이라고 생각하여 제자인 공손추에게 말했다.

　"백성들이 지금 폭정에 시달리고 있는 것이 어느 때보다 매우 심하다. 굶주린 백성들은 먹을 것만 있으면 만족하고, 목마른 사람들은 물만 있으면 만족하는 것이다. 대국인 제나라에서 어진 정치를 베푼다면 백성들의 기쁨은 마치 거꾸로 매달렸다가 풀려난 것과 같을 것이다. 그러므로 일은 옛날의 성인들보다 절반만 했는데도 효과는 몇 갑절이나 될 것이니, 지금이 바로 그러한 때이니라."

사불급설 駟不及舌

駟 : 네말수레 **사** 不 : 아닐 **불** 及 : 미칠 **급** 舌 : 혀 **설**

뜻풀이 사마는 네 필의 말이 끄는 수레로서, 아무리 빠른 사마라고 하더라도 혀의 빠름에는 미치지 못한다는 뜻으로, 소문이란 순식간에 퍼져서 취소할 수 없는 것이니 조심해야 한다는 말.

출 전 『논어(論語)』·〈안연편(顔淵篇)〉

해 설

위나라의 대부인 극자성이 말했다.

"군자는 실질적인 바탕만 세우면 되지, 글을 꾸며서 무슨 소용이 있는가?"

이 말을 들은 자공이 반론을 펼쳤다.

"매우 안타까운 일이오. 당신이 군자에 대해 말한 생각은 사마도 당신의 혀를 따라 잡지 못할 정도로 빨리 퍼질 것입니다. 글을 꾸미는 것도 바탕만큼 중요하며 바탕 또한 글을 꾸미는 것만큼 중요하지요. 호랑이나 표범 가죽에서 털을 뽑으면 그것은 개의 가죽에서 뽑은 털과 같게 보일 것입니다."

사제갈주생중달 死諸葛走生仲達

死 : 죽을 **사**   諸 : 두 **제**   葛 : 칡 **갈**   走 : 달아날 **주**
生 : 날 **생**   仲 : 버금 **중**   達 : 이를 **달**

[뜻풀이] 죽은 제갈량(공명)이 살아 있는 사마의(중달)를 쫓았다는 뜻.

[출전] 『십팔사략(十八史略)』

[해설]

촉나라의 제갈량이 위나라를 공격하려고 10만 명의 대군을 이끌고 오장원에 본진을 두고 일부 군사를 위수 유역에 두었다.

제갈량은 빨리 전투를 벌여 결판을 내려고 했으나 이를 눈치 챈 위나라의 장수 사마의는 싸움을 오래 끌면서 촉나라군이 지칠 때를 기다리고 있었다. 그런데 가을로 접어들자 제갈량은 병에 걸려 점점 위독하더니, 어느 날 밤 큰 별이 꼬리를 끌면서 촉나라의 진영에 떨어졌고, 마침내 제갈량이 세상을 떠나고 말았다. 사태가 이쯤 되자 촉나라군은 양의의 지휘를 받으며 물러날 준비를 했고, 이 소식을 들은 사마의는 급히 군사를 이끌고 촉나라군을 공격했다. 그때 촉나라군의 장수인 강유가 군사를 되돌려 공격할 태도를 보이자, 사마의는 제갈량이 아직도 살아 있으면서 계략을 쓴 것이 아닌가 하여 급히 후퇴하고 말았다.

이리해서 당시 사람들은 '죽은 공명이 살아 있는 중달을 쫓았다'고 하여 이야깃거리가 되었는데, 나중에 이 사실을 알게 된 사마의는 쓴웃음을 지으며,

"살아 있는 사람의 계략이라면 능히 눈치 챌 수 있지만, 죽은 사람의 계략을 내가 어찌 눈이 챌 수가 있었겠는가?" 하고 말했다.

사제사초 事齊事楚

事 : 섬길 **사** 齊 : 가지런할 **제** 楚 : 초나라 **초**

[뜻풀이] 제나라와 초나라 중 어느 쪽을 섬기느냐는 뜻으로, 중간에 끼어서 오도가도 못하는 딱한 처지를 비유하는 말.

[출전] 『맹자(孟子)』·〈양 혜왕장구(梁惠王章句)〉

[해설]

　중국 춘추전국 시대 때에 사방이 고작 50리도 안 되는 작은 등나라가 있었는데, 등나라의 북쪽에는 제나라가 있고 남쪽에는 초나라라는 두 강대국이 있었다.

　등나라는 이렇게 두 나라 사이에 끼어 언제나 위험한 상태에 놓여 있으면서, 제나라와 가깝게 지내면 초나라가 트집을 잡고 초나라와 가까워지면 제나라가 트집을 잡고 시비를 걸었다.

　이리하여 등나라는 두 나라 사이에 끼어 매우 딱한 처지에 놓여 있었다. 그러던 어느 날 맹자가 등나라에 오자 왕이 그에게,

　"작은 등나라가 큰 제나라와 초나라 중간에 끼어 있어서 처지가 딱한데, 우리나라가 제나라를 섬겨야 하겠습니까, 아니면 초나라를 섬겨야 하겠습니까?"하고 물었다.

사체불근 오곡불분 四體不勤 五穀不分

死四 : 넉 **사**　體 : 몸 **체**　不 : 아닐 **불**　勤 : 부지런할 **근**
五 : 다섯 **오**　穀 : 곡식 **곡**　分 : 구분할 **분**

[뜻풀이] 온 몸을 움직이지도 않고, 오곡도 분별할 줄 모른다는 뜻으로, 선비들을 놀리는 말.

[출　전] 『논어(論語)』·〈미자편(微子篇)〉

[해　설]
　어느 날 공자는 보통 때처럼 몇 명의 제자들을 이끌고 험한 길을 걷고 있을 때 제자인 자로가 뒤처지게 되었다.
　이때 뒤처진 자로가 밭에서 김을 매고 있던 농부에게 다가가서 물었다.
　"혹시 저의 스승님을 보지 않았습니까?"
　그러자 농부가 시큰둥한 목소리로 대답했다.
　"사지를 놀리기 싫어하고 오곡도 가릴 줄 모르는 사람이 스승이라고 할 수 있소?"
　자로가 머쓱해서 머리를 숙이고 공손한 자세로 서 있자, 농부는 자로가 예절을 아는 사람으로 여기고 집에 청하여 음식을 대접했다.
　나중에 이 말을 전해 들은 공자는 그 농부가 보통 사람이 아님을 느끼고 일부러 찾아가 보았으나 농부는 행방을 감추어 버린 후였다.

사택망처 徙宅忘妻

徒 : 옮길 **사** 宅 : 집 **택** 忘 : 잊을 **망** 妻 : 아내 **처**

뜻풀이 집을 옮기면서 아내를 잊어버린다는 뜻으로, 정말 중요한 것을 잊어버리는 사람을 비유하는 말.

출 전 『공자가어(孔子家語)』

해 설

노나라의 애공이 공자에게 이사를 하면서 아내를 잊어버린 얼빠진 사람이 있느냐고 물어보자 공자가 대답했다.

"하나라의 걸왕과 은나라의 주왕 같은 폭군은 주색에 빠져 거칠고 음탕하며, 허영심이 많고 타락하여 나랏일과 백성들을 돌보지 않았습니다. 또한 남을 헐뜯고 간사한 무리들을 부추겨 더 많은 악행을 저지르게 하였습니다. 그래서 충성스럽고 정직한 사람들은 쫓겨나거나 왕에게 상소할 기회마저 잃게 되었지요. 그리하여 걸왕과 주왕 같은 폭군들은 나라를 망치고 자신들의 운명마저 어찌 될 줄을 몰랐으니, 그들은 나라와 백성들을 잊어버렸을 뿐만 아니라 자기 자신마저 모조리 잊어버리게 되었던 것입니다."

사회부연 死灰復燃

死 : 죽을 **사** 灰 : 재 **회** 復 : 다시 **부** 燃 : 타오를 **연**

뜻풀이 불이 꺼진 재에서 불길이 다시 살아나는 것을 이르는 말.

출전 『사기(史記)』·〈한안국전(韓安國傳)〉

해설

한나라 때 한안국은 한때 높은 벼슬을 지내다가 옥에 갇힌 적이 있었다. 그런데 전갑이라는 옥졸로부터 모욕을 받고 몹시 분해서,

"어디, 이놈아 식은 재에서 불이 다시 일어나지 않을 줄 아느냐?"

하고 말했다. 한안국의 말뜻은 '다시 벼슬을 하지 못할 줄 아느냐'였다. 그러자 옥졸이 대꾸했다.

"불이 다시 일어나면 내가 오줌을 싸 그 불을 꺼버릴 것이오."

그런데 얼마 후 과연 한안국은 옥에서 풀려나 다시 큰 벼슬을 하게 되었다.

이에 옥졸은 혼비백산하여 달아났는데, 한안국이 그의 가족들을 모두 죽이겠다고 하자 옥졸은 할 수 없이 돌아와서 용서를 구했다.

그런데 한안국은 뜻밖에도 옥졸을 벌하지 않고 용서해 주었을 뿐만 아니라 오히려 후하게 대접해 주면서 농담으로,

"꺼진 재에 다시 불이 붙었으니 어디 오줌을 싸 보아라." 하고 말했다.

삼사이행 三思而行

三 : 셋 **삼** 思 : 생각할 **사** 而 : 어조사 **이** 行 : 실천할 **행**

뜻풀이 몇 번이고 생각한 끝에 행동으로 옮긴다는 뜻.

출 전 『논어(論語)』·〈공야장편(公冶長篇)〉

해 설

　춘추전국 시대 때 노나라의 대부였던 계문자는 매우 신중하여 무슨 일이나 여러 번 생각한 뒤에야 실천했다.

　그런데 계문자가 죽은 때로부터 10년 후에 태어난 공자는 계문자의 그러한 태도를 찬성하지 않으면서, 그처럼 여러 번 생각할 필요가 없이 두 번만 생각하면 된다고 하였다.

　그리고 송나라 때의 유학자인 주희는 매사를 너무 지나치게 생각하면 이해 타산이 많아지고 어물거리기만 하고 딱 잘라 결정할 수가 없게 된다고 말했다.

삼십육계 三十六計

三 : 석 삼 十 : 열 십 六 : 여섯 육 計 : 꾀 계

뜻풀이 일의 형편이 불리할 때는 어물거리기보다 잽싸게 달아나는 것이 좋다는 말.

출전 『논남사(南史)』·〈단도제전(檀道濟傳)〉

해설

중국 남북조 시대 때 송나라의 개국 공신인 단도제라는 장수는 북위(北魏)와 싸워 여러 번 승리했는데, 어느 날 북위의 역성 일대까지 쳐들어갔으나 병참 지원이 뒤따르지 못해 어쩔 수 없이 후퇴한 적이 있었다.

그리하여 송나라군 진영에 군량미가 바닥나자 일부 군사들이 북위군에 항복했고, 북위군은 이를 알고 척후병을 보내 송나라군을 살펴보게 하였다.

단도제는 이러한 적군의 계략을 눈치 채고 군사들에게 명하여 자루에 모래를 넣어 산더미처럼 쌓고 쌀알을 땅바닥에 흘려 놓게 하였다.

이리하여 북위군은 송나라군 진영에 군량이 넉넉한 줄로 알고 섣불리 공격하지 못했으며, 단도제는 그 틈을 이용하여 군사를 이끌고 무사히 물러날 수가 있었다. 이같이 단도제는 싸움에서는 용감했고 지혜와 꾀도 뛰어났으나, 뒷날에 송나라가 멸망하고 남제가 일어서자 왕경측이라는 사람이 단도제의 행동을 오해하여

"그의 36개 계책 중에서 달아나는 것이 제일이었다(檀公三十六計 走是上計)."라고 하였다.

삼지무려 三紙無驢

三 : 석 삼　紙 : 종이 지　無 : 없을 무　驢 : 당나귀 려

뜻풀이 종이 석 장을 버릴 때까지 당나귀 '려'자 하나를 못 쓴다는 뜻으로, 무식한 사람을 조롱하는 말.

해 설

　옛날 어느 고을에 한 선비가 살고 있었는데, 재주가 전혀 없는데도 언제나 붓을 들고 어깨에 힘을 주면서 없는 재주를 자랑하고 다녔다.
　이에 사람들은 겉으로는 그를 공경하는 척하면서 박사라고 놀려 주었으나, 그는 몹시 기뻐할 뿐 그들이 비아냥거리는 내용에는 전혀 관심을 두지 않았다.
　어느 날 박사의 집에서 당나귀 한 마리를 사게 되었다. 그때의 관습에 따르면 물건을 사는 사람은 파는 사람에게 매매 계약서를 써서 주게 되었으므로, 글을 모르는 사람은 남에게 써 달라고 부탁해야 했다.
　그래서 박사는 남에게 부탁하지 않고 자기가 손수 매매 계약서를 쓰게 되었는데, 종이를 석 장이나 썼지만 마무리할 글이 여간해서 생각나지 않았다.
　이에 당나귀를 판 사람이 하도 갑갑해서 빨리 쓰라고 재촉하자, 박사는
　"이런, 무식한 사람을 보았나. 무엇이 그리 급한가? 지금 막 당나귀 '려'자를 쓰려고 하네."하면서 화를 벌컥 냈다.

삼천지교 三遷之敎

三 : 셋 **삼**　遷 : 옮길 **천**　之 : 어조사 **지**　敎 : 가르칠 **교**

뜻풀이 거처를 세 번 옮겨서 자식을 가르친다는 뜻으로, 교육에는 환경이 중요함을 일컫는 말.

출 전 『열녀전(列女傳)』

해 설

　맹자의 어머니는 어린 맹자를 데리고 처음에는 공동묘지 근처에서 살았다. 그런데 맹자가 날마다 시체를 묻으며 슬프게 우는 흉내를 내자,

　"이곳은 내 아들이 살 곳이 아니다."하고 장터 근처로 이사를 하였다.

　그러자 이번에는 맹자가 날마다 장사꾼 흉내를 냈으므로 맹자의 어머니는 다시 서당 근처로 이사하게 되었다.

　이리하여 맹자는 예절을 배우며 놀고 서당을 다니려고 하는 것이었다. 맹자의 어머니는 그제야,

　"이곳이 바로 내 아들이 있을 곳이다."라고 하면서 비로소 마음을 놓게 되었다. 이리하여 맹자는 뒷날에 훌륭한 유학자가 되었던 것이다.

상가지구 喪家之狗

喪 : 잃을 **상** 家 : 집 **가** 之 : 어조사 **지** 狗 : 개 **구**

[뜻풀이] 상갓집의 개라는 뜻으로, 야위고 기운이 없는 초라한 모습으로 이곳저곳을 기웃거리며 얻어먹을 것만 찾아다니는 사람을 빈정거리는 말.

[출전] 『사기(史記)』·〈공자세가〉

[해설]

공자는 노나라에서 잠깐 동안 벼슬을 지내면서 나라와 백성을 위해 착한 정치를 베풀려고 노력했으나 뜻대로 안 되자 벼슬을 버리고 물러났다. 그때부터 공자는 자신의 이상을 실현시킬 수 있는 왕을 만나려고 10년 동안 천하를 떠돌다가 정나라에 가게 되었다.

그런데 공자는 정나라 성문 앞에서 그만 제자들과 헤어져서 길을 잃고 말았다. 그리하여 공자는 제자들이 자신을 찾아오기를 기다리며 성의 동쪽 문 앞에 앉아 있는데, 공자의 초라한 모습을 힐끗 쳐다보고 성 안으로 들어간 정나라 사람과 공자의 제자들이 마주치게 되었다.

앞장서서 걷던 자공이 그에게 스승의 행방을 묻자 그가 대답했다.

"저기 동쪽 문 앞에 한 사람이 앉아 있는데, 얼굴은 요임금을 닮았고, 목덜미는 고요와 닮았으며, 어깨는 자산과 똑같이 생겼습니다. 다만 한 가지 다른 점이 있다면 키가 작고 피곤한 모습이 마치 상갓집 개와 같았어요."

이리하여 마침내 공자를 만난 제자들이 조금 전에 했던 정나라 사람의 말을 전하자 공자는 쓴웃음을 지으며 말했다.

"나의 모습에 대한 말은 정확하다고 할 수 없으나 상갓집 개라는 말은 아주 그럴듯하구나!"

그 후로도 공자는 천하를 떠돌다가 결국 이상적인 왕을 만나지 못한 채 고향인 노나라로 돌아와 버렸다.

상경백유 相驚伯有

相 : 서로 **상** 驚 : 놀랄 **경** 伯 : 맏 **백** 有 : 있을 **유**

뜻풀이 있지도 않은 일에 놀라서 두려워하며 어쩔 줄 모른다는 말.

출전 『춘추좌씨전(春秋左氏傳)』·〈소공 년〉

해설

  춘추전국 시대 때 정나라 사람들은 '백유가 온다는 말만 들어도 모두 두려워서 정신없이 달아났다.' 그런데 백유의 이름은 양소였고 백유는 그의 자였다.

  백유는 천성이 매우 포악하고 방탕하여 그때의 사대부들인 자석·공손단 등과 맞서다가 자석의 조카인 사대에 의해 살해되고 말았다. 그러자 일부 백성들은 백유가 비명에 죽자 그대로 가만히 있지 않고 반드시 무서운 귀신으로 변해서 원수를 갚을 것이라고 믿었다.

  그래서 사람들은 백유라는 말만 들어도 벌벌 떨게 되었고, 어떤 사람은 백유가 자기의 꿈에 나타나 날짜와 시간을 가르쳐 주면서 사대와 공손단을 죽인다는 말까지 들었다고 소문을 퍼뜨렸다.

  그런데 공교롭게도 사대와 공손단은 백유가 말한 그 날에 죽어 버렸으므로 사람들은 공포심에 휩싸여 그를 더욱 두려워했다고 한다.

상궁지조 傷弓之鳥

傷 : 상처입을 **상**   弓 : 활 **궁**   之 : 어조사 **지**   鳥 : 새 **조**

뜻풀이 한 번 화살을 맞은 새는 구부러진 나무만 보아도 놀란다는 뜻으로, 한 번 혼이 난 일로 인하여 계속해서 의심과 두려운 마음을 품는 것을 비유하는 말.

출 전 「전국책(戰國策)」·〈조책(趙策)〉

해 설

 춘추전국 시대 때 조·초·연·제·한·위(魏)나라와 힘을 합쳐 진(秦)나라와 맞선 적이 있었다. 이때 조나라의 승상인 위가가 초나라에 찾아가서 승상인 춘신군과 군사 동맹에 대해 의논하게 되었는데, 초나라에서는 임무군에게 군사를 맡기기로 했다는 말을 듣고 위가가 못마땅해서 말했다.

 왜냐하면 임무군은 전날에 진나라군과 싸워서 패한 적이 있어서 그때까지도 진나라군을 몹시 두려워했기 때문이다.

 "예전에 활을 잘 쏘는 명궁이 위나라에 있었습니다. 어느 날 그가 왕과 함께 들을 거닐고 있었는데, 그때 기러기들이 날아가는 것을 보고 활을 들어 시위만 당겼을 뿐인데 맨 뒤에 날아가던 기러기가 그만 놀라서 땅에 떨어졌습니다. 그래서 왕이 묻자 명궁이 대답하기를 '이 기러기는 전날에 신의 화살을 맞아 다쳤던 기러기입니다. 그래서 신이 활시위만 당겼는데도 그 소리에 놀라 땅에 떨어진 것이지요.'"

 위가의 이야기를 다 들은 춘신군은 그가 임무군을 활시위 소리에 놀라 땅에 떨어진 기러기에 비유한 것을 알고 고개를 끄덕였다.

상하기수 上下其手

上 : 웃 **상**　下 : 아래 **하**　其 : 그 **기**　手 : 손 **수**

뜻풀이 권세를 이용하여 끼어들어 옳고 그름을 뒤바뀌게 만드는 것을 이르는 말.

출전 『춘추좌씨전(春秋左氏傳)』·〈양공 26년〉

해설

　춘추전국 시대에 초나라가 정나라를 칠 때 정나라의 장수인 황활이 초나라군과 싸우다가 초나라 장수인 천봉술에게 사로잡혔다. 이때 초나라의 공자 위가 이를 알고 천봉술에게서 황활을 넘겨받으려고 하였다.

　천봉술과 위는 서로 자기가 황활을 사로잡았다면서 다투다가 태재의 벼슬에 있던 백주리를 찾아가서 판결을 받기로 하였다. 그러자 백주리는

　"정말로 누가 사로잡은 것인지 나도 알 수 없으니 포로에게 물어보는 것이 가장 옳은 듯합니다." 하고 말한 뒤에 손을 높이 들어 왕자 위를 가리키며 정나라 왕의 아우라고 소개한 뒤에 손을 낮게 내리고 천봉술을 소개했다.

　이에 황활은 백주리의 손짓과 말에서 모든 것을 눈치 채고 왕자에게 포로가 잡혔다고 대답했다.

새옹지마 塞翁之馬

塞 : 변방 새 翁 : 늙은이 옹 之 : 어조사 지 馬 : 말 마

뜻풀이 변경에 있는 늙은이의 말이라는 뜻으로, 인생의 길·흉·화·복은 항상 바뀌어 변화가 많음을 이르는 말.

출 전 『회남자(淮南子)』·〈인간훈(人間訓)〉

해 설

옛날에 만리장성 변경에 새옹이라고 불리는 한 늙은이가 살고 있었는데, 어느 날 그 늙은이의 말 한 필이 없어지자 마을 사람들이 모여서 그를 위로해 주었다. 그러자 늙은이는

"말 한 필을 잃어버린 것이 오히려 좋은 일이 될 수도 있을지 모르오."

하고 대답했는데, 과연 얼마 뒤에 잃어버린 말이 좋은 오랑캐의 말 한 필을 데리고 돌아왔다. 그러자 마을 사람들이 모여 축하의 말을 하자 늙은이는

"이것이 나쁜 일이 될지도 모르오."하는 것이었다. 과연 늙은이의 말대로 며칠 후 늙은이의 아들이 그 말을 타다가 떨어져서 그만 정강이뼈가 부러지고 말았다.

이에 또다시 마을 사람들이 위로하자 늙은이는

"혹시 좋은 일이 될지 누가 알겠소?"라고 말했다. 그런데 얼마 후에 갑자기 마을 청년들이 모두 싸움터로 나갔으나, 병신이 된 아들은 이때 나가지 않게 되었고, 싸움터에 나간 청년들은 대부분 목숨을 잃었지만 늙은이의 아들은 무사할 수 있었다.

서제막급 噬臍莫及

噬 : 씹을 **서**　臍 : 배꼽 **제**　莫 : 아닐 **막**　及 : 미칠 **급**

[뜻풀이] 탈이 한 번 생기거나 그릇된 뒤에는 후회해도 어쩔 수 없음을 이르는 말.

[출전] 춘추좌씨전(春秋左氏傳)·장공(莊公) 6년

[해설]
　초나라 문왕이 작은 나라인 신을 치려고 가던 중 역시 작은 나라인 등을 지나게 되었다.
　등나라의 기후는 조카가 왔다면서 몹시 반기며 큰 잔치를 베풀어 문왕을 위로하고 앞날을 축원했다. 그때 현인 3명이 나오더니 기후에게 충고했다.
　"지금 문왕은 작은 나라인 신을 치려고 가는 길입니다. 우리 역시 작은 나라인데 초나라가 우리를 그대로 둘 까닭이 없지 않습니까? 어떤 대책을 세우지 않으면 그때는 아무리 후회해도 이미 늦을 것입니다."
　그러나 기후는 펄쩍 뛰면서 충고를 듣지 않았고, 문왕은 기후의 도움으로 무사히 신나라를 치고 돌아갔다. 그로부터 10년이 지난 뒤에 초나라는 다시 군사를 일으켜 등나라를 공격하여 결국 무너뜨리고 말았다.

서족이기성명 書足以記姓名

書: 글 서 　足: 족할 족 　以: 써 이 　記: 기록할 기
姓: 성씨 성 　名: 이름 명

뜻풀이 글은 자기 성과 이름만 쓸 줄 알면 족하다는 뜻으로, 실천보다는 학식만 앞세우는 태도를 비꼬는 말.

출 전 『사기(史記)』·〈항우본기(項羽本紀)〉

해 설

　항우는 초나라의 무인의 집안에서 태어나 대단한 용맹과 무서운 힘을 지녔다. 그러나 항우는 자신의 힘을 너무 믿은 탓인지 무예나 병법을 익히려고 하지 않았으므로, 어느 날 작은아버지인 항량이 그에게 충고했다.

　"네가 아무리 뛰어난 힘을 가졌다고 해도 학문을 게으르게 하면 꼭 필요할 때 써먹을 수가 없다."

　이에 항우가 말했다.

　"글은 제 성과 이름이나 쓰면 됩니다. 저는 글보다는 천하를 상대할 수 있는 방법을 배우려고 합니다."

　이에 항량은 항우에게 병법을 배우라고 권했고, 그도 마음을 고쳐먹고 병서를 읽었으나 중요한 뜻만 알고 내팽개쳐 버렸다.

　이토록 병법과 용병술에 무관심했던 항우는 한때 천하를 호령했으나, 결국은 한신의 뛰어난 계략에 빠져 오강에서 우 미인과 함께 최후를 맞이하고 말았다.

선발제인 先發制人

先 : 먼저 **선** 發 : 일으킬 **발** 制 : 제할 **제** 人 : 사람 **인**

뜻풀이 남의 꾀를 먼저 알아채고 일이 생기기 전에 미리 막아 냄을 이르는 말.

출 전 『사기(史記)』·〈항우본기(項羽本紀)〉

해 설

　진(秦)나라 말기에 각지에서 반란이 일어났으며 반란군 중에는 항우와 그의 작은아버지인 항량이 있었고, 진승과 오광도 있었다.
　진승과 오광이 일으킨 반란은 처음부터 기세가 하늘을 찌를 듯했고 백성들 또한 그들을 열렬하게 지지했다. 그러자 진나라가 망하게 되었다고 생각한 괴계 태수 온통은 이 기회에 한몫을 잡으려고 어느 날 항량을 불러서 군사를 일으키라고 권했다.
　"먼저 손을 쓰면 상대방을 제압할 수 있고, 나중에 손을 쓰면 상대방에게 제압당할 것이오. 나도 이 기회에 군사를 일으키려고 하는데, 그대와 환초가 군사들을 이끄는 것이 어떻소?"
　그러자 항량이 기다렸다는 듯이 대답했다.
　"환초는 지금 몸을 피하고 있는데 제 조카 항우만이 그가 있는 곳을 압니다."
　그런 뒤에 밖에 나가 항우에게 몇 마디 속삭이고 들어와서 항우를 보내 환초를 찾게 하는 것이 좋겠다고 말하자 그는 승낙하고 항우를 불러들였다. 그러자 항우는 항량의 당부대로 온통의 목을 단칼에 베어 버리고 관인을 빼앗은 뒤에 괴계 태수의 명의로 진나라에 반기를 들어 공격할 준비를 갖추게 되었다.

선착편 先着鞭

先 : 먼저 선　着 : 다다를 착　鞭 : 채찍질할 편

[뜻풀이] 어떤 일에 대하여 남보다 먼저 손을 댐을 이르는 말로, 선편이라고도 쓰인다.

[출전] 『진서(晉書)』·〈유곤편(劉琨篇)〉

[해설]

　병주 자사인 유곤은 북쪽의 흉노족과 해마다 싸우면서 동진을 위해 있는 힘을 다했다. 그러나 조정에서는 그에게 아무런 지원도 하지 않아 따돌림을 당하고 있었다.

　이에 견디다 못한 유곤은 흉노족의 우두머리인 단필제와 동맹을 맺고 석륵과 싸울 준비를 하던 중 단필제의 꾐에 속아 그에게 죽임을 당했다.

　그는 젊었을 때 조적과 친하게 지냈으며, 어느 날 조적이 장군에 임명되었다는 소식을 듣고 그에게 축하의 편지를 보냈는데 편지에는 이런 구절이 있었다.

　"나는 창을 베고 아침을 기다리면서 뜻은 오랑캐들을 죽여 그들의 목을 베는 데 있었고, 언제나 두려워하는 것은 그대가 나보다 먼저 채찍을 휘두르지나 않을까에 있었다."

섭공호룡 葉公好龍

葉 : 사람이름 섭   公 : 어른 공   好 : 좋아할 호   龍 : 용 룡

[뜻풀이] 섭공이 겉으로는 용을 좋아하는 것 같지만 사실은 그렇지 않음을 뜻하는 말.

[출전] 『신서(新序)』·〈잡사편(雜事篇)〉

[해설]

　초나라 사람인 섭공은 본명이 섬서량인데, 섭이라는 곳에 있는 아버지의 봉토를 물려받으면서 섭공으로 불리게 되었다.

　그런데 섭공은 유달리 용을 좋아해서 집안의 모든 물건이나 설비가 모두 용과 인연이 있었다. 그러자 하늘의 용이 하루는 섭공이 용을 좋아한다는 소문을 듣고 인간의 세상에 내려와 섭공을 찾게 되었다.

　바로 그때 의자에 앉아 있던 섭공은 갑자기 용의 머리가 창문으로 들어오고 용의 몸이 건넌방에서 꿈틀거리는 것을 보고 깜짝 놀라서 소리를 치며 달아나 버렸다고 한다.

　또 이런 이야기도 있다.

　공자의 제자인 자장이 하루는 노나라의 애공이 어진 사람을 부른다는 소문을 듣고 찾아갔으나, 7일 동이나 기다려도 만나 주지 않았다. 이에 화가 치민 자장이 말했다.

　"애공이 어진 사람을 좋아하는 것은 마치 섭공이 용을 좋아하는 것과 같다."

성공자퇴 成功者退

成 : 이룰 성   功 : 공 공   者 : 놈 자   退 : 물러날 퇴

뜻풀이 공을 이룬 사람은 때를 알고 스스로 물러나야 한다는 말.

출전 『사기(史記)』·〈범수채택열전〉

해설

수가의 모함으로 죽을 뻔하다가 겨우 살아난 범수는 진(秦)나라로 피하여 이름을 장록으로 고치고 왕의 신임을 얻어 마침내 재상이 되었으며, 그는 진나라를 강대국으로 만들었다.

그런데 범수도 나이가 들면서 실수하기 시작했으며, 더욱이 왕의 신임도 떨어져 갈 무렵에 채택이 그의 자리에 앉으려고 거리를 돌아다니면서 '채택이 범수 대신 재상이 될 것이다'라고 소문을 퍼뜨렸다.

그 소문을 들은 범수는 곧 범수를 잡아들여 놓고 그 까닭을 묻자 채택이 대답했다.

"사계절도 자기의 일을 다 이루었으면 차례대로 다음 계절에 자리를 물려주는 법입니다. 이와 마찬가지로 승상께서도 이 자리에 앉아 이미 공을 다 이루신 것으로 보입니다. 그러니 더 이상 자리에 얽매이지 말고 물러나 남은 생을 편안히 보내시는 것이 현명한 태도일 것 같습니다."

채택의 말에 찬성한 범수는 재상의 자리를 그에게 물려주고 벼슬에서 물러났다.

성하지맹 城下之盟

城 : 성 **성**　下 : 아래 **하**　之 : 어조사 **지**　盟 : 맹세할 **맹**

뜻풀이 성 아래에서 한 맹세라는 뜻으로, 굴욕적으로 적과 맺은 강화의 맹약을 말함.

출 전 『춘추좌씨전(春秋左氏傳)』·〈환공 12년〉

해 설

　춘추전국 시대 때 강대한 초나라가 교라는 작은 나라를 공격하여 교나라 도성의 남대문까지 쳐들어갔다. 이때 교나라군이 목숨을 내놓고 반항하자 초나라 진영에 있던 굴하라는 사람이 장수에게 계책을 말했다.

　"교나라의 군사들은 매우 가볍고 지혜와 계략이 부족하므로 우리가 그들을 살살 꾀면 분명히 성 밖으로 나올 것입니다. 인부들에게 산에 올라가 나무를 하게 만들고 군사들을 보내지 않으면 그들은 틀림없이 성 밖으로 나올 것입니다."

　초나라군의 장수가 굴하의 말대로 시행했더니 과연 교나라의 군사들이 성 밖으로 나와 나무를 하던 초나라 인부 30명을 붙잡아 갔다.

　그러자 대담해진 교나라의 군사들은 이튿날에도 성문을 열고 나와 산에서 나무를 하던 초나라의 인부를 붙잡아 가려고 했다.

　이때에 미리 숨어 있던 초나라군이 성문을 막고 교나라군을 쳐부순 뒤에 교나라와 강제로 성하지맹을 맺었다.

세이공청 洗耳恭聽

洗 : 씻을 세 耳 : 귀 이 恭 : 공경할 공 聽 : 들을 청

뜻풀이 귀를 씻고 남의 말을 공손하게 듣는다는 뜻.

출 전 『고사전(高士傳)』

해 설

　전설에 의하면 상고 시대 때 요임금이 허유에게 자리를 물려주려고 하자 정치에 뜻이 없던 허유는 이를 거절하고 기산에 들어가 숨어 버렸다.

　그런데 처음에는 허유가 겸손해서 그런 줄로 알고 기산에 사람을 보내 임금자리가 싫으면 나와서 벼슬이라도 맡아 달라고 부탁했다. 하지만 이 말을 들은 허유는 더욱 역겨워하며 곧바로 산 아래에 있는 강에 가서 두 손으로 물을 떠서 귀를 씻었다고 한다.

　이때 허유의 친구가 송아지를 끌고 와서 물을 먹이려다가 귀를 씻고 있는 허유를 발견하고 그 까닭을 물었다.

　이에 허유가 자세한 이야기를 들려 주면서,

　"그렇게 깨끗하지 못한 말을 듣고 어찌 귀를 씻지 않을 수가 있겠는가."라고 말하자 허유의 친구가,

　"그렇다면 괜히 이 강물을 먹여 송아지 입만 더럽히겠는데?"하고는 그대로 송아지를 끌고 떠나 버렸다고 한다.

소리장도 笑裏藏刀

笑 : 웃음 소   裏 : 속 리   藏 : 감출 장   刀 : 칼 도

뜻풀이 웃음 속에 칼을 감춘다는 뜻으로, 말은 좋게 하나 속으로는 해칠 뜻을 가진 것을 비유하는 말.

출 전 『당서(唐書)』·〈간신열전(姦臣列傳)〉

해 설

　이의부는 높은 벼슬을 지낸 대신이었으나 성격이 매우 음흉하고 악랄하여 겉으로는 언제나 착한 척하며 웃음을 머금고 다녔다. 하지만 그의 마음에 들지 않은 사람이 있으면 무슨 수를 써서라도 그를 중상 모략하여 기어이 해를 입히고 말았다.

　그래서 사람들은 그를 가리켜 인묘, 즉 인간 고양이라고 불렀다.

　어느 날 감옥에 아주 예쁜 여죄수가 갇혀 있다는 말을 들은 이의부는 옥리를 살살 꾀어 그녀를 풀어주게 한 뒤에 자기의 여자로 만들었다.

　그런데 얼마 후에 어떤 사람이 이 사실을 알고 옥리를 고발하자 이의부는 옥리를 윽박질러 그를 자살하게 했으며, 고발한 사람은 벼슬을 빼앗고 변경으로 내쫓아 버렸다.

　이리하여 사람들은 그를 가리켜 웃음 속에 칼을 감추고 있는 자라고 일컫게 되었다.

소훼란파 巢毁卵破

巢 : 둥지 **소** 毁 : 부서질 **훼** 卵 : 알 **란** 破 : 깨뜨릴 **파**

[뜻풀이] 둥지가 무너지면 알도 깨어진다는 뜻으로, 국가나 사회에 불행이 있으면 모두가 그 불행을 당한다는 것을 비유한 말.

[출전] 『삼국지(三國志)』・『위서(魏書)』・〈최염전(崔琰傳)〉

[해설]

후한 말에 조조가 5만 명의 대군을 이끌고 유비와 손권을 치려고 하자 이때 공자의 후손인 공융이 말렸으나 듣지 않아 뒤에서 몇 마디 불평을 하였다.

이때 공융과 사이가 나빴던 치려가 이 사실을 조조에게 고자질했으므로, 대로한 조조가 공융의 일가족을 모두 붙잡아 처형하라고 명령했다.

그런데 공융이 붙잡힐 때 9세와 8세 된 그의 두 아들이 아무 일이 없는 것처럼 태연하게 마주 앉아 장기를 두고 있었다. 그래서 공융의 친척들이 빨리 피하라고 재촉했으나 두 아들은

"새의 둥지가 무너지고 있는데, 어찌 알이 깨어지지 않겠습니까?"

하고 말한 뒤에 아버지와 함께 끌려가 처형되고 말았다.

송양지인 宋襄之仁

宋: 송나라 **송**　**襄**: 이룰 **양**　**之**: 어조사 **지**　**仁**: 어질 **인**

뜻풀이 중국 송나라 양공의 어짊이란 뜻으로, 너무 착하여 쓸데없는 아량을 베푸는 것을 이르는 말.

출전 『춘추좌씨전(春秋左氏傳)』·〈희공(僖公) 22년〉

해설

　어느 해 송나라와 초나라는 홍수라는 강을 사이에 두고 싸우게 되었다. 처음에는 송나라가 몹시 유리해서 송나라군은 이미 진을 치고 있었으나, 초나라군은 강을 건너고 있는 중이었다.

　이에 사마라는 벼슬에 있는 사람이 송 양공에게 즉시 나가서 공격하자고 주장했으나, 그는 남을 기습하는 것은 예의가 아니라면서 듣지 않았다.

　조금 뒤에 초나라군이 강을 건너 진을 치느라고 시끄럽자 사마는 또 공격하자고 재촉했으나 역시 듣지 않았다. 그 후 시간이 지나 초나라군이 싸울 준비를 마치자 그제야 송 양공은 정정당당하게 명령을 내렸으나, 이미 때가 늦어 송나라군은 크게 패했다.

　이 싸움에서 송 양공은 다리에 부상을 당해 이듬해에 세상을 떠나고 말았다. 이리하여 사람들은 적과의 싸움에서까지 인의를 찾는 어리석은 행동을 가리켜 송양지인이라고 일컫게 되었다.

수담 手談

手 : 손 **수**   談 : 이야기 **담**

뜻풀이 손으로 나누는 이야기라는 뜻으로 바둑을 다르게 부르는 말.
출 전 『군선전(群仙傳)』
해 설

　왕적신이라는 사람이 여행을 떠나 어느 여관에서 하룻밤을 묵게 되어 막 잠이 들려고 하는데, 옆방에서 두 여자의 이야기가 들려 왔다.
　그래서 가만히 귀를 기울여 들어 보니 두 여인이 한창 바둑을 두면서 나누는 이야기로 제법 고수의 경지에 이른 것 같았다.
　이튿날 아침 왕적신은 바둑을 잘 두는 여자들을 한 번 보려고 옆방으로 가서 방 안을 아무리 살펴보아도 바둑판이나 바둑알이 눈에 띄지 않았다.
　이에 몹시 궁금해진 왕적신이 한 여인에게 물어보았다.
　"어젯밤에 바둑을 두시는 것 같은데 바둑판은 어디에 있습니까?"
　"바둑판이오? 그런 것은 아예 없었습니다."
　"아니, 그럼 무엇으로 바둑을 두셨지요?"
　"호호호, 그게 궁금하셨나요? 저희들은 그냥 손만 움직여서 바둑을 두었답니다."
　그리하여 이때부터 바둑을 다른 말로 수담이라고 부르게 되었다.

수도호손산 樹倒猢猻散

樹 : 나무 수 倒 : 넘어질 도 猢 : 원숭이 호
猻 : 원숭이 손 散 : 흩어질 산

뜻풀이 나무가 넘어지자 그 나무에서 살던 원숭이들이 흩어진다는 뜻으로, 어떤 무리의 우두머리가 잘못되면 그를 따르던 무리들도 뿔뿔이 그의 곁을 떠난다는 말.

출 전 『설부(說郛)』

해 설

남송 때 조영이라는 사람은 진회의 권력을 등에 업고 큰 벼슬을 하게 되었다.

이때 조영의 세도는 하늘을 찌를 듯하여 많은 사람들이 그에게 아부했으나, 오직 그의 손위 처남인 여덕신만은 조용을 상대하지도 않았다.

그때 여덕신은 촌장에 해당하는 이정이라는 아주 작은 벼슬을 하고 있었다. 그런데 보잘것없는 벼슬아치가 무례하게 구는 것을 아니꼽게 여긴 조영은 여덕신이 근무하는 곳의 상관에게 일러 그를 억누르도록 했으나 여덕신은 조금도 기가 죽지 않았다.

그러던 중 얼마 뒤에 진회가 죽자 그에게 아부했던 조영을 비롯한 무리들이 모두 끝장을 보았는데, 이때 여덕신이 지은 시의 제목이 바로 〈수도호손산〉이었다.

수불석권 手不釋卷

手 : 손 수　不 : 아닐 불　釋 : 놓을 석　卷 : 책 권

[뜻풀이] 손에서 책을 놓을 틈이 없이 항상 열심히 글을 읽는다는 뜻.

[출 전] 『삼국지(三國志)』·『오지』·〈여몽전(呂蒙傳)〉

[해 설]

　삼국 시대 때 오나라군의 대장인 여몽은 책을 별로 읽지 못한 사람이었다. 이에 오나라의 왕인 손권이 그에게 책을 읽으라고 권유했더니 그는 이렇게 말했다.

　"군대에서는 워낙 해야 할 일이 많아서 책을 읽을 틈이 없습니다."

　"그래도 과인보다는 일이 적을 것이오."

　손권은 자기가 젊었을 때 열심히 책을 읽었던 사실과 함께 지금까지도 역사와 병법에 관한 책들을 계속 읽고 있다고 여몽에게 말해 준 다음,

　"후한을 세운 광무제는 변경의 일로 몹시 바쁠 때에도 손에서 책을 놓은 적이 없었으며, 조조도 또한 늙어서도 책 읽기를 좋아했다."하면서 책을 열심히 읽으라고 그에게 부탁했다.

　이에 여몽은 크게 깨달은 바가 있어서 그 뒤부터 열심히 책을 읽었다고 한다.

수심화열 水深火熱

水 : 물 수   深 : 깊을 심   火 : 불 화   熱 : 열 열

[뜻풀이] 물은 깊고 불은 뜨겁다는 뜻으로, 백성들의 어려운 처지를 비유하는 말.

[출 전] 『맹자(孟子)』·〈양 혜왕장구(梁惠王章句)〉

[해 설]
　전국 시대의 연나라의 회왕 때에 연나라에서 반란이 일어난 기회를 이용해서 제나라의 선왕은 군사를 일으켜 연나라군과 싸워 승리한 뒤에 연나라를 아주 무너뜨리려고 하였다.
　그러자 맹자가 왕에게 충고했다.
　"대왕께서 이번 싸움에 승리한 것은 하늘의 뜻이 아니라 백성들의 마음에 따른 것입니다. 다시 말해서 연나라 백성들이 어려움 속에서(水深火熱) 벗어나려고 대왕의 군사를 도왔던 것입니다. 이제 대왕께서 연나라를 무너뜨린다면 백성들은 더욱더 어려운 처지에 빠지게 될 것이고, 그렇게 되면 그들은 반드시 대왕께 반항하여 일어날 것입니다."

수욕정이풍부지 樹欲靜而風不止

樹 : 나무 **수** 欲 : 하고자 할 **욕** 靜 : 고요할 **정** 而 : 어조사 **이**
風 : 바람 **풍** 不 : 아니할 **부** 止 : 그칠 **지**

[뜻풀이] 나무는 조용하기를 바라지만 바람이 그치지 않는다는 뜻.

[출 전] 〈한시외전(韓詩外傳)〉

[해 설]

　공자가 제자들과 길을 가고 있을 때 갑자기 통곡 소리가 들려 왔는데, 어찌나 슬피 울던지 저절로 눈물이 나올 정도였다. 그래서 울음소리가 나는 곳을 찾아가 보니 바로 그의 제자였던 고어가 베옷을 입고 낫을 쥔 채 길가에 주저앉아 슬피 울고 있었다.

　이에 공자가 수레에서 내려와 그에게 물었다.

　"너는 초상을 당하지도 않았는데 어찌 그리 슬피우느냐?"

　"나무는 조용하기를 바라지만 바람이 그치지 않고, 부모는 자식이 봉양하려고 하지만 기다리지 않습니다. 한 번 떠나가면 다시 볼 수 없는 것이 부모라고 하였습니다. 저는 이 말을 좇아 선 채로 말라 죽으려고 합니다."

　이에 공자가 제자들에게 말했다.

　"너희들은 고어의 말을 마음속에 깊이 간직해야 될 것이다."

　그 일이 있은 후 공자의 제자들 중에서 13명이 스승에게 이별을 고하고 고향으로 돌아가 부모를 봉양했다.

수주대토 守株待兎

守 : 지킬 **수** 株 : 그루터기 **주** 待 : 기다릴 **대** 兎 : 토끼 **토**

뜻풀이 나무 아래에 앉아서 토끼를 기다린다는 뜻으로, 노력하지 않고 요행을 바라는 것을 비웃는 말.

출 전 『한비자(韓非子)』·〈오두편〉

해 설

옛날에 송나라의 한 농부가 밭일을 하고 있을 때 토끼 한 마리가 무엇에 놀랐는지 황급히 뛰어가다가 근처의 나무에 부딪혀 죽는 것을 보았다.

농부는 나무 밑으로 다가가 죽은 토끼를 집어 들고 기뻐하면서 생각했다.

'토끼가 뛰어가다가 나무에 부딪혀 죽는 줄을 일찍 알았더라면 이따위 농사 같은 것은 짓지 않았을 텐데……'

이때부터 농부는 농사를 그만두고 날마다 멀리 떨어진 곳에서 나무를 지켜보면서 토끼가 뛰어와서 부딪혀 죽기를 기다렸다.

그 결과 토끼는 한 마리도 얻지 못하고 농사만 망쳤으며 세상 사람들의 웃음거리가 되고 말았다.

승풍파랑 乘風破浪

乘 : 탈 승　風 : 바람 풍　破 : 깨뜨릴 파　浪 : 물결 랑

[뜻풀이] 바람을 타고 성난 물결을 헤치며 앞으로 나아간다는 뜻으로, 높고 큰 뜻이 있음을 이르는 말.

[출전] 『남사(南史)』·〈종각전(宗慤傳)〉

[해설]

종각이라는 장군은 남북조 시대 때에 예주 자사와 옹주 자사를 지냈는데, 그는 어렸을 때부터 무예가 뛰어나고 용감했다고 한다.

어느 해 종각의 형인 종필이 결혼식을 끝내고 집안 사람들이 정리를 하는 틈을 타서 강도들이 들어오자, 나이 어린 종각은 조금도 두려워하지 않고 용감하게 싸워 강도들을 물리쳤다.

어느 날 종각의 작은아버지인 종병이 그에게 물었다.

"너는 이 다음에 커서 무엇을 할 것인지 너의 뜻을 한 번 말해 보거라."

"저는 바람을 타고 거센 물결을 헤치며 앞으로 나아가겠습니다."

이에 그의 작은아버지는

"참으로 용감하고 씩씩하구나. 큰 뜻을 지닌 사람이라면 마땅히 그래야 된다."라고 하며 매우 기뻐했다고 한다.

시작용자 始作俑者

始 : 비로소 **시** 作 : 지을 **작** 俑 : 나무인형 **용** 者 : 놈 **자**

뜻풀이 어떤 사건을 만들어 낸 사람 즉 장본인을 말함.

출 전 『맹자(孟子)』·〈양 혜왕장구(梁惠王章句)〉

해 설

　용이란 나무나 흙으로 만든 사람의 모양, 인형을 말하는 것으로서 고대 때에는 이것을 죽은 사람과 함께 묻었다. 그래서 이것을 반대한 공자는

　"처음으로 용을 만든 사람은 반드시 후손도 없을 것이다."라고 말했는데, 뒷날에 맹자와 양 혜왕이 나눈 이야기 속에서도 이런 말이 나온다. 어느 날 맹자가 양 혜왕에게 물었다.

　"막대기로 사람을 때려죽이는 것과 칼로 죽이는 어떻게 다르지요?"

　"다를 것이 없지요."

　"그렇다면 정치로 사람을 죽이는 것은 앞의 것과 어떻게 다릅니까?"

　"역시 다를 것이 없지요."

　"그렇다면 지금 대왕의 곳간에는 고기가 썩어서 버려지고 마구간에는 좋은 말들이 꽉 찼는데, 백성들은 굶어서 죽고 있으니 이것은 나라에서 맹수들을 풀어 사람을 잡아먹게 하는 것과 똑같습니다. 맹수가 맹수를 잡아먹는 것을 보아도 마음이 쓰라린데 하물며 백성들의 어버이라는 벼슬아치들이 어찌 이럴 수가 있습니까? 공자께서는 '용을 처음으로 만든 사람은 후손조차 없을 것이다'라고 하시면서 인형을 죽은 사람과 함께 묻는 것을 극구 반대하셨는데, 어찌하여 백성들을 굶겨서 죽게 하는 것입니까?"

식마육불음주상인 食馬肉不飮酒傷人

食:먹을 식　馬:말 마　肉:고기 육　不:아닐 불
飮:마실 음　酒:술 주　傷:상할 상　人:사람 인

뜻풀이 말고기를 먹고 술을 마시지 않으면 건강을 해친다는 뜻.

출전 『맹자(孟子)』·〈양 혜왕장구(梁惠王章句)〉

해설

　진(秦)나라의 목공은 매우 너그럽고 덕이 있는 왕이었다. 하루는 목공이 기산으로 사냥을 갔다가 하룻밤을 묵고 아침에 일어나 보니 말 몇 마리가 없어졌다. 그래서 군사를 풀어 샅샅이 뒤진 끝에 그 일대에 사는 토착민들이 말을 잡아먹고 있는 것을 보고 그들을 붙잡아 목공 앞으로 끌고 왔다.

　그런데 토착민들에게서 자세한 사정을 들은 목공은 그들의 가난을 불쌍히 여겨 모두 풀어주면서 말했다.

　"과인이 들으니 말고기에는 독이 있어 고기를 먹은 후에 반드시 술을 마셔야 해독이 된다고 하였다. 그러니 이들에게 술을 주어 식중독에 걸리지 않게 하라."

　이에 토착민들은 목숨을 구한 데다가 술까지 거나하게 얻어먹고 백 배 사례하며 마을로 돌아갔다.

　그 후 진(晉)나라와 전쟁이 일어나서 싸우다가 목공이 적에게 포위되려는 순간에 갑자기 산 위에서 수백 명의 무리들이 내려와 진나라군을 공격했다.

이 틈을 타서 목공은 무사히 적진을 빠져 나왔고 오히려 진나라 혜공을 잡아 큰 승리를 거두었다.
 싸움이 끝나자 목공은 그들을 불러 크게 상을 주려고 했는데 그들은 끝까지 거절하면서 말했다.
 "폐하, 저희들은 이미 상을 받았습니다."
 "무슨 소리를 하는가? 과인은 그대들을 처음으로 보는 것 같은데."
 "폐하, 몇 년 전에 기산에서 있었던 일을 기억하십니까? 그때 저희들은 죽을 목숨을 폐하의 하해 같으신 은덕으로 구원받았습니다. 그러므로 저희들이 오늘 폐하를 구한 것은 당연한 일입니다."

식언이비 食言而肥

食 : 먹을 식 言 : 말씀 언 而 : 어조사 이 肥 : 살찔 비

뜻풀이 헛소리로 살이 쪘다는 뜻으로, 신용을 지키지 않고 흰소리만 계속해서 지껄이는 것을 비유하는 말.

출전 『춘추좌씨전(春秋左氏傳)』·〈애공(哀公) 25년〉

해설

  춘추전국 시대 때 노나라의 대부인 맹부백은 항상 헛소리만 할 뿐 신용이라고는 눈곱만큼도 없었다. 그래서 애공은 그에게 늘 불만을 가지고 있었다.

  어느 날 애공은 잔치를 베풀고 여러 신하들을 불렀는데 그 중에는 맹부백과 함께 곽중이라는 대신도 끼어 있었다.

  그런데 몸이 뚱뚱한 곽중은 애공의 신임을 받고 있었으므로 맹무백은 그를 항상 질투하고 있었다.

  이 날도 맹무백은 곽중을 골려 주려고 마음먹고 그에게 술을 권하면서 비아냥거렸다.

  "곽 대신은 무얼 드셨기에 그렇게 살이 졌습니까?"

  이 말을 들은 애공은 너무나 역겨워 다짜고짜 곽중을 대신해서 말했다.

  "곽 대신이 늘 식언을 하는데 어째서 살이 안 찌겠소."

  이 말은 맹무백을 빗대어 한 말이었으므로, 맹무백은 그만 얼굴이 붉어지면서 입을 닫고 말았다.

신구자황 信口雌黃

信 : 믿을 신 口 : 입 구 雌 : 암컷 자 黃 : 누루 황

뜻풀이 말할 때 조심하지 않고 입에서 나오는 대로 맡겨 두는 것을 이르는 말.

출전 『진서(晉書)』·〈왕연전(王衍傳)〉

해설

　진(晉)나라 때 유명한 재담가인 왕연은 원성 현령으로 있을 때부터 날마다 사무는 보지 않고 헛된 이야기만 하고 지냈으나 별다른 실수는 저지르지 않았다.

　그러나 그는 승진을 거듭해서 마침내 재상이 되었으며 벼슬이 오를수록 헛된 소리에도 더욱 흥미를 느꼈다.

　왕연은 노자와 장자의 학설을 매우 좋아해서 입만 열었다 하면 노자와 장자의 미묘한 이치를 늘어놓았는데, 그때는 이런 것이 유행했으므로 어떤 사람은 그를 우러러보았다. 그리고 왕연 또한 헛된 소리를 하는 우두머리 중 한 사람으로 인정받기도 하였다.

　그러나 왕연의 헛된 소리는 앞뒤가 잘 맞지 않아 실수할 때도 있었으므로 듣는 사람들이 틀린 곳을 지적해 주고 의심나는 곳을 묻기도 했으나 이때 그는 끄떡도 안 했다.

　그래서 사람들은 그를 '입 속의 자황'이라고 부르게 되었다. 여기에 나오는 자황은 누른 빛의 광물로 사람들이 노란 종이에 글을 쓰다가 틀린 곳이 있으면 자황으로 지운 뒤에 고쳐 썼는데, 왕연 역시 말할 때마다 이랬다 저랬다 했기 때문에 입 속에 자황이 들어 있다고 한 것이다.

신체발부 수지부모 身體髮膚 受之父母

身:몸 신 體:몸 체 髮:머리카락 발 膚:살갗 부
受:받을 수 之:갈 지 父:아버지 부 母:어머니 모

[뜻풀이] 몸과 머리카락과 피부는 모두 부모에게서 물려받은 것이므로 소중히 여겨야 한다는 뜻.

[출 전] 『효경(孝經)』·〈개종명의장제일(開宗明義章第一)〉

[해 설]

공자가 집에 머물러 있을 때 그의 제자인 증자가 시중을 들고 있는데, 공자가 그에게 말했다.

"선왕께서는 지극한 덕과 요령이 있는 방법으로 천하를 따르게 하고, 백성들이 화목하게 살도록 하셨으며, 상하가 원망이 없도록 하셨는데, 네가 정녕 그것을 알고 있느냐?"

증자가 공손히 모른다고 대답하자 공자가 말했다.

"대체로 보건대 효는 덕의 바탕이며 몸과 머리털과 피부는 모두 어버이에게서 물려받은 것이다. 이를 상하게 하지 않는 것이 효성의 시작이고, 몸을 세워 도를 행하고 이름을 후세에까지 떨쳐 부모의 은공이 드러나도록 하는 것이 효성의 끝이다. 효는 어버이를 섬기는 데서 시작하여 임금을 섬기는 과정을 거쳐 몸을 세우는 데서 끝나는 법이다. 『시경』의 〈대아〉에서도 '그대들의 조상은 생각하지 말고 그 덕을 닦기만 하라'고 하지 않았느냐?"

신출귀몰 神出鬼沒

神 : 귀신 신 出 : 올 출 鬼 : 귀신 귀 沒 : 사라질 몰

뜻풀이 귀신같이 나타났다 사라졌다 한다는 뜻으로, 자유자재로 출몰하기 때문에 쉽사리 그 소재를 확인할 수 없음을 비유하는 말.

출 전 『회남자(淮南子)』·〈병략편(兵略篇)〉

해 설

"사람의 교묘한 행동은 귀신이 나타나 돌아다니는 것같이 별처럼 빛나고 하늘처럼 운행하는 법이다. 나아가고 물러서며 굽히고 펴는 것에 있어서 아무런 낌새도 없고 모습도 나타나지 않는다."

이것은 교묘하게 전략을 쓰고 군사를 움직이는 데 있어서 적에게 전혀 드러나지 않는 신속함을 이르는 말이다.

황석공이 장량에게 주었다는 『삼략(三略)』·〈병략(兵略)〉에도,

"귀신이 나타나고 귀신이 돌아다닌다."는 말이 나오는데, 제대로 된 표현은 당나라 때 희장어에 나오는,

"두 개의 머리에 얼굴이 셋인 귀신이 나타났다가 사라졌다."는 표현이라고 할 수 있다.

실부의린 失斧疑隣

失 : 잃을 실　斧 : 도끼 부　疑 : 의심할 의　隣 : 이웃 린

뜻풀이 도끼를 잃어버리고 이웃을 의심한다는 뜻으로, 남을 괜히 의심하면 계속해서 의심하게 된다는 말.

출 전 『열자(列子)』·〈설부편(說符篇)〉

해 설

　옛날에 어떤 사람이 도끼를 잃어버리고 집 안팎을 샅샅이 뒤졌으나 찾지 못하자 그는 이웃집 청년을 의심하게 되었다.

　그리하여 자세히 살펴보니 그 청년의 말과 행동이 모두 의심스럽게 보여서 그가 도끼를 훔친 것이 분명하다고 믿게 되었다.

　그런데 이튿날 그 사람이 산에 올라갔다가 잃어버렸던 도끼를 찾게 되었는데, 전날에 나무를 하러 갔다가 산에 놓아 두고 내려왔던 것이다.

　그 후 그 사람이 이웃집 청년을 다시 살펴보니 말과 하는 행동이 도끼를 훔친 사람 같지 않아 보였다.

심부재언 시이불견 心不在焉 視而不見

心 : 마음 심　不 : 아닐 부　在 : 있을 재　焉 : 어조사 언
視 : 볼 시　而 : 어조사 이　見 : 볼 견

뜻풀이 마음에 있지 않으면 보아도 보이지 않는다는 뜻으로, 하려는 마음이 없으면 아무리 권하고 이끌어도 따르려고 하지 않는다는 말.

출전 『대학(大學)』·〈정심장(正心章)〉

해설

송나라 때 성리학의 방향을 밝혔다고 할 정명도와 정이천이 어느 날 한 고관의 잔치에 초대를 받았다. 공식적인 행사도 끝나고 기생들의 춤과 노래가 시작되자 정이천은 그대로 앉아 있을 수가 없어 떠나려고 하였다.

그러나 형인 정명도가 일어날 생각을 하지 않고 기생들의 춤을 즐거운 표정으로 보고 있었으므로 먼저 떠날 수도 없었다.

이튿날 아침에 정이천이 형을 만나 나무람 비슷하게 그에게 불만을 털어놓았다.

"형님, 어제 기생들이 노래하고 춤을 출 때 어째서 일어서지 않았습니까?"

그러자 정명도가 무슨 말이냐는 듯이 아우를 바라보며 대답했다.

"나는 그때 벌써 기생들의 노래와 춤을 마음속에서 비워 버렸었는데, 너는 아직도 그 일을 가슴에 담고 있었느냐?"

심허 心許

心 : 마음 심 許 : 허락할 허

뜻풀이 마음속으로 허락함을 일컫는 말.

출 전 『사기(史記)』·〈오태백세가(吳太伯世家)〉

해 설
　춘추전국 시대 때 오나라의 왕인 수몽에게는 네 아들이 있었는데, 그 중에서 막내인 계찰이 가장 총명했다. 어느 날 계찰이 북방의 여러 나라에 사신으로 가던 길에 서나라에 들른 적이 있었다.
　그때 서나라의 왕은 계찰을 접대하다가 그가 차고 있는 보검을 보고 몹시 부러워하는 표정을 지었다.
　그러나 계찰은 아직 여러 나라를 방문해야 되었으므로 귀국하는 길에 그에게 선사해도 늦지 않을 것이라고 생각했다. 하지만 여러 나라를 방문하고 돌아가는 길에 다시 서나라에 들렀을 때 왕은 이미 세상을 떠나고 없었다.
　이에 계찰은 서나라의 왕의 무덤에 찾아가서 절한 뒤에 무덤 옆에 서 있는 나뭇가지에 보검을 걸어 놓고 돌아왔다. 그러자 그를 따르던 시종들이 약속도 하지 않았는데 굳이 그렇게 할 필요가 있느냐고 묻자 계찰이 대답했다.
　"비록 입으로 왕과 약속은 하지 않았지만 마음속으로는 틀림없이 약속했다."

십습이장 什襲而藏

什 : 열 **십**　襲 : 엄습할 **습**　而 : 어조사 **이**　藏 : 감출 **장**

뜻풀이 열 겹이나 싸서 소중히 간직함을 이르는 말.

출　전 『감자(闞子)』

해　설

　송나라 때 어떤 사람이 연석이라는 돌을 얻자 보석인 것 같아서 매우 소중하게 간직해 두고 남들에게 귀중한 보석을 얻었다고 자랑했다.

　연석은 색깔이 맑고 빛이 나서 보석같이 보이나 연산에서 흔히 볼 수 있는 돌이었기 때문에 연석이라고 불렀다.

　마을 사람들과 친척들이 보석을 얻었다는 소식을 듣고 그를 찾아와서 축하의 말을 건네며 보석을 보여 달라고 부탁했다.

　이에 그 사람은 큰 상자를 여는데 상자 안에 또 상자가 들어 있어서 무려 열 번 만에 비단으로 싼 물건을 꺼냈다.

　그런데 보석이라는 것이 실은 연석에 지나지 않는 보잘것없는 돌이어서 사람들은 배꼽을 잡고 웃으면서 돌아가 버렸다.

　하지만 그 사람은 여전히 연석을 보석으로 알고 소중하게 간직했다.

아도물 阿堵物

阿 : 아름다울 아 堵 : 담 도 物 : 사물 물

뜻풀이 아도물이란 본디 중국어로 '이것'이란 뜻으로 돈을 달리 부르는 이름이다.

출 전 『진서(晉書)』·〈왕연전(王衍傳)〉

해 설

진(晉)나라의 사람인 왕연은 돈이라는 말을 입 밖에 한 번도 낸 적이 없었다.

그래서 아내가 갖은 방법을 써서 그에게서 돈이라는 말이 나오게 하려고 애썼으나 한 번도 성공하지 못했다.

그러던 어느 날 저녁에 아내는 왕연이 깊은 잠을 자는 동안에 하녀를 시켜 남편의 침상 주위에 동전을 가득히 쌓아 놓게 하였다.

이튿날 아침에 왕연이 잠에서 깨어 침상에서 내려올 수 없게 되면 그때에는 반드시 돈이라는 말을 하리라고 생각했기 때문이다.

그런데 이튿날 아침에 눈을 뜬 왕연은 침상 주위에 가득히 쌓여 있는 동전을 보고 하녀를 불러 말했다.

"이것들을 치워라."

이러한 왕연의 일화로 인하여 이때부터 돈을 아도물이라고 하게 되었다.

악사주천리 惡事走千里

惡:나쁠**악** 事:일**사** 走:달릴**주** 千:일천**천** 里:마을**리**

뜻풀이 나쁜 일은 소문이 세상에 빨리 퍼진다는 말.

출전 『수호지(水滸志)』

해설

　부잣집의 가정부였던 반금련은 주인의 유혹을 받아들이지 않았기 때문에 못생긴 무대에게 강제로 시집을 갔다.

　반금련은 남편의 동생인 무송을 보고 씩씩한 모습에 반해 유혹을 했으나 망신만 당하고 말았다.

　얼마 후 여행을 하게 된 무송을 형에게 형수를 잘 살피라고 충고한 뒤에 떠났으나, 반금련은 이웃집 남자인 서문경과 정을 통한 뒤에 결국 남편인 무대를 독살했다.

　이 사실은 곧 온 마을에 퍼져 모르는 사람은 무대밖에 없을 정도였으므로 사람들은 만나기만 하면 서로 수군거렸다.

　"좋은 일은 대문 밖으로 퍼지기가 어렵고 나쁜 일은 천 리를 간다더니 소문이 정말로 빠르구나!"

안도 安堵

安 : 편안 안 堵 : 담 도

뜻풀이 사는 곳에서 아무 걱정 없이 편안히 지내는 것을 이르는 말.

출 전 「사기(史記)」·〈전단열전(田單列傳)〉

해 설
　전국 시대 후기에 악의가 연합군을 이끌고 제나라를 공격하여 5년 만에 무너뜨렸으나, 즉묵과 거 지방만 빼앗지 못했다.
　이때 즉묵을 지키던 전단은 연나라의 혜왕과 악의 사이를 이간질하는 한편, 자신의 가족들에게 제나라군의 뒷바라지를 시켜 군사들의 사기를 북돋우었다.
　그러는 한편, 거짓으로 꾸민 항복 문서를 보내 '내가 항복할 테니 우리 집안 식구들이 편안히 살 수 있게 해 달라'고 부탁했다.
　이리하여 연나라군이 마음을 놓고 있을 때 공격하여 마침내 연나라군을 내쫓고 잃었던 땅도 되찾았다. 그리고 쫓겨난 왕의 아들을 받들어 즉위시켰는데 그가 제나라의 양왕이다.

안중지정 眼中之釘

眼 : 눈 안 中 : 가운데 중 之 : 어조사 지 釘 : 못 정

[뜻풀이] 눈 가운데에 박힌 못이라는 뜻으로, 자기나 다른 사람에게 해를 끼치는 사람이나 몹시 싫거나 미워서 언제나 눈에 거슬리는 사람을 비유하는 말.

[출 전] 『신오대사(新五代史)』·〈조재례전(趙在禮傳)〉

[해 설]

당나라의 말기에 조재례라는 대표적인 탐관오리가 있었다.

조재례는 본디 유인공의 밑에서 일하던 무관이었으나 백성들에게서 뜯어 낸 돈으로 조정의 관리들에게 뇌물을 바쳐 여러 나라에서 절도사를 지낼 수 있었다.

한때 송주에서 벼슬을 하다 영흥 절도사로 가게 되자 송주 고을의 백성들은 속이 시원하다는 듯이 말했다.

"개돼지만도 못 한 놈이 이제야 떠나는구나. 그놈이 떠난다니 눈 가운데 박힌 못이 빠지는 기분이야!"

이 말을 전해 들은 조재례는 화가 머리 끝까지 치밀어 조정에다 송주 고을에 1년만 더 있게 해 달라고 청원하여 허락을 받았다.

이에 그는 곧바로 '못을 빼는 돈'이라면서 백성들에게 천 냥의 돈을 내라고 강요했다. 그리고 만약 반발하거나 내지 못하는 백성이 있으면 감옥에 가두거나 매를 때렸다.

이리하여 1년 동안에 모은 돈이 무려 백만 냥이 넘었다고 한다.

알묘조장 揠苗助長

揠 : 뽑을 **알**　苗 : 싹 **묘**　助 : 도울 **조**　長 : 성장할 **장**

뜻풀이 곡식이 빨리 자라도록 하려고 이삭을 뽑아 올린 탓으로 모두 죽어 손해를 보게 된다는 뜻으로, 성급하게 이익을 보려다가 도리어 손해를 보게 됨을 이르는 말.

출 전 『맹자(孟子)』·〈공손추장〉

해 설

　송나라에 성격이 매우 급한 사람이 있었는데, 그는 자기의 곡식이 너무 천천히 자라는 것 같아 어느 날 밭에 가서 이삭을 한 포기씩 뽑아 올려 주었다.

　그러다 겉으로 보기에 곡식의 키가 분명히 크게 보였으므로, 그 사람은 집에 돌아와서 가족들에게 그것을 자랑 삼아 이야기했다.

　그리하여 그의 아들이 깜짝 놀라 밭으로 달려가 보았더니 곡식이 모두 말라서 죽어 있었다.

암전상인 暗箭傷人

暗 : 어두울 **암** 箭 : 화살촉 **전** 傷 : 해칠 **상** 人 : 사람 **인**

뜻풀이 어두운 밤에 화살을 쏘아 사람을 다치게 한다는 뜻으로, 남을 몰래 중상 모략하여 다치게 하는 것을 이르는 말.

해 설

춘추전국 시대 때 정나라가 허나라를 공격했을 때였다.

어느 날, 정나라의 장공이 군사들을 사열할 때 늙은 장군인 영고숙과 청년 장군인 공손자가 서로 수레를 차지하려고 다투다가 결국 영고숙이 수레를 빼앗고 말았다.

이에 공손자도는 영고숙에게 앙심을 품고 있던 중 그 해 여름에 정나라군이 왕명을 받고 허나라의 도움으로 쳐들어갔다.

이때 백전 노장인 영고숙이 앞장서서 싸워 군사들과 함께 성벽을 오르기 시작하자, 공손자도는 영고숙이 공을 세우지 못하게 하려고 뒤에서 화살을 쏘아 그를 죽이고 말았다.

이리하여 사람들은 비겁한 수단으로 남을 해치거나 뒤에서 헐뜯는 행동을 가리켜 암전상인이라고 일컫게 되었다.

앙급지어 殃及池魚

殃 : 재앙 **앙**　及 : 미칠 **급**　池 : 연못 **지**　魚 : 물고기 **어**

뜻풀이 재앙이 연못의 물고기에까지 미치게 되었다는 뜻으로, 억울하게 화를 당함을 비유하는 말.

출 전 『여씨춘추(呂氏春秋)』·〈필기편(必己篇)〉

해 설

　송나라의 사마 벼슬에 있던 환초가 어느 날 진귀한 구슬을 손에 넣자, 왕은 이 구슬을 빼앗으려고 그에게 압력을 넣었으나 이때 화초는 꿈쩍도 하지 않았다.

　그러자 왕은 그를 불러다 놓고 죄인을 다루듯이 하면서 구슬을 내놓으라고 하자 환초는

　"그 구슬은 이미 연못에 버렸습니다."하고 말했다.

　이에 왕은 연못의 물을 퍼내게 하고 구슬을 찾았으나 찾을 수가 없었고, 그 바람에 결국 죄없는 물고기들만 떼죽음을 당하는 재앙을 만나고 말았다.

애옥급오 愛屋及烏

愛 : 사랑할 애 屋 : 집 옥 及 : 미칠 급 烏 : 까마귀 오

뜻풀이 사랑하는 사람의 집 지붕 위에 앉아 있는 까마귀까지 사랑한다는 뜻으로, 어떤 사람을 사랑하게 되면 그와 관계가 있는 것까지도 사랑하게 된다는 말.

출 전 『상서대전(尙書大典)』·〈설원(說苑)·귀덕편(貴德篇)〉

해 설

　상(은)나라 말기에 주나라의 문왕은 몹시 포악무도한 주왕을 죽이고 상나라를 멸망시키려고 강태공을 군사로 삼아 힘을 길렀으나 뜻을 이루지 못하고 세상을 떠났다.

　문왕의 뒤를 이은 그의 아들인 무왕은 계속해서 강태공을 군사로 삼고 아우인 주공과 소공을 불러들여 힘을 길렀다. 그리하여 마침내 상나라를 멸망시키고 주왕을 죽였다.

　무왕은 상나라를 무너뜨린 후 강태공에게 상나라의 권신과 귀족들의 처리에 대하여 묻자, 그는

　"신이 들으니 한 사람을 사랑하면 그 집 지붕 위에 앉아 있는 까마귀까지 사랑하고, 한 사람을 미워하면 그 집의 종들까지도 모두 미워한다고 합니다. 그러므로 이들을 모두 죽이는 것이 어떻겠습니까?"라고 대답했다.

야이계일 夜以繼日

夜 : 밤 **야**　以 : 써 **이**　繼 : 이을 **계**　日 : 날 **일**

뜻풀이 밤부터 이튿날 날이 밝을 때까지 몹시 바쁜 것을 이르는 말.

출 전 『맹자(孟子)』·〈이루장구(離婁章句)〉

해 설

맹자가 말했다.

"하나라의 우왕은 맛이 좋은 술은 싫어하고 대신들의 이로운 충고에 귀를 기울였다. 상나라의 탕왕도 곧고 올바름을 지켜 인재를 뽑을 때 결코 형식에 얽매이지 않았다.

주나라의 문왕은 아픈 사람을 대하듯이 백성들을 사랑했고 도리를 찾을 때는 언제나 만족할 줄을 몰랐다.

문왕의 아들인 무왕은 신하들을 꾸짖지 않았고 먼 곳에 있는 신하들도 잊은 적이 없었다. 또 무왕의 아우인 주공은 하·상·주 3대 군주의 좋은 점을 배워 우·탕·문·무 네 분 어진 왕의 덕스러운 정치를 베풀었다.

그리하여 그는 실제에 맞지 않은 문제가 있을 때에는 밤부터 날이 샐 때까지 생각을 거듭했는데, 좋은 생각이 떠오르면 기뻐서 날이 밝을 때까지 기다렸다가 곧바로 실천하였다."

약법삼장 約法三章

約 : 줄일 **약**　法 : 법 **법**　三 : 석 **삼**　章 : 글 **장**

뜻풀이 임시로 만든 간단한 법을 말함.

출전 『사기(史記)』·〈고조본기(高祖本紀)〉

해설

　진(秦)나라의 말기에 반기를 들고 일어난 대표적인 세력 중에는 항우와 유방을 들 수 있다.

　이 중 유방이 이끄는 군사들은 진나라의 도읍인 함양으로 쳐들어가서 마침내 진나라를 멸망시켰는데, 이때 유방은 백성들의 마음을 얻은 일에 특별히 관심을 두고 부대의 규율을 매우 엄격하게 정했다.

　유방은 함양의 화려한 궁궐과 수많은 보물들을 보는 순간에 욕심이 생겼으나 번쾌와 장량 등의 권고를 듣고 곧바로 군사들을 성 밖에서 머무르게 하였다.

　그런 뒤에 각 고을의 대표들을 불러 모아놓고 민심을 안정시키는 포고문을 직접 발표했다. 이와 함께 또,

　"살인자는 사형에 처하고, 남을 다치게 한 사람은 죄로 다스리며, 남의 물건을 강제로 빼앗거나 훔친 사람은 엄한 벌로 다스린다."고 약속하고 이를 성실하게 시행하겠다고 백성들에게 선언했다.

양금택목 良禽擇木

良 : 좋을 **양**　禽 : 날짐승 **금**　擇 : 가릴 **택**　木 : 나무 **목**

뜻풀이 영리한 새는 나무를 가려서 앉는다는 뜻으로, 어진 사람은 어진 주인을 가려서 섬김을 비유하는 말.

출 전 『춘추좌씨전(春秋左氏傳)』·〈애공(哀公 11년)〉

해 설

　공자가 제자들을 데리고 위(衛)나라를 방문했을 때였다. 어느 날 위나라의 왕인 공문자가 대숙질을 공격할 계획을 세우고 공자에게 묻자 그가 대답했다.

　"저는 제사 지내는 일에 대해서는 들어서 알고 있으나 전쟁에 관해서는 전혀 아는 바가 없습니다."

　공문자와 헤어져 숙소로 돌아온 공자는 제자들에게 짐을 챙기라고 하자 어리둥절한 제자들이 그 까닭을 물었으므로 공자가 대답했다.

　"빨리 이 나라를 떠나는 것이 좋겠구나. 고작 전쟁에 대해서나 묻는 임금 밑에는 머무를 필요가 없다. 예부터 영리한 새는 나무를 가려서 앉는다고 하였다. 이와 마찬가지로 훌륭한 신하가 되려면 훌륭한 임금을 섬겨야 하느니라."

　이 소식을 들은 공문자는 급히 공자를 찾아와서 잘못을 사과했으므로 공자도 기분이 누그러져 다시 짐을 푸는데 마침 노나라에서 사람이 찾아와서 그의 귀국을 간청했다.

　그러자 공자도 오랫동안 여러 나라를 떠돌아 고향이 매우 그리웠기 때문에 곧바로 노나라로 돌아가고 말았다.

양상군자 梁上君子

梁 : 대들보 **양**　上 : 윗 **상**　君 : 임금 **군**　子 : 아들 **자**

뜻풀이 들보 위의 군자라는 뜻으로, 도둑을 다르게 표현한 말.

출　전 『후한서(後漢書)』·〈진식전(陳寔傳)〉

해　설

　　후한 때의 사람인 진식은 성품이 매우 부드럽고 따뜻하며 일을 항상 공평하게 처리했으나, 자식들만은 엄하게 키웠다. 어느 날 밤에 도둑이 진식의 집에 들어와 들보 위에 몰래 숨어서 그의 가족들이 잠들기를 기다리고 있었다.

　　이때 그 도둑을 발견한 진식은 아들과 손자들을 불러놓고 조용한 목소리로 훈계를 시작했다.

　　"잘 듣거라. 나쁜 일을 하는 사람도 처음부터 나빠서 그런 것이 아니라 평소에 자신을 엄격하게 다스리지 못하고 나쁜 일을 되풀이하다가 점점 습관이 되어서 그런 것이다. 그래서 처음에는 군자였던 사람이 소인으로 변했다가 결국에는 들보 위의 군자까지 되고 마는 것이다."

　　진식의 말을 들은 도둑은 그대로 숨은 채 기다릴 수도 없고 그렇다고 달아날 수도 없어 결국은 들보 위에서 내려와 용서를 빌었다. 그러자 진식은

　　"그대는 나쁜 사람이 아니라 먹고 살기가 어려워 이렇게 된 것이네." 하면서 그에게 비단 두 필을 주어서 보냈다.

양질호피 羊質虎皮

羊 : 양 **양** 質 : 바탕 **질** 虎 : 범 **호** 皮 : 가죽 **피**

뜻풀이 속은 양이고 거죽은 호랑이란 뜻으로, 본바탕은 아름답지 않은 것이 겉치장만 하는 것을 비유하는 말.

출전 『남사(南史)』·〈양간전(羊侃傳)〉

해설

남조 때의 사람인 양간은 용맹함이 남달랐는데, 사람들은 그를 맹호라고 불렀다.

양간은 젊은 시절에 아버지를 따라 북위(北魏)에 간 적이 있었는데 황제가 그를 보고 웃으면서 말했다.

"사람들이 그대를 호랑이 같다고 하는데 양질호피가 아닌가?"

이 말을 듣자 양간은 즉시 땅바닥에 엎드려 두 손으로 짚고 호랑이 자세를 취한 후 으르렁거리며 힘을 쓰자 열 손가락이 땅 속으로 깊이 박혔다.

그 밖에도 이에 대한 말은 여러 책에서도 나온다. 이를테면

"양의 몸뚱이에 호랑이 가죽을 씌워 놓았지만 풀을 보면 여전히 좋아했고 이리를 보면 벌벌 떨었다."고 말하거나

"양의 몸뚱이에 호랑이 가죽을 씌웠어도 이리를 보면 떨었다."고 말하는 것 등등이었다.

어목혼주 魚目混珠

魚 : 물고기 **어** 目 : 눈 **목** 混 : 섞을 **혼** 珠 : 구슬 **주**

뜻풀이 물고기의 눈알을 진주와 섞어 놓는다는 뜻으로, 가짜를 진짜로 꾸미거나 나쁜 것을 좋은 것으로 속이는 것을 말함.

출 전 「옥청경」

해 설

옛날에 만원과 수량이라는 두 사람이 각각 진주 한 알씩 얻어서 소중하게 간직하고 있던 중에 두 사람이 함께 병에 걸리고 말았다.

그런데 신통하게도 모두 같은 병에 걸렸는데 이들을 진맥한 의원이 말했다.

"두 사람의 병은 진주를 갈아서 약으로 빚어 먹어야 목숨을 건질 수 있소."

그러자 만원과 수량은 소중히 간직해 두었던 진주를 꺼내 놓았다. 하지만 만원이 간직한 진주는 진짜였고 수량이 간직한 진주는 가짜로 커다란 물고기의 눈알이었다. 수량은 그때까지 물고기의 눈알을 진주로 알고 매우 소중히 간직했던 것이다.

언과기실 言過其實

言 : 말할 언 過 : 지나칠 과 其 : 어조사 기 實 : 실제 실

뜻풀이 말만 지나치도록 크게 해놓고 실행이 부족함을 이르는 말.

출 전 『삼국지(三國志)』・『촉지(蜀志)』・〈마량전(馬良傳)〉

해 설

유비가 형주를 차지하고 그곳을 다스릴 때 참모로 쓴 사람이 마씨 형제였다. 그들은 5형제로 모두들 뛰어났지만 그 중에서도 눈썹에 흰 털이 있어 백미라는 별명으로도 불리는 마량이 가장 뛰어났고, 마속은 군사적인 계략을 세우는 데 매우 능숙했다.

유비가 오나라를 치려다 거듭 실패하고 물러나다가 백제성에 이르러 울화병이 도져서 죽게 되었다. 이때 유비는 제갈량에게 촉나라와 아들 유선을 부탁하면서 말했다.

"마속의 말은 사실보다 부풀린 경우가 많으니 앞으로 승상이 그를 쓸 때는 특별히 조심하시오."

유비가 세상을 떠난 뒤에 위(魏)나라의 사마의가 군사를 이끌고 가정을 공격하자 마속이 자기가 그곳에 가서 지키겠다고 제갈량에게 청했다. 이에 제갈량은 그에게 가정을 지키기만 하고 절대로 먼저 공격하지 말라고 신신당부했다.

그러나 마속은 제갈량의 당부를 잊고 장합의 꾐에 빠져 공격했다가 패하여 달아나고 말았다.

이에 제갈량은 명령을 어긴 죄를 물어 평소에 아꼈던 마속의 목을 베고 눈물을 흘렸다고 한다.

여도지죄 餘桃之罪

餘 : 남을 여　桃 : 복숭아 도　之 : 어조사 지　罪 : 허물 죄

뜻풀이 먹다 남은 복숭아를 준 죄라는 뜻으로, 총애를 받을 때는 죄가 되지 않다가 총애가 식으면 죄가 됨을 비유하는 말.

출전 『한비자(韓非子)』·〈설난편(說難篇)〉

해설

위(衛)나라에 미자하라는 미소년이 있었는데, 그는 자기의 미모 때문에 왕으로부터 지극한 사랑을 받았다.

어느 날 어머니가 아프다는 소식을 듣고 급한 마음에 왕의 수레를 타고 병문안을 다녀왔다. 그때는 왕의 수레를 함부로 쓰면 발목을 잘리는 형벌을 받아야 했으나, 왕은 그의 죄를 너그럽게 용서해 주며 도리어 칭찬했다.

"미자하야, 참으로 기특하다. 어머니가 걱정되어 발목도 잘리는 형벌도 각오했구나."

그 후 어느 날에는 복숭아를 먹다가 맛이 매우 좋아 한 개를 왕에게 갖다주자 왕은 또 침이 마르게 칭찬했다.

"참으로 훌륭하다. 복숭아맛이 달아 과인에게 한 개를 가져왔구나!"

그런데 세월이 흘러 미자하도 늙어 미모를 잃게 되자 왕의 사랑도 식어 갔다. 어느 날 왕은 미자하를 보더니 큰 소리로 꾸짖었다.

"네 이놈, 너는 전날에 허락도 없이 과인의 수레를 함부로 타더니 그 뒤에는 먹다 남은 복숭아를 과인에게 갖다준 아주 괘씸한 놈이다."

여민동락 與民同樂

與 : 더불어할 여 民 : 백성 민 同 : 함께 동 樂 : 즐거울 락

뜻풀이 왕이 백성과 더불어 함께 즐기는 것을 일컫는 말.

출전 『맹자(孟子)』·〈양 혜왕장구(梁惠王章句)〉

해설

　맹자가 어느 날 왕에게 말했다.

　"지금 폐하께옵서 여기에서 북을 두드리며 음악을 즐기고 있는데 백성들이 폐하께서 북을 두드리고 종을 치는 소리와 관악기나 피리 소리를 들으며 골머리를 앓고 있습니다. 그리하여 얼굴을 찡그린 채 말하기를 '우리 왕이 음악을 매우 좋아하여 어찌 우리를 이런 극한 상황에까지 이르게 하는가?'라면서 아버지와 아들은 서로 보지 않고 형제와 처자식들은 뿔뿔이 흩어지게 될 것입니다. 또 폐하께서 지금 사냥을 나가신다면 백성들이 수레바퀴와 말발굽 소리를 듣고 깃을 꽂은 아름다운 깃발의 모습을 보며 모든 백성들이 골머리를 싸매면서 서로 말하기를 '우리 왕이 사냥을 매우 좋아하여 어째서 백성들을 이런 극한 상황에까지 이르게 하는가?'하면서 아버지와 아들은 서로 보지 않고 형제와 처자식들이 뿔뿔이 헤어진다면 이는 다른 이유 때문이 아닙니다. 오직 폐하께서 백성들과 더불어 함께 즐기지 않았기 때문입니다."

여어득수 如魚得水

如 : 같을 여　魚 : 물고기 어　得 : 얻을 득　水 : 물 수

뜻풀이 물고기가 물을 만난 것 같다는 뜻으로, 사람을 제대로 만났거나 모든 조건이 자기에게 알맞음을 이르는 말.

출 전 『삼국지(三國志)』·『촉지(蜀志)』·〈제갈량전(諸葛亮傳)〉

해 설

　촉나라의 제갈량은 처음에는 세상에서 숨어 살면서 한가로이 지내던 중 유비가 몸소 세 번씩이나 찾아와서 도움을 청하자 그제야 세상에 나와 유비에게 천하를 얻을 수 있는 계책을 내놓았다.

　이때부터 유비는 제갈량을 극진히 대했는데 유비와 의형제를 맺은 관우와 장비 등 두 장수는 이를 매우 못마땅하게 여기고 있었다.

　그러자 유비는 그들에게,

　"내가 제갈량을 얻은 것은 물고기가 물을 얻은 것과 같으니 너희들은 더 이상 말하지 말라."면서 그들을 타일렀다.

여작계륵 如嚼鷄肋

如 : 같을 여　嚼 : 씹을 작　鷄 : 닭 계　肋 : 갈비뼈 륵

뜻풀이 닭의 갈비뼈를 씹는다는 뜻으로, 별로 쓸모가 없음을 비유하는 말.

출 전 『후한서(後漢書)』·〈양수전(楊修傳)〉

해 설

　위(魏)나라의 조조가 촉나라의 유비를 치려고 한중으로 들어가 보니 어려운 점이 많은 것을 알았다. 그러나 도로 물러나기도 어렵고 나아가기도 어려워 혼자서 고민하고 있을 때였다.

　어느 날 저녁에 조조는 구운 닭의 갈비뼈에 붙은 살점을 뜯으면서 앞일을 생각하고 있는데, 부장인 하후순이 들어와서 그 날 밤의 암호를 묻게 되었다.

　이때 조조는 손에 들고 있던 닭의 갈비뼈를 보고 아무 생각 없이 계륵으로 하라고 말했다.

　하후순으로부터 조조의 말을 전해 들은 양수는 근무병에게 모든 것을 정리하고 곧 물러날 준비를 하라고 하자, 이상하게 생각한 근무병이 그 까닭을 물었다. 이에 양수는

　"닭의 갈비뼈란 먹자니 맛이 없고 버리자니 아까운 것이다. 지금 조공은 한중을 닭의 갈비뼈로 여겨 흥미를 갖지 않으니 머지않아 물러나려는 것이다."라고 말했는데, 과연 그의 말대로 며칠 후에 조조는 전군에게 퇴각 명령을 내렸다.

역자이교지 易子而敎之

易 : 바꿀 **역** 子 : 아들 **자** 而 : 어조사 **이** 敎 : 가르칠 **교** 之 : 어조사 **지**

[뜻풀이] 자식을 서로 바꾸어 가르친다는 뜻.

[출전] 『맹자(孟子)』·〈이루장구(離婁章句)〉

[해설]

하루는 공손추가 맹자에게 물었다.

"군자는 자기 자식을 가르치지 않는다는 데 그 까닭은 무엇입니까?"

맹자가 대답했다.

"자식을 가르칠 때는 반드시 바르게 가르쳐야 하며, 바르게 가르쳤는데도 자식이 바르게 행하지 않으면 화를 내게 된다. 이렇게 화를 내면 도리어 의리를 해치게 된다. 자식이 '아버지는 나를 바르게 가르치지만 아버지의 말과 행동은 바른 것이 아니다'라고 하면 그것은 곧 아버지와 아들이 서로를 해치게 되고, 해치게 되면 미워하게 된다. 그래서 옛날에는 자식을 서로 바꾸어서 가르쳤다. 아버지와 아들은 서로 잘하라고 꾸짖지 않으며, 만일 꾸짖게 되면 서로 사이가 더욱 멀어지게 된다. 이렇게 사이가 멀어지면 상서롭지 못함이 이보다 더 클 수는 없다."

연리지 連理枝

連 : 이을 **연**   理 : 이치 **리**   枝 : 가지 **지**

뜻풀이 두 나무의 가지가 서로 맞닿아 있다는 뜻으로, 화목한 부부나 남녀의 관계를 비유하는 말.

출 전 『후한서(後漢書)』·〈채옹전(蔡邕傳)〉

해 설

　후한 말기의 문인인 채옹은 유학을 정리한 학자로 이름이 매우 높지만 효성도 지극했다.

　그의 늙은 어머니는 언제나 잔병이 떠나지 않았으므로 채옹은 어머니를 보살피려고 3년 동안 옷을 벗지도 못 하고 정성을 들여 간호했다.

　또 어머니를 여읜 뒤에는 상복을 입고 무덤 옆에 초막을 지어 예법대로 3년 동안 어머니를 모셨다.

　그 뒤에 채옹이 머무르던 초막 앞에 두 그루의 나무가 자랐는데 점점 서로 붙어서 결까지 나란히 한 한그루의 나무가 되었다.

　이를 본 사람들은 채옹의 지극한 효성이 그러한 기적을 낳았다면서 칭찬을 아끼지 않았는데, 나중에 그 뜻이 바뀌어 화목한 부부를 상징하는 말이 되었다.

연목구어 緣木求魚

緣 : 말미암을 **연** 木 : 나무 **목** 求 : 구할 **구** 魚 : 물고기 **어**

뜻풀이 나무에 올라가서 물고기를 구한다는 뜻으로, 당치 않은 일을 무리하게 하려는 것을 비유하는 말.

출전 『맹자(孟子)』·〈양 혜왕장구(梁惠王章句)〉

해설

 어느 날 맹자가 제나라의 선왕에게 나라 안의 군사를 모두 풀어 그들의 목숨도 생각하지 않고 남의 나라를 치는 것은 무엇이냐고 묻자 왕이 대답했다.

 "과인의 가장 큰 욕망을 채우기 위해서 그러는 것이오."

 "대왕의 가장 큰 욕망이 무엇인지 들려주십시오."

 "허허, 글쎄요."

 "대왕께서 좋은 음식과 좋은 의복과 화려한 노리개가 부족합니까? 아니면 음악이 없고 시중꾼이 적습니까? 이런 것들은 모두 부족하지 않을 텐데요."

 그러자 왕은 그런 것들은 아니라고 하자 맹자가 말했다.

 "그렇다면 짐작이 갑니다. 대왕께서 바라는 것은 천하를 차지하여 진나라와 초나라 등 대국에게 조공을 바치게 하고, 사방의 다른 민족들도 대왕의 명령을 따르게 함으로써 천하의 주인이 되려고 그러는 것이지요. 그렇다면 이것은 마치 나무에 올라가 물고기를 구하는 것과 같습니다."

 왕이 맹자의 말을 듣고 그렇게까지 심하냐고 묻자 맹자가 대답했다.

"이보다 더 심하다고 할 수도 있습니다. 나무에 올라가서 물고기를 구하려는 것은 뜻을 이루지 못하는 것으로 그치나, 대왕께서 그런 방법으로 자신의 욕망을 채우려고 한다면 뜻을 이루지 못할 뿐더러 큰 피해까지 빚어 낼 수 있습니다. 그러므로 이제 천하를 차지하려는 욕망을 포기하시고 어진 정치를 베풀어 백성들을 다스리십시오."

연저지인 吮疽之仁

吮 : 빨 **연**　疽 : 악창 **저**　之 : 어조사 **지**　仁 : 어질 **인**

뜻풀이 종기를 빨아서 낫게 해 주었다는 뜻으로, 부하를 지극히 사랑함을 이르는 말.

출 전 『사기(史記)』·〈손자오기열전(孫子吳起列傳)〉

해 설

　주나라의 사람인 오기는 인간적으로는 매우 형편없었으나 자신의 목적을 위해서는 최선을 다했는데, 그가 위(衛)나라의 문후 밑에서 장군으로 있을 때였다.

　그는 군사들과 함께 먹고 자며 궂은일을 가리지 않았으므로 군사들의 두터운 신임을 얻었다. 그러던 중에 다리에 종기가 생겨 고통받는 군사가 생기자 오기는 서슴지 않고 그 병사의 종기에 찬 고름을 입으로 빨아 낸 뒤에 약을 발라 주었다.

　이 소식을 들은 군사의 어머니가 목을 놓아 울었는데, 이웃집 사람이 까닭을 묻자 군사의 어머니가 울음을 그치고 대답했다.

　"작년에 오 장군이 그 아이 아버지의 종기에 찬 고름도 빨아 주었습니다. 그러자 그 아이 아버지는 전장에서 물러날 생각을 버린 채 끝까지 싸우다가 전사하고 말았습니다. 이제 다시 아들의 종기를 낫게 해 주었으니 이번에는 그놈이 어디에서 죽을지 몰라 이렇게 슬피 우는 것입니다."

영계기삼락 榮啓期三樂

榮:영화 **영** 啓:열 **계** 期:때 **기** 三:석 **삼** 樂:즐거울 **락**

뜻풀이 영계기의 세 가지 즐거움을 말함.

출 전 『공자가어(孔子家語)』

해 설

　어느 날 공자가 태산의 산모퉁이를 돌다가 세상을 떠나 숨어서 사는 영계기를 만났다.

　이때 그는 사슴 가죽으로 만든 옷을 입고 새끼줄로 몸을 묶고 있었으므로 공자는 그 모습이 매우 측은하게 보여서 물어보았다.

　"선생은 어떤 즐거움이 있어 세상을 살아가십니까?"

　"나 말이오? 하늘이 만물을 만들 때 오직 사람만 귀하게 만들었으니 그 즐거움이 하나요, 남자는 존귀하나 여자는 비천하니 그것이 둘이요, 사람 중에는 세상에 태어나서 어머니 품을 떠나지도 못 하고 죽는 수도 있는데, 나는 지금 95세까지 살고 있으니 이것이 세 번째 즐거움이라오."

　이 말을 들은 공자는 고개를 끄덕이고 곧장 그곳을 떠났다.

영서연설 郢書燕說

郢 : 고을이름 **영** 書 : 글 서   燕 : 연나라 **연**   說 : 말씀 설

뜻풀이 억지로 갖다 붙이거나 제멋대로 풀이한다는 말.

출 전 『한비자(韓非子)』·〈외저설좌(外儲說左)〉

해 설
　어떤 사람이 초나라의 영도에서 연나라의 재상에게 편지를 쓰던 중 촛불이 밝지 않자 촛불을 든 사람에게 '촛불을 높이 들라(擧燭)'고 말하고는 자신도 모르게 '거촉'이라는 두 글자를 편지에 쓰고 말았다.
　그런데 편지를 받은 연나라 재상은 그 글자를 보고 몹시 기뻐했다.
　"거촉이란 바로 밝고 맑은 정책을 행해야 한다는 뜻이고, 그러자면 재능과 덕이 있는 현명한 사람을 뽑아 중요한 자리에 앉혀야 한다는 뜻이니 정말로 훌륭한 말이로다!"
　이렇게 생각한 재상은 곧바로 그 편지를 왕에게 보이자 왕 또한 그렇게 생각하고 그대로 한 결과 나라가 매우 잘 다스려졌다고 한다.

오리무중 五里霧中

五 : 다섯 오 里 : 마을 리 霧 : 안개 무 中 : 가운데 중

뜻풀이 사방 5리가 짙은 안개 속에 있다는 뜻으로, 일의 갈피를 잡지 못하고 앞길이 아득함을 비유하는 말.

출 전 『후한서(後漢書)』·〈장패전(張覇傳)〉

해 설

　후한 때의 학자였던 장패의 아들인 장해는 아버지를 닮아 학문이 매우 뛰어났으며 그는 소인배들과 사귀기를 몹시 꺼려하여 고향으로 돌아가고 말았다. 그러자 조정의 고관들이 그를 지방 관리로 임명하려고 하자 거절하고 홍농산의 깊은 골짜기로 숨어 버렸는데, 이때 많은 학자와 제자들이 그를 따라왔으므로 갑자기 시장이 생길 정도였다.

　장해는 학문뿐만 아니라 도술에도 능통했는데 특히 오리무라는 도술을 써서 사방 5리 속을 온통 짙은 안개로 뒤덮이게 만드는 재주가 뛰어났다.

　그때 장해처럼 도술을 부려 3리에 안개를 일으켰던 배우라는 사람이 소문을 듣고 그의 제자가 되려고 찾아왔다.

　그러나 장해가 그 소식을 듣고 안개를 일으켜 몸을 감추었으므로 결국 그를 만나지 못하고 돌아갔다.

오부홍교 誤付洪喬

誤 : 잘못될 **오** 付 : 부탁 **부** 洪 : 클 **홍** 喬 : 높을 **교**

[뜻풀이] 편지를 남에게 잘못 부탁했다는 뜻으로, 남에게 부탁한 물건을 잃어 버렸을 때 하는 말.

[출 전] 『진서(晉書)』·〈은호전(殷浩傳)〉

[해 설]

　진(晉)나라 때 자를 홍교라 하고 성명은 은흠이라는 사람이 있었는데 그는 한때 예장 태수를 지냈었다.

　그런데 그때의 문인들 사이에서는 미친 사람처럼 날뛰는 것이 선비의 자세라고 여기는 풍습이 유행했는데, 은흠도 그 중의 한 사람이었다.

　어느 날은 은흠이 벼슬을 버리고 고향으로 돌아갈 때 그를 떠나 보내는 자리에서 많은 사람이 찾아와서 그에게 고향에 전해 달라고 1백여 통이나 되는 편지를 맡겼다.

　그러나 고향으로 가던 도중 한 지방에 이른 은흠은 편지들을 모두 강물에 던져 버리고,

　"나는 배달부가 아니니 너희들은 가라앉거나 뜨거나 마음대로 해라." 라고 하였다. 이로 인해서 사람들은 우편물을 잃어버리면,

　"홍교에게 편지를 부탁했는가?" 하고 묻게 되었다.

오십보소백보 五十步笑百步

五 : 다섯 오 十 : 열 십 步 : 걸을 보
笑 : 웃을 소 百 : 일백 백

뜻풀이 오십 보를 달아난 사람이 백 보를 달아난 사람을 비웃는다는 뜻으로, 조금 낫고 못한 차이는 있으나 본질적으로는 같음을 이르는 말.

출전 『맹자(孟子)』·〈양 혜왕장구(梁惠王章句)〉

해설

맹자가 어느 날 양나라의 혜왕을 만난 적이 있는데, 이때 왕은 맹자에게 정치 문제에 대해 가르쳐 달라면서 물었다.

"과인은 나랏일을 정성껏 처리했다고 할 수 있습니다. 예컨대 하내 지방의 수확이 나쁠 때는 이재민들의 일부를 허둥 지방으로 옮기고 식량을 실어다가 하내의 백성들을 구했으며, 허둥의 수확이 나쁠 때에도 하내처럼 했습니다. 그러므로 과인처럼 백성을 사랑한 왕은 없을 것입니다. 그런데 우리나라의 백성들은 왜 늘지 않고 다른 나라 백성들은 줄지 않습니까?"

왕의 물음에 맹자가 대답했다.

"대왕께서는 전쟁을 매우 좋아하시니 전쟁을 예로 들어 말하겠습니다. 전장에서 한창 싸우던 군사 중 죽음을 두려워한 어떤 군사는 오십 보를 달아나고 어떤 군사는 백 보를 달아났습니다. 이때 오십 보를 달아난 군사가 백 보를 달아난 군사에게 비겁한 놈이라고 말했습니다. 대왕께서는 오십 보를 달아난 군사의 말이 옳다고 생각하십니까?

"그렇지 않습니다. 오십 보를 달아난 군사와 백 보를 달아난 군사나 모두 비겁한 놈들입니다."

그러자 맹자가 말했다.

"대왕께서 그것을 아시면서 어찌하여 자신 스스로 이웃 나라의 왕보다 낫다고 생각하십니까?"

오우천월 吳牛喘月

吳 : 오나라 오 牛 : 소 우 喘 : 헐떡거릴 천 月 : 달 월

뜻풀이) 오나라의 소가 더위를 두려워한 나머지 밤에 달을 보고 해로 의심하여 헐떡거린다는 뜻으로, 간이 작아 공연한 일에도 겁부터 먹고 허둥거리는 사람을 비웃는 말.

출 전) 『세설신어(世說新語)』·〈언어편(言語篇)〉

해 설)

　진(晉)나라의 초기에 상서령을 지내던 만분이 어느 날 무제를 알현할 때였다. 무제는 만분이 들어오자 북쪽의 창문가에 앉으라고 권했다.

　그 창문가에는 유리 병풍이 세워져 있었는데 얼핏 보기에는 빈 틀만 있는 것 같았다. 그래서 본디 바람을 겁내는 만분은 그 자리에 앉지를 못 한 채 망설이고 있었다.

　이에 만분이 바람을 겁내고 있다는 사실을 알고 있던 무제는 그가 병풍에 유리가 있는 것을 모른다고 짐작하고 유리 병풍을 가리키며 웃었다.

　이에 만분은 멋쩍게 웃으면서 변명했다.

　"신은 마치 오나라의 소처럼 달을 보고도 헐떡거립니다."

오일경조 五日京兆

五 : 다섯 오   日 : 날 일   京 : 서울 경   兆 : 징조 조

뜻풀이 오래 계속되지 못하는 일을 비유해서 이르는 말.

출전 『한서(漢書)』·〈장창전(張敞傳)〉

해설

장창은 한나라의 도읍인 장안에서 부윤이라는 벼슬을 지내며 양운과 아주 친하게 지냈다.

그러던 어느 날 양운이 죄를 짓고 사형이 언도되자 평소에 그와 가깝게 지내던 고관대작들도 모두 연루되어 처벌을 받게 되었다. 이에 사람들이 장창도 처벌을 받을 것이라고 생각했으나 왕은 그의 재주와 능력을 아껴 눈감아 주었다.

그런데 장창이 처벌을 면하기 전에 그의 부하인 서순은 장창도 곧 처벌을 받을 것이라고 지레짐작하고 그의 앞에서 제멋대로 행동했다. 서순의 이런 건방진 태도를 본 사람들이 그러지 말라고 그에게 충고했으나 그는 도리어,

"나는 장 부윤을 지금까지 정성껏 섬겼습니다. 이제 그는 부윤 노릇을 기껏해야 5일밖에 못 할 텐데 아무려면 어떻습니까?"하고 빈정거렸다. 이 말을 전해 들은 장창은 곧바로 서순을 붙잡아 처형하기로 마음먹고 먼저 그에게 사람을 보내 물어보게 하였다.

"그대가 장 부윤을 가리켜 부윤 노릇을 5일밖에 못 한다고 했는데, 지금 보니 어떤가? 그리고 자네는 며칠 더 살고 싶은 생각이 없는가?"

옥하가옥 屋下架屋

屋 : 지붕 옥　下 : 아래 하　架 : 얽을 가

뜻풀이 지붕 아래에 또다시 지붕을 얽는다는 뜻으로, 앞 사람이 이루어 놓은 일을 뒷사람이 무익하게 거듭하여 발전한 것이 조금도 없음을 이르는 말.

출 전 『세설신어(世說新語)』·〈문학편(文學篇)〉

해 설

　진(晉)나라의 문인인 유천이 〈양도부〉라는 시를 발표하자 이 시를 읽어 본 유량이 그 시를 매우 칭찬하면서 말했다.

　"이 시는 장형의 〈양경부〉와 좌사의 〈삼도부〉와 견줄 만한 작품이다."

　그의 칭찬을 곧이들은 사람들은 서로 앞을 다투어 시를 베끼는 바람에 별안간 도성의 종이값이 오를 정도로 인기가 높았다. 그러자 이 소문을 들은 사안이 작품을 읽어 보고 나서 말했다.

　"내가 그 시를 읽어 보니 옛 시인들의 작품을 흉내냈을 뿐 새로운 뜻은 들어 있지 않았다. 고작 지붕 밑에다가 다시 지붕을 얽은 모습뿐이었다."

와신상담 臥薪嘗膽

臥 : 누울 와　薪 : 땔나무 신　嘗 : 맛볼 상　膽 : 쓸개 담

뜻풀이 땔나무 위에 눕고 쓸개를 맛본다는 뜻으로, 원수를 갚으려고 괴로움과 어려움을 참고 견딤을 비유하는 말.

출 전 『사기(史記)』·〈월왕구천세가(越王句踐世家)〉·〈오월춘추(吳越春秋)〉

해 설

　춘추전국 시대 때 오와 월 두 나라는 대대로 내려오는 원수 사이로 오나라의 부차가 왕위에 오르자 또다시 월나라를 공격하여 월나라군을 무찔렀다. 그러자 월나라의 왕 구천이 대부 문종을 오나라에 보내 재상인 백비에게 화친을 제의했고, 백비는 문종이 귀중한 예물과 미녀를 데려온 것을 보고 그와 함께 부차를 만나러 갔다.

　이 자리에서 문종은 부차에게 월나라의 왕은 오나라의 왕의 신하가 되고 월나라의 땅도 오나라에 합치는 것을 환영한다고 말했다.

　이에 부차는 화친을 받아들이고 구천이 오나라에 와서 자기의 시중을 들게 했으므로, 구천은 나랏일을 문종과 대신들에게 맡기고 처자식과 대부 범예를 데리고 오나라에 가서 3년 동안 말을 먹였다.

　한 번은 부차가 앓아눕자 구천은 그의 궁궐에 들어가서 몸소 간호했는데 이에 감동한 부천은 병이 나은 뒤에 구천과 범예를 월나라로 돌려보냈다.

　이리하여 월나라로 돌아온 구천은 복수를 다짐하면서 정치와 군사에 대해서 모든 준비를 갖추어 놓았는데, 구천은 자신의 복수심이 풀리는 것을 걱정하여 스스로 모진 고통을 참고 견디었다.

즉 침상에는 담요 대신에 땔나무를 깔았으며, 쓸개를 마련해 놓았다가 식사를 하기 전이나 쉬는 시간마다 쓸개에 혀를 대어 쓴맛을 보았다고 한다.

와우각상지쟁 蝸牛角上之爭

蝸 : 달팽이 **와** 牛 : 소 **우** 角 : 뿔 **각**
上 : 윗 **상** 之 : 어조사 **지** 爭 : 다툴 **쟁**

뜻풀이 달팽이 뿔 위에서의 다툼이라는 뜻으로, 좁은 곳에서 싸우거나 하찮은 일로 다투는 것을 이르는 말.

출 전 『장자(莊子)』·〈칙양편(則陽篇)〉

해 설

　위(魏)나라의 혜왕과 제나라의 위왕이 굳은 약속을 했는데 위왕이 그를 배반하자 혜왕이 사람을 보내 그를 암살하려고 했다. 그런데 대신 중에 공손연은 이를 찬성하고 계자는 반대하고 나섰다.
　이때 재상인 혜시가 대진인을 보내 혜왕에게 이런 말을 하게 했다.
　"세상에 달팽이라는 것이 있는데, 대왕께서는 알고 계십니까?"
　"알고말고."
　"그 달팽이 뿔의 왼쪽에는 촉씨라는 씨족이 살고 오른쪽에는 만씨라는 씨족이 살고 있었습니다. 하루는 두 집안에서 땅을 서로 빼앗으려고 싸우게 되었는데, 그때 죽은 사람이 무려 수만 명이 되고 달아나는 적을 뒤좇은 끝에 15일 만에 돌아왔다고 합니다."
　"그대는 무슨 얼토당토 않은 소리를 하는가?"
　"그럼 다른 일로 비유해 보겠습니다. 대왕께서는 이 우주의 끝이 있다고 생각하십니까?"
　"그야 물론 없지."
　"그러면 저 넓은 우주 속에는 노니는 사람에게는 나라라는 것이 있는 것도 되고 없는 것도 되겠지요?"

"물론 그렇지."

"그 나라 가운데 위나라가 있고, 위나라 안에 양이라는 도성이 있으며, 양왕이 있으니, 이를 끝이 없는 우주에 비하면 달팽이 뿔 위에서 싸우는 촉씨나 만씨, 그리고 대왕과 무엇이 다르겠습니까?"

이 말을 들은 혜왕은 대진인이 물러간 뒤에도 한참 동안 넋이 나간 사람처럼 멍하니 서 있었다.

완낭수삽 阮囊羞澁

阮 : 성 완   囊 : 주머니 낭   羞 : 부끄러워할 수   澁 : 어려울 삽

뜻풀이 완씨의 주머니가 부끄러워한다는 뜻으로, 살림이 몹시 어려움을 이르는 말.

출 전 『운부군옥(韻府群玉)』

해 설

　동진(東晉) 때의 사람인 완부의 아버지는 죽림칠현의 한 사람이었던 완함이었다.

　완부는 그의 아버지처럼 눈이 높고 권세를 마치 지푸라기같이 여겼으나, 지배층들과 맞서지는 않고 다만 소극적인 태도를 보이고 있었다.

　그리고 욕심이 없어 재산도 모으지 못해 살림이 몹시 어려웠고, 원제와 명제 때 벼슬을 내렸으나 이름만 걸어 놓은 채 항상 술로 하루 해를 보냈다.

　어느 날 그가 회계라는 마을에 놀러 가면서 검은 가방을 들고 가자 어떤 사람이 무엇이냐고 묻자 완부는

　"내 돈 가방인데 돈이 없기 때문에 가방이 부끄러워할 것 같아 한 푼 넣었지요."라고 대답했다.

　이리하여 돈이 없거나 몇 푼밖에 없을 때를 일러 완낭수삽이라고 하게 되었다.

완석점두 頑石點頭

頑 : 완고할 완　石 : 돌 석　點 : 끄덕일 점　頭 : 머리 두

뜻풀이 완고한 돌도 머리를 끄덕인다는 뜻

출 전 〈연사고현전(蓮社高賢傳)〉

해 설
　진(晉)나라 때 소주성에 위도생이라는 매우 유식한 중이 있었는데 사람들은 그를 도생 법사 생공이라고 불렀다.
　생공은 강서 여산에 7년 동안 머무르면서 불경을 공부하여 많은 책을 저술했으나 그의 동료들은 그의 이론을 찬성하지 않았다.
　그러자 화가 치민 생공은 호구산에 들어가 남은 생애를 쓸쓸하게 보냈는데 이런 그의 행동으로 인해 생공석이라는 유적과 함께 신비한 전설을 많이 남기게 되었다.
　생공은 자기의 이론을 듣는 사람이 없었으므로 호구산 아래에서 수없이 많은 돌을 주워서 줄지어 놓고 그것을 청중으로 삼아 불경을 강의하고 자신의 생각을 밝혔다. 생공은 때때로 흥이 날 때마다 돌들에게,
　"내 말이 불경에 들어맞는가?"하고 물으면 그때마다 돌들은 생공의 말을 알아듣기라도 하는 듯이 고개를 끄덕였다고 한다.

왕고좌우이언야 王顧左右而言也

王 : 임금 **왕**   顧 : 돌아볼 **고**   左 : 왼쪽 **좌**   右 : 오른쪽 **우**
而 : 어조사 **이**   言 : 말할 **언**   也 : 어조사 **야**

뜻풀이 왕이 좌우를 돌아보며 다른 이야기를 한다는 뜻으로, 곤란한 문제에 대한 말이 나오면 딴전을 피우며 대답을 피하거나 다른 말로 돌리는 것을 비유하는 말.

출 전 『맹자(孟子)』·〈양 혜왕장구(梁惠王章句)〉

해 설

어느 날 맹자와 제나라의 선왕이 이야기를 나누던 중 맹자가 선왕에게 물었다.

"어떤 사람이 초나라에 가면서 친구에게 자기 가족을 돌보아 달라고 부탁하고 떠났는데 돌아와 보니 전혀 돌보지 않았더랍니다. 이럴 때에는 어떻게 하면 좋겠습니까?"

"즉시 친구 관계를 끊어야지요."

맹자가 다시 물었다.

"법과 형벌을 다스리는 관리가 도리어 자기의 부하도 다스리지 못할 때는 어떻게 해야 할까요?"

"당장에 벼슬에서 내쫓아 버려야지요."

"나라의 정치가 부정부패에 빠지고 몹시 어지러워져서 백성들이 편안하게 자기 일에 정신을 쏟지 못한다면 이때에는 어떻게 하는 것이 좋겠습니까?"

맹자의 이 물음에 왕은 좌우를 돌아보면서 말꼬리를 다른 쪽으로 돌렸다고 한다.

왕자불간 내자가추 往者不諫 來者可追

往 : 갈 **왕**　者 : 놈 **자**　不 : 아닐 **불**　諫 : 간할 **간**
來 : 올 **래**　者 : 놈 **자**　可 : 가할 **가**　追 : 좇을 **추**

[뜻풀이] 지나간 일은 어쩔 수 없으나 앞으로 오는 일은 따를 수 있다는 뜻으로, 이미 저질렀던 실수는 돌이킬 수 없으나 앞으로는 실수가 없도록 현명하게 처리할 수 있다는 말.

[출 전] 『논어(論語)』·〈미자편(微子篇)〉

[해 설]
　초나라의 사람인 육통은 예법에 벗어난 일을 잘하기로 이름이 났다. 그는 항상 깨끗함을 내세우며 벼슬에 뜻이 없어 왕이 불러도 가지 않았다.
　그런데 공자는 육통과 다르게 정치 활동을 하면서 권력을 잡아 보려고 온갖 노력을 쏟으며 자신의 정치적인 주장을 내놓았다. 하지만 그의 주장은 어느 나라에서도 받아 주지 않았다.
　공자가 초나라에 찾아갔을 때에도 소왕은 그를 반갑게 맞이했으나 그의 주장은 역시 받아들이지 않았다.
　하루는 공자가 왕을 만난 후 숙소로 돌아가는데 미친 것처럼 보이는 어떤 사람이 그의 수레를 따라오면서 노래를 불렀다.
　그 노래 속에는 '지난일은 어쩔 수 없어도 오는 일은 따를 수 있노라' 하는 구절이 들어 있었다.
　그 사람은 바로 육통으로서 그는 이 노래를 통해 공자를 비웃고 충고했던 것이다. 육통은 접여라고도 불리었기 때문에 그가 부른 노래를 〈접여가(接與歌)〉라고도 한다.

외수외미 畏首畏尾

畏 : 두려워할 **외**　首 : 머리 **수**　尾 : 꼬리 **미**

뜻풀이 머리도 두려워하고 꼬리도 두려워한다는 뜻으로, 남이 알까 보아 매우 꺼리고 두려워하는 것을 이르는 말.

출전 『춘추좌씨전(春秋左氏傳)』·〈문공(文公) 17년〉

해설

어느 날 강대국인 진(晉)나라가 몇몇 작은 나라를 불러 회의를 한 일이 있었는데, 이때 정나라만 빠졌다. 그러자 진나라는 정나라가 대국인 초나라에 붙을까 싶어 정나라에 대한 공격을 준비하자 이 소식을 들은 정나라는 진나라에 편지를 보냈다.

"작고 약한 우리나라는 진나라를 계속 섬겨 왔는데도 불구하고 오히려 우리나라를 의심하여 공격할 준비를 하고 있습니다. 그러면 우리나라는 멸망하더라도 그 모욕을 더 이상 참을 수가 없습니다. 옛사람들이 이르기를 '머리도 두려워하고 꼬리도 두려워한다면 온 몸에 두려워하지 않을 곳이 어디 있겠는가'라고 했고, '사슴도 목숨이 위태로워지면 피할 자리를 고를 틈이 없다'고 했습니다. 우리나라가 비록 작고 약하기는 하나 위태롭게 되면 사슴처럼 아무 곳으로나 피할 수밖에 없으므로 초나라에 의지해야 될 것 같습니다."

이처럼 정나라에서 강하게 나오자 진나라는 공격하려던 계획을 버리고 사신을 보내 화친을 맺게 되었다.

요동지시 遼東之豕

遼 : 땅이름 요　東 : 동녘 동　之 : 어조사 지　豕 : 돼지 시

뜻풀이 랴오둥 땅의 돼지라는 뜻으로, 자기 혼자 신기하게 여기나 다른 사람이 보기에는 이상하게 여길 것이 없음을 비유한 말.

출 전 『후한서(後漢書)』·〈주부전(朱浮傳)〉

해 설

후한의 광무제 때 유주목이던 유주가 곡식 창고를 열어 가난한 백성들을 구하려고 했다. 그런데 어양 태수인 팽총이 이를 거부하면서 자기가 세운 공만 믿고 건방지게 나왔다. 이에 팽총이 곡식 창고를 열지 않은 사실을 유주가 조정에 보고하자 오히려 그를 공격하려고 했다.

그러자 유주는 주부에게 글을 짓게 한 다음 그 글을 팽총에게 보내 설득했다.

"『태수의 자리에 있는 사람은 훌륭한 선비를 등용시켜 나라의 적을 물리치는 일이 무엇보다도 중하다. 그대가 나를 위해 큰 공을 세웠다고 뻐기는 모양인데 이런 이야기를 들어 본 적이 없는가? 옛날에 랴오둥 땅에 살던 농부가 키우던 돼지가 하얀 머리를 가진 새끼를 낳았는데 하도 신기하여 임금에게 바치려고 허둥 땅으로 가지고 나왔다. 그런데 허둥 땅의 돼지를 보니 머리가 모두 하얀 것이어서 크게 부끄러워하며 랴오둥 땅으로 돌아갔다고 한다. 지금 그대가 큰 공을 세웠다고 뻐기는 것도 랴오둥 땅의 돼지와 같다. 조정에 들

어가 보면 그대와 견줄 수 없을 정도로 공을 세운 사람들이 득시글거릴 테니 함부로 날뛰지 않는 것이 좋을 것이다."

팽총은 이런 충고에도 아랑곳하지 않고 마침내 반란을 일으켜 스스로 연왕이라고 했다가 2년 뒤에 토벌당하고 말았다.

요량삼일 繞梁三日

繞 : 두를 **요**　梁 : 대들보 **량**　三 : 석 **삼**　日 : 날 **일**

뜻풀이 노래를 잘 부르거나 음악이 훌륭한 것을 가리키는 말.

출 전 『열자(列子)』·〈탕문편(湯問篇)〉

해 설

　한(韓)나라 여인인 한아는 유명한 성악가로서 어느 날 제나라를 지나가다 여비가 떨어지자 제나라의 도읍인 임치의 성문 앞에서 노래를 불러 여비를 벌게 되었다.

　이때 그녀의 꾀꼬리 같은 노랫소리는 제나라 사람들의 마음을 매우 황홀하게 만들었다.

　그러나 한아가 묵고 있던 여인숙의 주인은 그녀에게 무례하게 대하자 한아는 통곡하면서 임치를 떠나 버렸다.

　한편, 제나라의 사람들은 그녀가 떠났다는 소식을 듣고 부랴부랴 뒤쫓아가서 한아에게 한 번만 더 노래를 불러 달라고 간청했다.

　그러자 한아는 그들의 간청을 거절할 수가 없어 다시 노래를 불렀는데, 목소리가 얼마나 아름다웠던지 3일 동안이나 제나라의 사람들의 집 들보에서 노랫소리가 울리는 듯했다고 한다.

요산요수 樂山樂水

樂 : 좋아할 요 山 : 메 산 水 : 물 수

뜻풀이 산을 좋아하고 물을 좋아한다는 뜻으로, 산수의 경치를 좋아함을 이르는 말.

출 전 『논어(論語)』·〈옹야편(雍也篇)〉

해 설

"슬기로운 사람은 움직이나 어진 사람은 조용하고, 슬기로운 사람은 즐기나 어진 사람은 오래 산다. 슬기로운 사람은 지혜로우므로 늘 변화를 애써 스스로 구하기 때문에 쉬지 않고 흐르는 물을 좋아하는데, 이것은 물의 속성이 변하기 때문이다. 그와 반대로 어진 사람은 마음과 뜻을 늘 한 곳에 굳히고 쉽게 움직이지 않는 어리석고 고지식함이 있다. 따라서 산이 천 년을 가도 제자리에 굳게 서 있는 것같이 어진 사람은 흔들리지 않기 때문에 산을 좋아하게 되는 것이다. 또한 슬기로운 사람은 지혜를 좇으려고 해서 늘 움직이게 되나 어진 사람은 늘 조용히 눈을 감고 마음속으로 생각하기 때문에 정숙한 것이다. 슬기로운 사람은 여러 지식과 보고 듣는 것이 넓어지니 자연히 세상의 만물을 즐기게 되며, 어진 사람은 남과 맞서서 싸우지 않고 어울리려고 하므로 위험에 빠지지 않고 오래 살 수 있는 것이다."

욕속부달 欲速不達

欲 : 하고자할 욕 速 : 빠를 속 不 : 아닐 부 達 : 이를 달

[뜻풀이] 일을 너무 급히 하려고 서두르면 도리어 이루지 못함을 이르는 말.

[출전] 『박려자(朴麗子)』

[해설]
　어느 날 해가 질 무렵에 어떤 사람이 귤을 한 짐 지고 성 안을 향해 가면서 성문을 닫기 전에 성 안으로 들어가지 못할까 싶어 몹시 서둘렀다.
　그는 너무나 마음이 급해서 지나가던 사람에게 물어보았다.
　"여보시오, 성문을 닫기 전에 성 안으로 들어갈 수 있겠소?"
　그러자 그 사람이 대답했다.
　"조금 천천히 걸으면 성 안으로 들어갈 수 있을 것이오."
　그는 지나가던 사람이 일부러 자기를 놀리는 줄 알고 화가 나서 더욱 빨리 서두르다가 그만 발을 잘못 디뎌서 넘어지고 말았다.
　그 바람에 귤이 쏟아져 땅바닥에 뒹굴었고 그 귤을 하나씩 줍느라고 결국 성문을 닫기 전에 성 안으로 들어가지 못하고 말았다.

우각괘서 牛角掛書

牛:소우 角:뿔각 掛:걸괘 書:책서

뜻풀이 쇠뿔에 책을 걸었다는 뜻으로, 소를 타고 책을 읽는 것을 말함.

출 전 『신당서(新唐書)』·〈이밀전(李密傳)〉

해 설
　수나라 때의 사람인 이밀은 학문에 전념하기 위해 짧은 시간이라도 생기면 늘 책을 읽었다.
　어느 날 이밀은 집안 일로 유산에 가게 되었는데, 그는 가는 도중에도 책을 읽을 수 있는 방법을 생각하다가 좋은 방법을 떠올렸다. 그리하여 갯버들을 뜯어 안장에 엮어 소등에 앉은 뒤에 책을 소의 뿔 위에 걸었다.
　그런 다음 편안하게 소를 타고 한 손으로는 책을 잡고 한 손으로는 고삐를 잡고 책을 읽자 마치 방 안에 앉아 책을 읽는 것처럼 몹시 편했다.
　그때 재상인 양소가 지나가다가 이밀의 모습을 보고 감탄한 나머지 자기가 갈 길도 잊은 채 몰래 그의 뒤를 따랐다.
　얼마가 지난 뒤에 이밀이 다른 책을 읽으려고 할 때 양소가 그에게 다가가 무슨 책을 읽었느냐고 묻자 이밀은 귀찮다는 듯이 고개를 돌려 양소를 힐끗 바라보고,
　"〈항우전〉을 읽었습니다."라고 대꾸한 뒤에 다시 책의 첫 장을 넘기면서 부지런히 제 갈 길을 가 버렸다.

우공이산 愚公移山

愚 : 어리석을 우   公 : 어른 공   移 : 옮길 이   山 : 메 산

[뜻풀이] 우공이라는 사람이 산을 옮긴다는 뜻으로, 어려움을 이기고 계속해서 노력하면 마침내 성공할 수 있다는 말.

[출전] 『열자(列子)』·〈탕문편(湯問篇)〉

[해설]
　북산에 우공으로 불리는 90세 된 노인이 살고 있었다. 그런데 우공의 집은 태형산과 왕옥산에 막혀 있어 드나들기가 너무나 불편했다. 이에 우공은 어느 날 두 산을 옮기려고 마음먹고 가족들에게 자신의 계획을 알렸다.

　우공의 말을 들은 가족들은 모두 찬성했으나 그의 아내는 그가 이미 늙은데다가 수많은 돌과 흙을 어디에 갖다 버리느냐면서 시큰둥한 표정을 지었다.

　그래서 가족들은 돌과 흙을 발해에 갖다 버리기로 결정하고 일을 시작했으며 이웃집의 어린아이까지 와서 일을 도와주었다. 하지만 일이 느리게 진행되어 그 해 겨울에서 이듬해 여름까지 발해에 흙을 갖다 버린 것은 단 한 차례뿐이었다.

　그때 하곡에 살고 있던 지수라는 사람이 우공을 보고,

　"늙은이가 산을 옮기기는커녕 풀 한 포기도 뽑지 못할 텐데 참으로 어리석고 고지식하구려!"하고 코웃음을 쳤다.

　그러자 우공은 지수에게

　"당신이 나보다 더 답답하오. 비록 나의 대에 성공하지 못하더라

도 내 아들이 있고 또 손자가 있지 않소? 아들이 손자를 낳고 손자가 또 아들을 낳아 자손들이 대를 이어 이 일을 계속하면 성공하지 못할 까닭이 없지 않소?"하고 말했다. 우공의 말에 지수라는 사람은 할 말이 없게 되고 산신령까지 당황하여 곧바로 하느님에게 아뢰었다.

　이에 하느님도 우공의 정신에 감동하여 천신 과아씨의 두 아들을 내려 보내 각각 산 하나씩을 베어다가 옹조 남쪽으로 옮겨 놓게 하였다.

운용지묘재일심 運用之妙在一心

運 : 움직일 **운** 用 : 쓸 **용** 之 : 어조사 **지** 妙 : 묘할 **묘**
在 : 있을 **재** 一 : 한 **일** 心 : 마음 **심**

뜻풀이 운용의 오묘함은 마음속에 있음을 뜻하는 말.

출 전 『송서(宋書)』·〈악비전(岳飛傳)〉

해 설

　여진족이 세운 금나라가 중국의 송나라에 쳐들어와서 도읍인 변경이 그들의 손에 들어가고 황제가 포로로 붙잡혔다.

　그때 변경에 남아 금나라군과 싸운 장군은 종택이었는데 그의 밑에 악비라는 장수가 있었다. 악비는 뛰어난 무예와 엄청난 힘으로 금나라군을 무찔렀다.

　이때 종택은 악비를 불러 일렀다.

　"잘 듣게. 그대의 힘과 용기를 당해 낼 사람은 아무도 없으나 전쟁은 그것만으로 끝나는 것이 아닐세. 자, 여기 진을 치는 법을 한번 보게."

　종택은 어떻게 진을 쳐서 싸움을 유리하게 이끌 것인가를 그에게 설명하려고 했으나

　"진을 치고 적과 싸우는 것은 어린아이도 알고 있습니다. 그러나 그 진을 운용하는 참다운 묘는 마음속에 있다고 생각합니다. 아무리 훌륭한 진이라도 운용하는 사람에 달려 있는 것입니다."

　악비의 말에 종택도 고개를 끄덕이고 말았다.

원수불구근화 遠水不救近火

遠 : 멀 **원**　水 : 물 수　不 : 아니 불　救 : 구할 **구**
近 : 가까울 **근**　火 : 불 화

[뜻풀이] 멀리 있는 물로 가까이에서 난 불을 끄지는 못한다는 뜻으로, 아무리 도움이 되는 것이라도 너무 멀리 떨어져 있으면 도움이 되지 못한다는 말.

[출　전] 『한비자(韓非子)』·〈설림(說林)〉

[해　설]

　노나라는 제나라와 국경이 맞닿아 있고 월나라의 공격을 받는 등 늘 큰 나라들의 눈치를 살피며 가슴을 졸이는 약소국이었다.

　그러던 중 제나라의 대부이던 전화가 나라를 통일한 뒤에 노나라를 공격할 기회만 노리고 있었다.

　그리하여 노나라의 목공은 초나라와 위(魏)·조·한(韓)나라 등에 구원을 청하기 위해 사신을 보내려고 하자 이서가 나서서 충고했다.

　"월나라에서 사람을 빌려 물에 빠진 아들을 구하겠다면 월나라 사람이 아무리 수영을 잘한다고 해도 아들을 구하지 못할 것입니다. 불이 났을 때 바닷물을 길어다 끄려고 한다면 바닷물이 아무리 많아도 끄지 못할 것입니다. 다시 말해서 멀리에 있는 물로 가까이에서 난 불을 끌 수는 없다는 것입니다. 지금 대왕께서 구원을 요청하려는 나라는 멀리 떨어져 있고 제나라는 가깝게 있으니 그들이 우리나라의 재난을 구하기는 어려울 것 같습니다."

월단 月旦

月 : 달 월 旦 : 아침 단

뜻풀이 그달그달의 첫날 아침이나 인물에 대한 평을 말함.

출 전 『후한서(後漢書)』·〈허소전(許劭傳)〉

해 설
　후한 말 여남 지방에 허소라는 사람이 살고 있었는데, 그는 사촌 아우인 허정과 함께 고향 사람들의 말과 행동을 모아 비평해서 한 달에 한 번씩 제목을 바꾸어 가면서 발표했다.
　그리하여 여남에서는 이들의 평을 가리켜 월단평이라고 하였다. 그 까닭은 인물에 대한 평을 성격별로 나누어 매월 초하룻날에 발표했기 때문이다.
　그런데 한 번은 조조가 찾아와서 자기의 인물평을 해 달라고 졸랐다. 그때 조조는 한낱 시골 청년에 지나지 않았는데 그의 됨됨이를 좋아하지 않았던 허소는 조조의 청을 거절했다.
　그러나 그가 거듭 간청하는 바람에 할 수 없이,
　"그대는 태평한 시대에는 간악한 도둑이 될 것이고, 어지러운 시대에는 영웅이 될 것이오." 하고 평을 해 주었는데, 이 말을 들은 조조는 매우 기뻐하며 돌아갔다.

월조대포 越俎代庖

越 : 넘을 월 俎 : 도마 조 代 : 대신할 대 庖 : 요리사 포

뜻풀이 자기의 일을 벗어나서 남의 일을 대신해 주는 것을 말함.

출 전 『장자(莊子)』·〈소요유편(逍遙游篇)〉

해 설

　상고 시대의 전설에 따르면 그때에는 왕위를 아들에게 물려주는 것이 아니라 어진 사람에게 물려주었다고 한다. 그래서 요는 순에게, 순은 우에게 각각 왕위를 물려주었다.

　요가 순에게 왕위를 물려주기 전에 처음에는 허유라는 어진 사람에게 왕위를 물려주려고 하였다. 그러나 허유는 이를 거절하고 기산에 들어가 숨어 살았다.

　그때 허유는 왕위를 거절하면서 이렇게 말했다.

　"새들이 숲속에 둥지를 트는 것은 나뭇가지 하나에 지나지 않는 것이고, 두더지가 물을 많이 마신다고 하나 배가 부르면 그것으로 끝납니다. 또한 요리사가 제사에 쓸 물건을 장만하지 못했다고 해서 제물을 차리는 사람이 요리사의 일을 대신할 수는 없는 것입니다."

위위구조 圍魏救趙

圍 : 에워쌀 위 魏 : 위나라 위 救 : 구조할 구 趙 : 조나라 조

[뜻풀이] 위나라의 도읍을 둘러싸는 방법으로 조나라를 구원한다는 뜻으로, 제삼자가 상대방의 허점을 공격하여 다른 사람을 구한다는 말.

[출전] 『사기(史記)』·〈손자오기열전(孫子吳起列傳)〉

[해설]

 어느 날, 위나라 혜왕은 장군인 방연에게 군사를 주어 조나라를 공격하게 했는데, 이때 조나라는 도읍인 한단이 포위된 상태여서 사정이 대단히 급했다. 그래서 조나라는 제나라에 구원을 요청하자 제나라의 위왕은 곧바로 전기에게 군사를 이끌고 가서 조나라를 돕게 하였다.

 제나라군이 떠나기 전 전기는 조나라의 도읍인 한단으로 가서 위나라군과 싸우자고 했으나, 군사인 손빈은 그보다 위나라의 도읍인 대량을 공격하는 것이 상책이라고 했다.

 왜냐하면 위나라가 조나라를 공격하느라고 그들의 도읍을 비워 놓고 있으므로, 대량을 공격하면 위나라군이 곧 돌아서서 대량을 구하게 될 것이니, 그렇게 되면 조나라를 구원하는 것도 되고 위나라에 겁을 주는 것도 되기 때문이었다.

 이에 전기는 손빈의 계책에 따라 대량을 공격하자 위나라군은 대량을 지키기 위해 군사들을 되돌렸는데, 이때 전기는 계릉 일대에 많은 군사를 숨겨 두었다가 위나라군을 전멸시켰다.

윤형피면 尹邢避面

尹 : 다스릴 윤 邢 : 나라이름 형 避 : 피할 피 面 : 얼굴 면

뜻풀이 윤씨와 형씨가 얼굴을 피한다는 뜻으로, 서로 질투하거나 사이가 벌어진 뒤에 만나지 않는다는 말.

출 전 「사기(史記)」·〈외척세가(外戚世家)〉

해 설

　한나라의 무제에게는 윤씨와 형씨라는 두 부인이 있었는데 그녀들은 모두 뛰어난 미인으로서 무제는 이들 사이의 질투를 막기 위해 만날 기회가 생기지 않도록 하라고 엄명을 내렸다.

　어느 날 윤 부인이 무제에게 형 부인을 만나게 해 달라고 조르자 그는 할 수 없이 다른 미녀를 형 부인으로 꾸민 후에 만나게 했더니 윤 부인은 단번에 그녀가 가짜임을 알았다고 한다.

　무제가 매우 의아해하면서 어떻게 알아보았느냐고 묻자, 윤 부인은 "그의 겉모습이라든가 하는 행동으로 보아 폐하의 사랑을 받을 사람이 아니었습니다."하고 대답했다. 그로부터 며칠 뒤에 이번에는 형 부인에게 보통 옷차림으로 치장도 하지 않고 윤 부인을 만나게 했더니 윤 부인은 벌써 멀리서부터 알아보고,

　"저 여인이야말로 형 부인이다. 정말로 내가 그녀보다 못 하구나."라고 하면서 고개를 떨구고 울었다고 한다.

은감불원 殷鑒不遠

殷 : 나라이름 은　鑒 : 거울삼을 감　不 : 아니 불　遠 : 멀 원

뜻풀이 남이 실패한 것을 보고 자신의 경계로 삼으라는 말.

출 전 『시경(詩經)』·〈대아(大雅)〉

해 설
　하나라는 은나라 앞에 있었던 나라로 왕인 우는 바로 전설로 유명한 인물이었다. 그러나 하나라의 말기에 폭군인 걸이 즉위하더니 상탕에 의해 멸망하고 말았다.
　은나라의 첫 왕인 상탕도 유명한 인물이었으나 은나라 말기에 이르러 나라가 부패해져서 주라는 폭군이 즉위하게 되었다.
　이때 제후가 다스리던 주나라의 문왕이 주에게 나라의 정치를 바로잡으라고 여러 번 권고했으나 그는 끝내 듣지 않다가 마침내 문왕의 아들 무왕에게 멸망당하고 말았다.

음덕양보 陰德陽報

陰 : 그늘 음 德 : 큰 덕 陽 : 밝을 양 報 : 갚을 보

뜻풀이 남이 모르게 덕을 베풀면 반드시 뒤에 그 보답을 받는다는 말.

출전 『설원(說苑)』·〈복은편(復恩篇)〉

해설

　초나라의 잠왕이 하루는 신하들과 잔치를 베풀고 있을 때 갑자기 촛불이 꺼졌다. 그때 어둠 속에서 왕이 아끼던 애첩의 치맛자락을 끌어당기는 신하가 있었으므로 그녀는 그의 갓끈을 끊어 들고 왕에게 고자질을 하였다.

　그러자 왕은 애첩의 말을 흘려 버리고 신하들에게 말했다.

　"오늘 밤에 과인과 함께 술을 마시고 갓끈이 끊기지 않은 사람은 아직 기쁨이 덜한 것이다."

　그러자 모든 신하들은 왕의 말에 따라 갓끈을 잘랐고 이어서 촛불이 켜지자 누가 범인인지 모르게 되었으므로 그 날의 술자리는 즐겁게 끝났다.

　그 후 2년 후에 초나라가 진나라와 싸우게 되었는데, 신하 한 사람이 언제나 앞장서서 싸워 다섯 번씩이나 진나라군을 무찔렀다.

　초나라의 왕은 그가 용감하게 싸워 승리를 거두자 이상하게 여겨 그를 불러 물었다.

　"과인은 덕이 모자라서 그대에게 특별히 잘해 준 것도 없는데, 어찌 그렇게 목숨을 아끼지 않고 싸웠는가?"

　그러자 그 신하는 왕 앞에 무릎을 꿇고 사실을 고했다.

"신이 죽을죄를 범하여 죽어 마땅하나 폐하께서는 이를 모른 척 하시고 그냥 넘기셨습니다. 그리하여 신은 폐하께서 남몰래 감싸 주신 덕을 밝혀 보답하지 않을 수가 없었습니다. 지금으로부터 2년 전 폐하께서 베푸신 술자리에서 갓끈을 끊긴 사람은 바로 소신이었습니다."

응성충 應聲蟲

應 : 응할 응 聲 : 소리 성 蟲 : 벌레 충

뜻풀이 사람의 목구멍 속에 있으면서 말하는 것을 흉내내는 벌레라는 뜻으로, 줏대가 없이 남을 따라 행동하는 사람을 일컫는 말.

출 전 『둔재한람(遯齋閑覽)』·〈문창잡록(文昌雜錄)〉

해 설

화서 사람인 양면은 중년에 접어들면서 그가 무슨 소리를 내거나 말을 하면 뱃속에서 똑같은 소리와 말이 울려 나오는 이상한 병에 걸렸다.

그 소리는 비록 작았으나 아주 똑똑하게 들렸으므로, 마치 장난꾸러기 아이 하나가 뱃속에 들어 있으면서 흉내를 내는 것 같았다. 이에 양면은 많은 의원들을 찾아가서 병을 치료하려고 했으나 별 효과를 보지 못하던 중 유백치라는 의원을 만나서야 마침내 치료할 수 있었다.

유백치는 이때 양면에게 이렇게 말했다.

"당신의 뱃속에는 응성충이라는 벌레가 살고 있으니 『본초강목』에 적혀 있는 약의 이름을 차례대로 하나씩 외우시오. 그러면 벌레도 그대로 따라서 하다가 어느 약 이름을 외우면 그때는 조용할 것이니 바로 그 약이 병을 고칠 수 있는 약이오."

양면이 집에 돌아와서 유백치의 말대로 했더니 응성충도 계속 따라서 하다가 뇌환이라는 약 이름을 외우자 그만 조용해졌다고 한다.

이리하여 양면은 뇌환을 먹은 뒤에 병이 씻은 듯이 낫게 되었다.

의기양양 意氣揚揚

意 : 뜻 의 氣 : 기세 기 揚 : 떨칠 양

[뜻풀이] 바라던 일이 뜻대로 되어서 기세가 오른 모양을 일컫는 말.

[출 전] 『사기(史記)』·〈관안열전(管晏列傳)〉

[해 설]

　제나라의 유명한 재상인 안자는 겸손하고 점잖아 수레를 타고 밖을 나갈 때에도 언제나 고개를 숙이고 있었으나, 그의 마부는 자기가 마치 대단한 사람이라도 되는 것처럼 고개를 뻣뻣이 들고 기세를 올리며 수레를 몰았다.

　하루는 마부의 아내가 안자의 수레가 지나간다는 말을 듣고 숨어서 내다보았더니, 안자는 겸손하게 앉아 있는데 남편은 기세가 매우 당당하게 수레를 몰고 가는 것이었다.

　이에 실망한 마부의 아내는 그 날 저녁 집으로 돌아온 남편에게 이혼하자면서 쌀쌀하게 말했다.

　"오늘 보았더니 안자는 몸집이 작은데도 재상 자리에 있으면서 겸손하고 점잖은데, 당신은 큰 몸집으로 그의 수레를 몰면서 그렇게 의기양양해서 뽐내는 것을 보니 한심하기가 짝이 없더군요. 그래서 이혼하자는 것입니다."

　이 일이 있은 뒤로 마부는 깊이 느끼는 바가 있어 아주 겸손해졌는데, 그 까닭을 알게 된 안자는 마부가 자신의 잘못을 고치는 용기가 있다면서 그를 대부라는 벼슬에 추천했다.

의문의려 倚門倚閭

倚 : 기댈 의 門 : 문 문 閭 : 마을 려

뜻풀이 어머니가 밖에 나간 자식들이 돌아오기를 초조하게 기다리는 것을 말함.

출 전 「전국책(戰國策)」·〈제책(齊策)〉

해 설

　제나라의 민왕 때 연나라와 진(秦)나라가 연합하여 제나라를 공격한 연나라군이 도읍을 점령하자 민왕은 위나라를 거쳐 게읍으로 피했다.

　이때 초나라는 대장인 요치를 보내 제나라를 구원해 주었는데, 요치는 이 공으로 제나라의 재상까지 되었다. 그러나 초나라는 진심으로 제나라를 구원한 것이 아니었으므로 요치는 그 후 민왕을 살해하고 연나라와 함께 제나라의 영토와 보물들을 나누었다.

　민왕이 요치에게 살해되었을 때 백성들은 왕이 행방불명된 줄로만 알고 있었으므로, 대부 벼슬에 있던 왕손고의 어머니가 아들에게 말했다.

　"평소에 네가 아침 일찍 나갔다가 저녁에 늦게 돌아오면 나는 대문에 기대어 바라보고, 네가 저녁에 나가서 늦게 돌아오면 나는 동구 밖에 나가서 바라보았다. 너는 열다섯 살 때부터 왕의 곁에서 일을 보았는데, 지금 왕께서 행방불명이 되었는데도 마음이 편안할 수 있느냐?"

　왕손고는 어머니의 말을 듣고 크게 깨달아 그때부터 왕의 행방을 찾다가 요치에게 살해되었다는 사실을 알았다. 이에 그는 백성들을 이끌고 폭동을 일으켜서 요치를 잡아 죽여 버렸다.

이령지혼 利令智昏

利 : 이익 **이** 令 : 하여금 **령** 智 : 지혜 **지** 昏 : 어두울 **혼**

뜻풀이 이익은 사람의 지혜를 어둡게 만든다는 말.

출 전 『사기(史記)』·〈평원군열전찬(平原君列傳贊)〉

해 설

　춘추전국 시대 때 진(秦)나라는 대장인 백기에게 한(韓)나라를 공격하여 한나라의 상당성에서 도성으로 통하는 중요한 곳인 야왕성을 빼앗게 하였다. 이리하여 상당성이 구원을 못 받는 상태가 되자 성의 주인인 풍정은 상당성을 조나라에 바치고 그들의 보호를 받으려고 하였다.

　그러자 조나라의 효성왕은 대신들을 모아놓고 그들의 뜻을 묻자, 영양군 조표는 받지 않는 것이 좋다고 반대했으나 평원군 조승은 "아무 대가도 없이 공짜로 생기는데 어째서 받지 않으려고 하십니까?" 하면서 받아들이자고 적극 주장했다.

　이리하여 결국 왕은 조승의 의견에 따라 상당성을 받아들이고 풍정을 화양군으로 책봉했다.

　그러나 이 사실을 안 진나라는 크게 노하여 백기를 보내 조나라를 치게 했으므로, 이 싸움에서 조나라군은 크게 패하여 40만 명의 대군을 잃어버렸다.

이목지신 移木之信

移 : 옮길 **이** 木 : 나무 **목** 之 : 어조사 **지** 信 : 믿을 **신**

[뜻풀이] 나무를 옮긴 사람에게 상을 주어 믿게 한다는 뜻으로, 백성들에게서 믿음을 얻으려고 애쓰는 정치인의 태도를 비유하는 말.

[출전] 『사기(史記)』·〈상군열전(商君列傳)〉

[해설]

 진(秦)나라의 효공 때에 조정에 상앙이라는 이름난 재상은 나라의 기반을 튼튼히 하는 데 크게 이바지했다.

 상앙은 법가로서 법을 만들고도 곧바로 이를 행하지 않았는데, 그 까닭은 백성들이 과연 그 법을 믿고 따라 줄지 알 수가 없었기 때문이다. 이에 상앙은 한 가지 좋은 생각을 해냈다.

 즉, 남쪽 성문에 큰 나무를 세워 두고 포고문을 써서 붙인 것이다.

"「이 나무를 북쪽 성문으로 옮기는 사람에게는 황금 10냥을 주겠다.」"

 그러나 누구도 그 말을 믿지 않자 다시 상금을 50냥으로 올렸다. 그러자 어떤 사람이 자기의 기운을 시험해 본다면서 그 나무를 북쪽 성문으로 옮겨 놓았으므로 상앙은 곧바로 그를 불러 약속한 상금을 주었다.

 그 결과 백성들은 모두 조정의 법을 믿고 따르게 되었으며 나라도 크게 부강해졌다.

이화구화 以火救火

以 : 써 이 火 : 불 화 救 : 구조할 구

뜻풀이 불로써 불을 막는다는 뜻으로, 방법이 틀려 역효과를 빚는 경우를 이르는 말.

출전 『장자(莊子)』·〈인간세편(人間世篇)〉

해설
　어느 날 공자의 제자인 안회가 위(衛)나라로 가겠다면서 스승에게 말했다.
　"제가 들으니 위나라의 젊은 왕은 권력을 함부로 쓰고 백성들을 전혀 돌보지 않는다고 합니다. 그러므로 제가 가서 의원이 되어 그의 병을 치료해 주려고 합니다."
　안회의 말을 들은 공자는 비웃음을 띠며 가지 말라고 권유했다.
　"위나라의 왕이 그러는 것은 어진 사람의 말보다 간신들의 말을 듣기 때문이다. 만일 네가 가서 왕에게 그러지 말라고 권한다면 간신들이 너를 공격하거나 해칠 수도 있다. 네가 만일 위나라의 왕을 고쳐 놓지 못하고 그에게 따른다면 불로써 불을 막고 물로써 물을 막는 것이나 다름없다."

인생여조로 人生如朝露

人 : 사람 **인**　生 : 날 **생**　如 : 같을 **여**　朝 : 아침 **조**　露 : 이슬 **로**

뜻풀이 사람의 삶은 아침 이슬과 같다는 뜻으로, 인생은 아침에 잠깐 맺혔다가 햇볕에 곧 사라지는 이슬과 같이 덧없음을 비유하는 말.

출 전 『한서(漢書)』·〈소무전(蘇武傳)〉

해 설

　한나라의 무제 때 사신으로 흉노족에 간 소무는 외교 분쟁으로 붙잡혀 20여 년을 그곳에서 보냈으며, 비슷한 시기에 소무의 벗인 이릉도 흉노족과 싸우다가 포로가 되어 같은 처지에 놓이게 되었다.
　흉노족의 왕인 선우는 소무를 자기 사람으로 만들려고 온갖 방법으로 그를 달랬으나 그가 끝내 절개를 지키자 그를 바이칼 호의 오지로 내쫓아 그곳에서 양을 치며 살게 하였다.
　그가 떠나는 날 선우는 배웅하는 뜻에서 잔치를 열었는데, 이 자리에서 이릉이 소무의 손을 잡고 말했다.
　"이제 떠나면 다시는 만나기가 어렵겠구먼. 선우는 어떻게 해서든지 자네를 자기 사람으로 만들려고 하고, 자네는 이미 조국으로도 가지 못하는 신세일세. 내가 떠날 때 얼핏 들으니 자네의 어머님은 돌아가셨고 아내도 재혼하여 자식을 낳았다고 하네. 인생이란 아침 이슬과 같아서 곧 말라 버리는 것일세. 그런데 어찌 이렇게 긴 세월을 홀로 괴로워하면서 보내는가."
　이릉은 소무를 설득했으나 그는 끝내 뜻을 꺾지 않고 유배지로 떠나고 말았다.

일거양득 一擧兩得

一 : 한 일 擧 : 들 거 兩 : 둘 양 得 : 얻을 득

뜻풀이 한 가지 일을 하여 두 가지 이익을 얻음을 일컫는 말.

해설

　노나라에 용감하고 담력이 큰 변장자라는 사람이 있었다. 어느 날 호랑이 두 마리가 산에 나타났다는 말을 들은 변장자는 큰 칼을 뽑아 들고 산으로 올라갔다.

　그가 산에 이르러 보니 과연 호랑이 두 마리가 소 한 마리를 놓고 서로 잡아먹으려고 싸우고 있었다. 이때 그의 뒤를 따르던 아이가 말했다.

　"지금 호랑이가 서로 싸우고 있는데 힘이 약한 호랑이는 물려 죽을 것이고 힘이 센 호랑이도 큰 상처를 입을 것입니다. 그때 상처를 입은 놈을 잡으면 호랑이 두 마리를 모두 얻게 될 것입니다. 따라서 호랑이 한 마리를 잡고도 두 마리를 잡았다는 말을 들을 것입니다."

　이에 변장자는 그 아이의 말대로 조금 기다렸다가 상처를 입은 호랑이를 잡아 결국 두 마리의 호랑이를 얻었다고 한다.

일국삼공 一國三公

一 : 한 일　國 : 나라 국　三 : 석 삼　公 : 어른 공

뜻풀이 한 나라에 삼 공이 있다는 뜻으로, 명령을 내리는 사람이 많아 누구의 명령을 따라야 할지 모름을 비유하는 말.

출 전 「춘추좌씨전(春秋左氏傳)」·〈희공 5년〉

해 설

　진(晉)나라의 헌공이 여나라를 공격하자 여나라는 헌공에게 여회와 소회라는 두 미녀를 보냈다.

　이리하여 두 여인이 아들을 낳았는데, 여회는 자신이 헌공의 사랑을 받는 것을 이용하여 자기 아들을 태자로 세우려고 하였다.

　하지만 진나라에는 신생이 태자로 있으면서 많은 공을 세웠으므로 태자를 바꾸어야 할 이유가 없었다. 그러자 여회는 태자에게 금옥을 지키게 하고, 다른 왕자인 중이와 이오에게는 각각 포와 굴이라는 작은 곳을 지키게 하라고 헌공을 부추겼다.

　그때 포와 굴은 아무것도 없는 벌판이었으므로 헌공은 신하인 사위에게 명을 내려 성을 쌓게 하였다. 이에 사위는 그곳에 다다라 진흙에 풀을 섞어 대충 성을 완성하자 어떤 사람이 그것을 보고 말했다.

　"당신이 쌓은 성은 그다지 튼튼하지 않은 것 같군요."

　그러자 사위가 웃으면서 대꾸했다.

　"몇 년이 지나면 적군의 손에 들어갈 텐데 튼튼하게 쌓을 필요가 없지요."

　이오가 그 사실을 알고 헌공에게 알리자 왕은 사람을 보내 그를

꾸짖게 하자, 사위는 시를 한 편 지어 올렸다. 그 시에는 '여우의 가죽옷에 용마루를 우뚝 세운 집으로 한 나라에 삼 공이 있으니 나는 누구를 따라야 좋겠는가?' 라는 구절이 들어 있었다.

일락천금 一諾千金

一 : 한 일 諾 : 승낙할 락 千 : 일천 천 金 : 금 금

뜻풀이 한 번 승낙한 말은 천금과 같다는 뜻으로, 약속을 중하게 여기라는 말.

출 전 『사기(史記)』·〈계포전(季布傳)〉

해 설

초나라의 계포는 남을 돕기를 좋아하고 언제나 자기가 말한 것을 그대로 실천하는 사람이었다. 그는 일찍이 항우의 군사가 되어 유방의 군사를 여러 번 물리쳤다. 그리하여 유방은 한나라를 세웠을 때 그를 잡아들이는 사람에게는 천금을 주겠노라고 선포하는 한편, 감추어 주는 자는 삼족을 멸하겠다고 말하였다.

하지만 돈이 탐나 계포를 고발하는 사람은 아무도 없었다. 그러던 중 유방의 옛 벗인 하후영의 충고로 유방은 계포의 체포를 취소하고 그에게 벼슬을 내리게 되었다. 그러자 벼슬아치들과 사귀기를 좋아하는 조구생이 계포가 벼슬을 한다는 소문을 듣고 그를 가까이 하기 시작했다. 그러나 계포는 그의 사람됨을 알고 있었으므로 처음에는 만나 주지도 않고 냉정하게 대했으나 그의 말솜씨에 속아 점점 좋아하게 되었다. 그리하여 이때부터 조구생은 가는 곳마다 계포의 자랑을 하는 바람에 계포의 위신은 더욱더 올라가게 되었다.

이처럼 뒷전에서 남을 자랑하는 것을 조구지덕이라고 하게 되었으며, 또한 계포처럼 한 번 승낙한 약속을 그대로 지키는 것을 일락천금이라고 하게 되었다.

일명경인 一鳴驚人

一 : 한 일　鳴 : 울 명　驚 : 놀랄 경　人 : 사람 인

뜻풀이 한 번 울어서 사람을 놀라게 한다는 뜻으로, 한 번 시작하면 사람들이 놀랄 정도로 큰 사업을 이룩한다는 말.

출 전 『사기(史記)』·〈골계열전(滑稽列傳)〉

해 설

　제나라의 사람인 순우곤은 유명한 익살꾼으로 키가 몹시 작았으나 외국에 사신으로 가서 키로 인해 모욕을 받은 적이 없었다고 한다.

　그때 제나라의 왕은 날마다 술과 여자에 빠져 정치를 전혀 돌보지 않아서 주위의 제후국들이 늘 제나라를 공격했으나 신하들은 아무도 왕에게 간하지 못했다.

　이에 순우곤은 왕이 수수께끼를 좋아한다는 것을 알고 왕을 찾아가서 물었다.

　"우리나라의 왕궁에 3년 동안 날지도 않고 울지도 않는 큰 새가 한 마리 있는데 무슨 새인지 아십니까?"

　그러자 왕이 대답했다.

　"그 새가 날지 않으면 몰라도 한 번 날면 하늘 높이 날아오르고 울지 않으면 몰라도 한 번 울면 사람들을 놀라게 한다."

　이때부터 왕은 주색을 삼가고 나랏일에 전념했다.

일부중휴 一傅衆咻

一 : 한 일 傅 : 스승 부 衆 : 무리 중 咻 : 지껄일 휴

[뜻풀이] 한 스승이 가르치는 데 많은 사람들이 지껄이면서 방해한다는 뜻으로, 한 사람이 바른말을 하는데 곁에 있는 사람들이 방해한다는 말.

[출 전] 『맹자(孟子)』·〈등문공장구(滕文公章句)〉

[해 설]

송나라의 왕은 어진 정치를 한다면서 무슨 일을 하거나 항상 요란하게 떠들었다. 그러자 어진 정치를 주장하던 맹자는 일부러 송나라에 가서 왕을 만나고 실망한 뒤에 떠나고 말았다.

이때 맹자는 송나라의 대부였던 대불승을 만나 물었다.

"대인께서는 왕을 도와 나랏일을 잘 처리하실 뜻이 있으십니까? 그렇다면 내가 먼저 묻고 싶은데, 초나라의 대부가 그의 자식에게 제나라의 말을 배우게 하려면 제나라 사람을 불러 가르쳐야 합니까, 아니면 초나라 사람에게 가르쳐야 하겠습니까?"

그러자 대불승은 제나라의 사람을 불러다 가르쳐야 한다고 대답했다.

"그러나 제나라 사람이 가르칠 때 초나라의 많은 사람들이 지껄이면서 방해를 한다면, 그 아이는 제나라의 말을 배울 수가 없을 것입니다. 그렇지만 그 아이를 제나라에 보낸다면 그냥 내버려 두어도 저절로 배우게 될 것입니다. 이와 마찬가지로 대인께서는 설거주를 어진 사람이라고 해서 왕에게 추천했으나 그 사람이 혼자서 어떻게 하겠습니까? 왕의 주위에 있는 모든 신하들이 설거주 같아야 할 것입니다."

일신시담 一身是膽

一 : 한 일　身 : 몸 신　是 : 옳을 시　膽 : 쓸개 담

뜻풀이 온 몸이 쓸개뿐이라는 뜻으로, 담이 큰 것을 일컫는 말.

출 전 『삼국지(三國志)』·『촉지(蜀志)』·〈조운편(趙雲篇)〉

해 설

　삼국 시대 때 촉나라의 유비 밑에 자가 자룡인 조운이라는 용감한 장수가 있었다. 어느 날 조운이 군사들을 거느리고 한수 일대를 지키고 있는데 장흡과 서황이 이끄는 조조의 군사들이 쳐들어왔다.

　이때 조운에게는 군사가 적었기 때문에 부하 장수들이 성문을 굳게 닫고 지키자고 했다. 그러나 조운은 성문을 활짝 열어 놓은 다음 말을 탄 채 장창을 비껴들고 성문 앞에 서서 조조의 군사들을 기다리고 있었다.

　얼마 후 조조의 군사들이 성 밖에 이르러 보니 성 안은 조용한데 조운 혼자 말을 탄 채 성문 앞에 있는 것을 보고 복병을 의심하여 급히 뒤로 물러나기 시작했다.

　이를 본 조운은 적군의 질서가 혼란한 틈을 타서 맹렬히 뒤쫓아 큰 승리를 거두고 적군의 진영까지 빼앗아 버렸다. 이 싸움에서 조조의 군사들 중 한수에 빠져 죽은 자가 헤아릴 수 없을 정도였다.

　이튿날 유비가 제갈량과 함께 싸움터를 돌아보고 기뻐하면서 제갈량에게

　"자룡은 온 몸이 담뿐이다."라고 칭찬을 아끼지 않았다.

일야십기 一夜十起

一 : 한 **일** 夜 : 밤 **야** 十 : 열 **십** 起 : 일어날 **기**

뜻풀이 하룻밤에 열 번을 일어난다는 뜻으로, 환자를 정성스럽게 간호한다는 말.

출 전 『후한서(後漢書)』·〈제오륜전(第五倫傳)〉

해 설

후한 초기 때의 사람인 제오륜은 매우 청렴결백한 벼슬아치였다. 그가 회계 태수로 있을 때는 항상 작두로 풀을 썰어 말에게 먹였으므로 많은 사람들에게 존경을 받았다.

하루는 어떤 사람이 그에게 물었다.

"당신 같은 사람을 가리켜 사사로운 마음이 없다고 하겠지요?"

그러자 제오륜이 대답했다.

"전에 어떤 사람이 나에게 천리마를 선물했으나 받지 않았습니다. 그러나 삼 공을 뽑는 일이 있으면 마음속으로는 언제나 그 사람을 생각했으나 뽑지는 않았습니다. 그리고 내 조카가 병이 들었을 때는 하룻밤에 열 번을 일어나 조카를 살펴보고 나서야 잠을 잤습니다. 하지만 내 자식이 병을 앓았을 때는 가서 살펴보지는 않았으나 침상에 누워도 잠을 잘 수가 없었습니다. 이러니 어떻게 사사로운 마음이 없다고 하겠습니까?"

일엽장목 一葉障目

一 : 한 일 葉 : 이파리 엽 障 : 막을 장 目 : 눈 목

[뜻풀이] 잎 하나가 눈을 막아 앞을 볼 수 없다는 뜻으로, 무엇에 정신을 빼앗겨 안목이 좁아지는 것을 비유하는 말.

[출 전] 『소림(笑林)』

[해 설]

어떤 어리숙한 선비가 옛날 책에서 선예엽에 관한 전설을 읽고 크게 흥미를 느끼게 되었다. 즉 매미가 숨어 있는 나뭇잎으로 얼굴을 가리면 남들이 자기를 보지 못한다는 전설이었다.

그래서 어느 날 매미가 숨어 있는 곳의 나뭇잎을 많이 뜯어 가지고 와서 그것으로 얼굴을 가린 다음 아내에게 자기가 보이냐고 묻자 보인다고 대답했다.

그러나 남편이 나뭇잎으로 얼굴을 가리고 자기가 보이냐고 계속해서 묻는 바람에 귀찮아진 아내는 마침내 안 보인다고 대답했다.

그러자 선비는 아내의 말을 믿고 그 길로 시장에 가서 나뭇잎으로 얼굴을 가린 채 물건을 훔치다가 잡히고 말았다.

그런데 더욱 기가 찰 일은 도둑으로 잡혀 관청에서 문초를 받으면서도,

"나뭇잎 하나가 눈을 가려 나는 어느 누구에게도 보이지 않습니다."라고 그가 말했다는 것이다.

일전불치 一錢不値

一 : 한 일   錢 : 돈 전   不 : 아니 불   値 : 둘 치

뜻풀이 한 푼어치도 안 된다는 뜻으로 쓸모가 없음을 이르는 말.

출전 『사기(史記)』·〈위기무안후열전(魏其武安侯列傳)〉

해설

한나라 때 관부라는 사람은 성이 장씨였으나 아버지가 일찍이 대신인 과영의 부하로 있었기 때문에 성을 관씨로 고쳤다.

관부는 성격이 매우 호탕하고 권세에 아부할 줄을 몰랐으며 술이 취하면 주정도 잘 부렸다. 하루는 승상인 전분이 베푼 연회 자리에서 만취한 관부는 승상과 잔을 나누려고 했으나 거절당했다.

그렇지 않아도 전부터 승상을 업신여겼던 관부는 그 자리에서 승상을 비꼬아 주었다. 그런 뒤에 자리를 함께 한 관현과 잔을 나누려고 했으나 그때 관현은 정불식이라는 장군과 귀엣말을 나누느라고 관부의 말을 듣지 못했다.

이에 화가 머리 끝까지 치솟은 관부는 큰 소리로,

"그까짓 정불식이 무엇이냐? 한 푼 어치도 못 되는 그런 자와 무엇을 소곤대고 있느냐?"하고 관현을 호되게 꾸짖었다.

일폭십한 一曝十寒

一 : 한 **일** 曝 : 난폭할 **폭** 十 : 열 **십** 寒 : 추울 **한**

뜻풀이 하루는 볕을 쬐고 열흘은 춥다는 뜻으로, 성실하게 일하지 않고 중간에 끊어짐이 많음을 비유한 말.

출 전 『맹자(孟子)』·〈고자장구(告子章句)〉

해 설

　제나라의 백성들은 왕이 나랏일을 잘 돌보지 못한다고 불만을 나타내면서 그를 총명하지 못한 왕으로 보고 있었다.

　그러자 맹자가 이렇게 말했다.

　"이것은 총명한가 어리석은가 하는 것이 문제가 아니오. 예를 들면 어떤 식물을 기르는 데 햇볕을 쬐어야지 얼게 해서는 안 될 것이오. 하루를 햇볕에 쬐게 하고 열흘을 얼게 한다면 어떻게 식물이 자라겠습니까? 이와 마찬가지로 내가 왕에게 하루 동안 햇볕을 쬐게 한 뒤에 열흘 동안 얼게 한다면 과연 왕이 제 구실을 할 수 있을까요?"

임갈굴정 臨渴掘井

臨 : 임할 **임**　渴 : 목마를 **갈**　掘 : 팔 **굴**　井 : 우물 **정**

뜻풀이 목이 마를 때에야 비로소 우물을 판다는 뜻으로, 미리 마련해 두지 않고 일이 닥쳐서야 허둥지둥 서두르는 것을 이르는 말.

해 설

　춘추전국 시대 때 노나라의 소공이 왕의 자리를 빼앗기고 제나라로 쫓겨났을 때 제나라의 경공이 그에게 물었다.
　"그대같이 젊은 사람이 어쩌다 왕의 자리를 빼앗겼는가?"
　이에 소공이 대답했다.
　"일찍이 나에게 용기를 북돋우어 주고 권고해 주는 사람들을 가까이 하지 않아 안으로는 심복이 없고, 밖으로는 대중이 없어져 겉으로는 그럴듯했으나 실제로는 뿌리가 말라 가을바람에 뿌리째 뽑혔소이다."
　경공이 소공의 말을 듣고 일리가 있는 것 같아서 안자(晏子 : 안영)에게 물었다.
　"지금 소공을 노나라로 돌려보내면 어진 왕이 될 수 있지 않겠소?"
　이에 안자는 그럴 수 없다면서 말했다.
　"전쟁이 눈 앞에 닥쳐서야 무기를 만들고 음식을 먹고 목이 말라서야 우물을 파는 것과 같습니다."

임기응변 臨機應變

臨 : 임할 **임**　機 : 틀 **기**　應 : 응할 **응**　變 : 변할 **변**

뜻풀이 그때그때 처한 형편에 따라 그에 알맞게 그 자리에서 처리함을 일컫는 말.

출 전 『진서』·〈손초전(孫楚傳)〉

해 설

　손초는 진나라의 태원군 중도 출신으로 문학이 매우 뛰어나서 그와 비교할 만한 사람이 없었고, 성격도 시원하여 남들과 다른 데가 있었다. 그러나 남을 우습게 여기고 건방지게 굴었으므로 고향 사람들의 평판은 좋지 않았다. 그는 40세가 넘어서야 비로소 진동 장군의 참모가 되었고, 나중에 풍익 태수까지 지냈다.

　손초가 아직 젊었을 때 그는 속세를 벗어나 자연 속에 숨어서 살려는 뜻을 품고 있었다. 그리하여 벗인 왕제를 찾아가 자신의 뜻을 밝혔다.

　"나는 속세에서 벗어나 자연과 어울리며 돌을 베개 삼아 잠자고 흐르는 물에 양치질하며 마음을 맑게 하려고 하네."

　그런데 그의 말이 헛나와 '돌로 양치질하며 흐르는 물을 베개로 삼겠다'고 하였다. 왕제는 그의 말을 듣고,

　"돌로 양치질은 할 수 없고 흐르는 물을 베개로 삼을 수도 없지 않은가?"하고 묻자, 손초는 억지를 부리며 대답했다.

　"돌로 양치질하는 것은 내 치아를 갈고 닦기 위함이고, 흐르는 물을 베개 삼는다는 것은 더러워진 귀를 씻기 위함일세."

　이러한 손초를 가리켜 사람들은 '조정에서는 꾀한 계획을 잘 세웠고 임기응변에도 대단히 뛰어난 사람'이라고 하였다.

임현물이 任賢勿貳

任 : 맡을 **임** 賢 : 어질 **현** 勿 : 말 **물** 貳 : 거듭할 **이**

뜻풀이 한 번 일을 맡겼으면 무슨 소리가 나오든 끝까지 맡겨야 한다는 말.

출전 『서경(書經)』·〈대우모(大虞謨)〉

해설

어느 날 익이 말했다.

"부디 경계하셔야 합니다. 조심이 없을 때 경계하셔서 법도를 잃지 마시고 편안하다고 놀지 마시고, 즐겁다고 지나치지 마십시오. 어진 사람을 임명했으면 두 마음을 갖지 마시고, 간사하고 악한 사람을 내치되 결코 의심하지 마십시오. 또 의심스러운 계획을 이루려고 하지 않으면 반드시 뜻이 이루어질 것입니다."

춘추 오패의 한 사람인 제나라의 환공이 어느 날 관중에게 물었다.

"나는 불행히도 사냥을 즐기고 여자와의 육체적인 관계를 밝히는데, 이러고도 천하를 다스릴 수가 있겠습니까?"

"그렇습니다. 조금도 해로울 것이 없습니다."

"그러면 천하를 다스리는 데 방해가 되는 것은 무엇입니까?"

"어진 사람을 쓰지 않거나 어진 줄 알면서도 그 사람을 쓰지 않는다면 나라를 다스리는 데 해가 됩니다. 사람을 쓴 뒤에도 임무를 맡기지 않거나 일을 맡겨 놓고 소인들에게 그의 일을 간섭하게 한다면 역시 천하를 다스리는 데 몹시 해로울 것입니다."

자

자가약롱중물 自家藥籠中物

自 : 스스로 **자** 家 : 집 **가** 藥 : 약 **약**
籠 : 대그릇 **롱** 中 : 가운데 **중** 物 : 물건 **물**

뜻풀이 자기 집 약통 안의 약이라는 뜻으로, 꼭 필요한 사람이나 사람의 잘못을 고치도록 하는 것을 이르는 말.

출 전 『십팔사략(十八史略)』

해 설

당나라 3대 황제 중의 한 사람인 여자 황제 측천무후는 67세 때 제위에 올라 스스로 성신 황제라 칭하면서 나라의 이름도 주로 바꾸었다.

그때 조정에는 적인걸이라는 총명한 신하가 있었는데 그는 재상으로 있으면서 측천무후가 정치를 잘 못할 때마다 말려서 나라가 바로 서는 데 크게 이바지했다.

특히 측천무후가 무씨 집안 사람으로 자기의 뒤를 잇게 하려는 음모를 막았으므로 측천무후도 적인걸을 존경했다.

적인걸은 많은 인재를 황제에게 추천했는데 그 중에는 원행충이라는 사람이 있었다. 어느 날 원행충이 적인걸을 만나자 농담 삼아 말했다.

"선생님 댁에는 맛있는 음식이 가득하다는 말을 들었습니다. 그 음식을 너무 많이 먹으면 탈이 날 테니 저처럼 쓴 약을 갖추어 두시죠."

이에 적인걸은 웃으면서 대꾸했다.

"무슨 소리를 하는가? 자네 같은 사람은 내 집에 있는 약통 속의 약과 같네. 언제나 도움이 되므로 하루라도 없으면 안 될 인재야."

자상모순 自相矛盾

自 : 스스로 **자** 相 : 서로 **상** 矛 : 창 **모** 盾 : 방패 **순**

뜻풀이 자기 스스로 한 말과 행동의 앞뒤가 맞지 않음을 일컫는 말.

출전 『한비자(韓非子)』·〈세난편(世難篇)〉

해설

어떤 사람이 시장에서 창과 방패를 팔고 있었는데 그는 자기의 창과 방패가 매우 좋다고 자랑하면서 말했다.

"이 방패는 어떤 날카로운 창도 막을 수가 있습니다."

그런 다음 창을 집어 들고 말했다.

"이 창은 어떤 방패도 꿰뚫을 수 있을 만큼 몹시 날카롭습니다."

이에 어떤 사람이 그 말을 듣고 물었다.

"그러면 당신의 창으로 당신의 방패를 찌르면 어떻게 되지요?"

그러자 이 장사꾼은 말문이 막혀 아무 대답도 못하고 말았다.

자수이정 숙감부정 子帥以正 孰敢不正

子 : 아들 **자**　帥 : 거느릴 **수**　以 : 써 **이**　正 : 바를 **정**
孰 : 누구 **숙**　敢 : 감히할 **감**　不 : 아닐 **부**

뜻풀이 웃사람이 바른 길을 걸으면 아랫사람들도 자연히 그 길을 따른다는 말.

출 전 『논어(論語)』·〈안연편(顔淵篇)〉

해 설
　어느 날 계강자가 정치하는 법에 대하여 공자에게 묻자 이렇게 대답했다.
　"정치는 바로잡는 것이다. 그대가 앞장서서 바르게 행동한다면 누가 감히 바르게 행동하지 않겠는가?"
　계강자는 그때 노나라의 정치를 마음대로 움직였던 삼환씨의 일족으로서, 그는 임금을 외면한 채 자기 마음대로 정치를 요리했으니 정치가 엉망인 것은 말할 것도 없었다.
　그러면서도 정치에 대하여 공자에게 묻자 이런 말로 그의 잘못을 따끔하게 꾸짖었던 것이다.

장욕취지 필선여지 將欲取之 必先與之

將 : 장차 **장**　欲 : 하고자할 **욕**　取 : 가질 **취**　之 : 갈 **지**
必 : 반드시 **필**　先 : 먼저 **선**　與 : 더불어 **여**

[뜻풀이] 무엇을 얻고자 할 때는 반드시 먼저 주어야 한다는 말.

[출 전] 『한비자(韓非子)』·〈설림편(說林篇)〉

[해 설]

　춘추전국 시대 말기에 진(晉)나라에서는 신흥 세력이 귀족 세력의 위치를 차지하고 신흥 세력 안에서도 항상 날카로운 충돌이 있었다.

　이때 지백이라는 사람이 위선자에게 땅을 내놓으라고 강요하자 그의 참모인 임장이

　"정면으로 거절하지 말고 먼저 그에게 만족을 주어야 합니다."라고 하면서 『주서』에 나오는 '상대방을 이기려면 먼저 상대방을 도와주고 상대방에게 얻으려면 먼저 상대방에게 주어야 한다.'는 말을 들려 주었다.

　그러자 위선자가 그의 말을 옳게 여기고 그대로 했더니 과연 지백은 나중에 망하고 말았다.

장창소인 臧倉小人

臧 : 감출 장 倉 : 창고 창 小 : 작을 소 人 : 사람 인

[뜻풀이] 남을 헐뜯기를 좋아하는 소인배, 즉 간사하고 도량이 좁은 사람을 일컫는 말.

[출전] 『맹자(孟子)』·〈양 혜왕장구(梁惠王章句)〉

[해설]
　노나라 평공의 심복 중에 장창이라는 신하가 있었는데, 그는 왕의 총애를 등에 업고 남을 헐뜯거나 이간질하는 데 도가 튼 소인배였다.

　어느 날 맹자는 평공의 밑에서 일하고 있는 제자인 악정자를 통해 노나라에 간 적이 있었다. 그러자 진즉부터 맹자를 존경하던 평공은 몸소 그를 찾아가 정치에 대한 도움을 얻으려고 수레를 타고 떠나려고 할 때였다.

　왕이 맹자를 만나러 가는 것을 알게 된 장창이 말했다.

　"대왕께서 신분에 맞지 않게 한낱 평민을 무엇 때문에 찾아가려고 하십니까? 대왕께서는 맹자를 어진 사람이라고 보십니까? 그는 어머니의 장례를 아버지의 장례보다도 더 화려하게 지냈다고 합니다. 이런 사람을 어떻게 어질다고 할 수 있겠습니까?"

　그리하여 평공은 결국 맹자를 만나지 않았다고 한다. 이리하여 후세의 사람들은 장창을 소인배의 대표적인 인물로 보았고 그와 같은 사람을 가리켜 사람들은 장창소인이라고 부르게 되었다

재덕부재험 在德不在險

在 : 있을 재 德 : 큰 덕 不 : 아닐 부 險 : 험준할 험

뜻풀이 나라의 진정한 안전은 덕에 있는 것이지 험한 데에 있는 것이 아니라는 말.

출전 『사기(史記)』·〈손자오기열전(孫子吳起列傳)〉

해설

오기는 위(魏)나라의 문후를 섬겨 서하 태수를 지내면서 많은 전공을 세웠으며 문후의 뒤를 이어 무후가 즉위하자 역시 그를 섬겼다.

하루는 무후의 신하들과 함께 서하에서 뱃놀이를 하면서 흥겨운 잔치를 벌였다. 이때 무후는 주위의 아름다운 경치를 보며 감탄하며 말했다.

"정말로 아름다운 경치로다. 산과 물이 이렇게 겹겹이 싸였으니 누가 우리나라를 넘보겠는가?"

무후의 말이 끝나자 오기가 벌떡 일어서서 말했다.

"폐하, 그렇지 않습니다. 나라의 진정한 안전은 덕에 있는 것이지 저런 험준한 산에 있는 것이 아닙니다. 옛날에 천하의 권력을 차지했던 군주들도 산이 험한 것만 믿고 덕으로 나라를 다스리는 데 인색하다가 크게 낭패를 당한 사람이 많습니다. 그러니 폐하께서는 오로지 덕을 닦지 않으면 저렇게 험한 산과 강도 아무런 소용이 없을 것입니다."

이 말에 크게 감동한 무후는 그를 다시 서하 태수에 임명했다.

전심치지 專心致志

專 : 오로지 **전**　心 : 마음 **심**　致 : 다다를 **치**　志 : 뜻 **지**

뜻풀이 다른 생각을 끊고 그 일에만 온 마음을 바쳐 뜻한 바를 이룬다는 말.

출전 『맹자(孟子)』·〈고자장구(告子章句)〉

해설
　어느 날 맹자는 학습 태도와 총명에 대해 이런 말을 하였다.
　"나라 안에서 이름난 바둑의 명수인 혁추에게서 두 사람이 동시에 바둑을 배운다고 할 때 한 사람은 정신을 한 곳에 모아서 배우는데, 한 사람은 스승의 강의를 들으면서 온갖 생각을 하였다. 그렇다면 결과는 어떻게 될 것인가? 말할 것도 없이 온갖 생각을 한 사람이 정신을 쏟은 사람보다 못 할 것이다. 이는 총명하고 그렇지 못한 것 때문이 아니다. 그러면 무엇 때문이라는 말인가?"
　이렇게 말을 끝낸 맹자는 곧이어 결론을 내렸다.
　"바둑을 비롯한 모든 것에 마음을 굳게 먹고 배우지 않는다면 이치를 깨달아 결코 다다를 수가 없는 것이다."

접석이행 接淅而行

接 : 접할 **접**　淅 : 쓸쓸할 **석**　而 : 어조사 **이**　行 : 갈 **행**

뜻풀이 밥을 지으려고 물에 담가 놓은 쌀까지 건져 가지고 떠난다는 뜻으로, 급히 떠나거나 조금도 머뭇거리지 않고 떠남을 비유하는 말.

출전 『맹자(孟子)』·〈만장장구(萬章章句)〉

해설

춘추전국 시대 때 노나라 사람인 공자는 뜻이 매우 깊었으나 왕이 그를 받아 주지 않아 50세에 노나라를 떠나 여러 나라를 돌아다녔다.

공자가 노나라를 떠날 때는 여러 가지 생각으로 발걸음이 몹시 무거웠으나 제나라에 가서 뜻을 이루지 못했을 때는 머뭇거리지 않고 즉시 떠나 버렸다.

이에 대하여 맹자는 뒷날에 공자의 행동을 이렇게 말했다.

"공자가 제나라를 떠날 때는 물에 담가 놓은 쌀까지 건져 떠났으나, 노나라를 떠날 때는 '내 발걸음이여 더디고 더디어라'고 했으니 바로 이것이 부모의 나라를 떠나는 도리이다."

그러면서 공자는 나라를 떠나면서도 서두를 필요가 있으면 서두르고 더디게 할 필요가 있으면 늦출 줄 알았다고 말했다.

정문입설 程門立雪

程 : 헤아릴 정　門 : 문 문　立 : 설 입　雪 : 눈 설

[뜻풀이] 스승을 받들며 성실하게 배우려는 태도를 이르는 말.

[출전] 『송사(宋史)』·〈양시전(楊時傳)〉

[해설]
　송나라 때 학자였던 양시와 유작은 정호와 정이 형제를 스승으로 모시기로 한 후 먼저 정호에게서 학문을 배웠다. 그리하여 정호가 세상을 떠날 무렵에는 진사가 되었고 나이는 40세에 이르렀다.
　하지만 그들은 배우려는 생각으로 다시 정호의 아우인 정이에게서 계속해서 배웠는데, 그들이 처음에 정이를 찾아갔을 때의 일이었다.
　그들이 정이의 집에 이르렀을 때 정이는 일부러 눈을 감고 자는 척하고 있었으므로, 두 사람은 말 한 마디 하지 않고 공손히 서서 정이가 깨어나기를 기다렸다.
　얼마나 지났을까, 정이가 잠에서 깨어난 것처럼 눈을 뜨고 물었다.
　"아니, 그대들은 무슨 일로 이곳에 와서 서 있는가?"
　그 날은 몹시 추운 날씨여서 언제 눈이 왔는지 눈이 한 자나 쌓여 있었다.

제대비우 齊大非耦

齊 : 가지런히할 제　大 : 클 대　非 : 아닐 비　耦 : 짝 우

뜻풀이 감히 바라지 못함을 이르는 말.

출전 『춘추좌씨전(春秋左氏傳)』·〈환공 6년〉

해설

　춘추전국 시대 초기 북쪽에 있던 산융국이 남쪽으로 내려와 제·연·정 등의 나라에 쳐들어왔는데, 그때 제는 큰 나라였는데도 산융국군을 도저히 이길 수가 없었다.

　어느 날 산융국군이 또 제나라에 쳐들어오자 희공은 각국에 구원병을 청했다. 그러자 정나라에서는 태자인 홀을 보내 돕게 했는데, 용감한 홀은 산융국군을 단숨에 쳐부수고 적군의 대장인 대량과 소량을 사로잡아 큰 공을 세웠다.

　그러자 전부터 홀을 기특하게 여겼던 희공은 그를 사위로 삼기 위해 정나라에 청혼하게 되었다. 그때 홀은 거절하면서 말했다.

　"사람마다 각각 자기에게 맞는 배우자가 있으니 제나라는 너무 커서 왕의 딸은 나의 배우자가 될 수 없다."

　그런데도 희공은 그 후에도 홀을 사위로 삼을 생각이 더욱 간절하여 다시 한번 청혼했으나 홀은 거절하면서 말했다.

　"내가 전에도 거절했는데 지금 어떻게 받아들이겠는가? 내가 만일 제나라 왕의 딸을 아내로 맞이한다면 남들은 내가 싸움에서 용맹을 떨쳤기 때문이라고 비웃을 것이다."

조강지처 糟糠之妻

糟 : 지게미 **조**　糠 : 겨 **강**　之 : 어조사 **지**　妻 : 아내 **처**

뜻풀이 몹시 가난하고 천할 때에 고생을 함께 겪은 아내를 이르는 말.

출전 『후한서(後漢書)』·〈송홍전(宋弘傳)〉

해설

송홍은 후한을 세운 광무제 때의 사람으로 매우 정직하고 부드러운 성품으로 사람들의 존경을 받았다.

그때 광무제에게는 손윗누이인 호양 공주가 있었는데 과부였으므로, 광무제는 이를 안타깝게 여겨 신하들 중에서 누이의 배필이 될 사람을 고르고 있었다.

어느 날 광무제와 호양 공주가 이야기를 나누다가 신하들의 인품에 대한 말이 나오자 호양 공주가 말했다.

"인품이나 도량 등 어느 면으로 보나 송홍을 따를 사람이 없지요."

누이의 말을 들은 광무제는 그녀의 마음을 눈치 채고 송홍을 조용히 불러 그의 뜻을 물었다.

"사람이 지위가 높아지면 옛 벗을 버리고 부자가 되면 아내를 새로 바꾼다는데, 공도 그럴 수 있다고 생각하시오?"

이에 송홍이 엄숙한 표정으로 대답했다.

"신은 어려울 때 사귄 벗은 결코 잊어서는 안 되고, 고생을 함께 겪은 아내는 어떤 일이 있어도 버려서는 안 된다고 들었습니다."

송홍의 대답을 들은 광무제는 그의 뜻을 꺾을 수 없다고 여기고 그에게 누이를 시집보내려던 생각을 버리고 말았다.

조도상금 操刀傷錦

操 : 다룰 조 刀 : 칼 도 傷 : 해칠 상 錦 : 비단 금

뜻풀이 칼을 부리다가 비단을 상하게 한다는 뜻으로, 무능한 사람에게 중요한 일을 맡겨 그르치게 하는 것을 비유하는 말.

출전 『춘추좌씨전(春秋左氏傳)』·〈양공 13년〉

해설

정나라는 큰 나라인 초와 진(晉)나라 사이에 끼어 처지가 매우 딱한 데다가 지배층의 갈등으로 나라가 몹시 어지러웠으나, 간공 때에 이르러 공손교가 정치를 맡으면서부터는 수십 년 동안 나라가 안정되었다.

어느 날 자피라는 신하가 윤하라는 청년을 자기 봉읍지의 장관으로 삼으려고 하자 공손교는 그가 너무 어리고 능력도 없음을 알고 반대했다.

하지만 자피는 차차 배우면 된다면서 고집을 부리자 공손교가 정중하게 타일렀다.

"만약 대인에게 비단 한 필이 있다면 이것을 재단할 줄도 모르는 사람에게 맡겨 재단 기술을 배우라고 하지는 않을 것입니다. 이와 마찬가지로 나라의 영토나 주권을 아무것도 모르는 애송이에게 맡겨 함부로 다루게 하겠습니까? 하나의 성이나 지방이 대인의 비단 한 필보다 못 하다는 말입니까?"

이리하여 자피는 공손교의 말에 감탄하여 그를 더욱 더 믿고 지지하게 되었다.

조령모개 朝令暮改

朝 : 아침 조 令 : 명령할 령 暮 : 저녁 모 改 : 고칠 개

뜻풀이 아침에 명령을 내렸다가 저녁에 다시 바꾸어 내린다는 뜻으로, 명령을 자주 뒤바꿈을 이르는 말.

출 전 『한서(漢書)』·〈식화지(食貨志)〉

해 설

　전한의 문제 때에 국경의 땅에 식량이 모자라자 곡식을 기부하여 그 곳까지 운반하는 사람에게 벼슬을 주는 정책을 쓰게 되었다.
　이 정책은 어사대부인 조착이 주장한 것으로 그는 농가에서 힘든 노역과 세금으로 허덕이는 실정을 논한 뒤에 말했다.
　"백성들은 사람을 보내고 맞으며 장례를 지내고 병자를 문상하며 아이들을 키우는 등 태산같이 힘이 들고 괴로운 일이 많습니다. 그런 중에 홍수와 가뭄이 이어져 흉년이 계속되고 관리들의 세금 독촉은 숨 쉴 틈을 주지 않으니 어떻게 견디겠습니까? 또 세금이나 부역에 관한 규정이 자주 변해서 아침에 내린 명령이 고쳐지는 현실입니다. 이런 가운데 품질이 좋은 곡식이 있는 사람은 반값에 내다 팔고, 없는 사람은 원금의 이자가 배가 되는 빚을 얻어서 세금을 내니 결국 빚에 시달린 백성들은 논밭을 팔고 심지어는 제 자식이나 손자까지 팔아 세금을 내고 생계를 잇는 처지에 이르게 되는 것입니다."

조명시리 朝名市利

朝 : 조정 **조** 名 : 이름 **명** 市 : 저자 **시** 利 : 이로울 **리**

뜻풀이 명예는 조정에서 다루고 이익은 시장에서 다루라는 뜻으로, 무슨 일을 알맞은 곳에서 하라는 말.

출 전 『전국책(戰國策)』·〈진책(秦策)〉

해 설

진나라의 혜문왕 때 꾀를 잘 내는 중신 사마착이 어전 조정회의에서 나라의 정치에 대해서 자신의 의견을 내놓았다.

"남쪽 촉 지방을 치면 땅도 넓어지고 백성들도 살림이 매우 넉넉해질 것입니다. 그러므로 이런 일거양득의 기회를 놓쳐서는 안 될 것입니다."

하지만 장의의 생각은 달랐다.

"그까짓 거친 남쪽 지방을 쳐서 빼앗은들 무엇 하겠습니까? 우리는 위(魏)·초 두 나라와 국교를 맺은 뒤에 서쪽의 한(韓)나라로 쳐들어가야 합니다. 그렇게 되면 주나라는 스스로 우리나라에 보호를 요청할 것입니다. 이리하여 천자를 끼고 천하를 호령한다면 어느 나라가 감히 우리에게 반항하겠습니까? 속담에도 '명예는 조정에서 다루고 이익은 시장에서 다루라'는 말이 있습니다. 지금 삼천 지방은 천하의 시장이고, 주나라는 천하의 조정입니다. 이런 곳을 버리고 촉을 공격한다는 것은 매우 어리석다고 생각합니다."

하지만 장의의 의견은 받아들여지지 않았고 진나라는 촉나라를 공격하여 땅을 넓히는 데 힘을 쏟았다.

조삼모사 朝三暮四

朝 : 아침 조 三 : 석 삼 暮 : 저녁 모 四 : 넉 사

뜻풀이 아침에 세 개, 저녁에 네 개라는 뜻으로, 간사한 꾀로 남을 속여 놀리는 것을 이르는 말.

출전 『장자(莊子)』·〈제물론(齊物論)〉

해설
　송나라 때 원숭이를 키우는 저공이라는 늙은이는 하루 종일 원숭이들과 함께 살았기 때문에 원숭이들의 습성을 매우 잘 알았고, 원숭이들도 그의 말을 모두 알아들을 정도였다.
　저공은 원숭이들이 밤을 잘 먹는다는 것을 알고 날마다 아침과 저녁으로 밤을 주었는데, 살림이 넉넉하지 못했기 때문에 밤의 수량을 줄이기로 하고 한 가지 꾀를 생각해 냈다.
　어느 날 아침에 저공은 원숭이들에게 말했다.
　"지금부터는 밤을 아침에 세 개씩 주고 저녁에 네 개씩 주려고 하는데 너희들 생각은 어떠냐?"
　그 말을 들은 원숭이들은 매우 불만스러워하며 제각기 떠들어 댔다. 이것을 본 저공은 다시 바꾸어 말했다.
　"그럼 아침에 네 개씩 주고 저녁에 세 개씩 주면 어떻겠느냐?"
　그러자 원숭이들은 기뻐서 어쩔 줄을 몰랐다고 한다.

좌이대단 坐以待旦

坐 : 앉을 **좌**　以 : 써 **이**　待 : 기다릴 **대**　旦 : 아침 **단**

뜻풀이 밤중에 가만히 앉아서 아침을 기다린다는 뜻으로, 어진 정치를 베풀려고 하는 왕의 진심을 말함.

출 전 『서경(書經)』·〈태갑상편(太甲上篇)〉

해 설
　태갑왕은 어리석어서 신하의 말을 잘 듣지 않았으므로 이윤이 나서서 말했다.
　"선왕께서는 덕을 크게 베풀려고 밤중에 앉아서 아침을 기다리셨으며 널리 인재와 어진 사람을 구해 후손들에게 길을 열어 주셨습니다. 대왕께서는 선왕의 뜻을 어겨 스스로 무너지는 일이 없도록 하십시오. 대왕께서는 손수 검약의 도를 밝혀 바른 길을 꾀할 것을 생각하십시오. 우 땅 백성들이 활시위를 당겨 놓고 가서 살피다가 화살이 각도에 맞으면 쏘는 것처럼 생각하신 바를 받들어 대왕의 할아버지인 탕왕께서 행하신 바를 따르도록 하십시오. 그러면 신도 이를 기뻐하고 대왕께서도 길이길이 찬사를 듣게 될 것입니다."
　태갑은 왕의 자리에 올랐으나 덕스러운 정치를 베풀 줄 몰랐으므로 이윤이 여러 번 글을 올려 훈계했으나 고칠 기미가 보이지 않았다.
　그리하여 결국 왕의 자리에서 끌어내려 동이라는 곳으로 보냈다가 잘못을 뉘우치자 3년 뒤에 그를 데려와 다시 왕의 자리에 앉혔다.

주관방화 州官放火

州 : 고을 주　官 : 벼슬 관　放 : 놓을 방　火 : 불 화

뜻풀이 고을의 벼슬아치만 불 놓는 것을 허락할 뿐 백성들에게는 이를 허락하지 않는다는 뜻으로, 도리에 어긋나고 악한 무리들이 날뛰는 것을 이르는 말.

출 전 『노학암필기(老學庵筆記)』

해 설

옛날에 어느 곳에서 벼슬을 하고 있는 전등이라는 자가 있었는데, 그는 자기의 벼슬이 높은 것만 믿고 함부로 날뛰면서 부하들이 자기의 이름을 부르거나 쓰는 것을 결코 용서하지 않았다.

만일 누가 실수해서 그의 이름인 등자를 입 밖에 내면 그는 자기의 이름을 모욕했다는 죄를 뒤집어씌워 처벌을 내렸다.

그래서 사람들은 그의 이름을 입 밖에 낼 수 없었는데, 예컨대 '등불을 켠다.'는 뜻의 점등도 '불을 붙인다.'는 점화로 바꾸어 쓸 수밖에 없었다.

심지어는 등불 명절이라고 해서 등절로 불리는 정월 보름날에는 관리들까지도 포고문을 쓸 때 감히 점등이라 못하고 '3일 동안 등불을 켠다.'는 뜻으로 방화 3일이라고 하였다.

주낭반대 酒囊飯袋

酒 : 술 주   囊 : 주머니 낭   飯 : 밥 반   袋 : 주머니 대

뜻풀이 술과 밥주머니라는 뜻으로, 술과 밥만 먹을 뿐 세월을 헛되이 보내는 쓸모없는 사람을 비유하는 말.

출 전 『형상근사(荊湘近事)』

해 설
　당나라의 말기 때 마은은 무안 절도사를 지내던 유건봉의 밑에 있던 지휘관 중의 한 사람이었다. 그런데 세상이 몹시 어지러워 유건봉이 부하에게 살해당하는 바람에 다른 사람에게 추대되어 우두머리가 되었다.

　뜻하지 않게 우두머리가 된 그는 그럭저럭 하루해를 보내면서 부하들이 처리하는 일에 결재만 해 주면서 세월을 보냈다.

　그러다가 후량을 세운 주전충으로부터 초왕에 봉해졌는데, 아무것도 모르는 한낱 지휘관에 지나지 않았던 마은은 초왕이 되고 난 뒤에도 무능하기는 여전하여 하는 일이라고는 그저 놀고 먹고 마시는 것뿐 아무 짝에도 쓸모없는 사람이 되고 말았다.

　이리하여 백성들이 무능한 그를 깔보고 그에게 지어 준 별명이 주낭반대였다. 이는 그가 술과 밥으로 배를 채울 줄만 알 뿐 아는 것이 아무것도 없다는 것을 비꼬는 별명이었다.

주지육림 酒池肉林

酒 : 술 주 池 : 못 지 肉 : 고기 육 林 : 수풀 림

뜻풀이 술은 못과 같고 고기는 수풀과 같다는 뜻으로, 욕심에 눈이 어두운 지배층들의 방탕한 생활을 비유하는 말.

출 전 『사기(史記)』·〈은본기(殷本紀)〉

해 설
　은나라 말기의 폭군이었던 주의 포악과 방탕한 생활은 이루 헤아릴 수가 없었다. 예를 들어 형틀에 사람을 묶어 불에 태워 죽이고 물에 익혀 죽이는 것으로 즐거움을 삼고, 사람의 각을 떠 놓고 웃는다든지, 칼로 난도질하여 죽이는 것은 그에게 보통으로 있는 일이었다.

　그래도 그의 보복이 두려워 아무도 간하는 사람이 없었는데, 어느 날 그의 아우 비간이 몇 마디 충고하자 주는 그를 죽여 버리고 심장까지 도려내게 하였다.

　주는 또 7년 동안에 걸쳐 높이가 1천 자나 되고 넓이가 3리나 되는 녹대라는 놀이터를 만들어 놓고 날마다 방탕하게 놀았다.

　이때 그는 술로 못을 만들어 놓고 뱃놀이를 했고, 나무마다 고기를 걸어 놓은 채 질탕하게 놀고 마셨으며, 알몸의 남녀들에게 놀이를 시키면서 음탕한 음악을 듣기도 하였다.

죽림칠현 竹林七賢

竹 : 대 죽 林 : 수풀 림 七 : 일곱 칠 賢 : 어질 현

뜻풀이 중국 위(魏)·진(晉)나라 초기에 노자와 장자의 허무 사상을 받들어 유교의 형식주의를 무시하고 죽림에 모여 청담을 일삼던 7명의 선비를 말함.

출전 『진서(晉書)』·〈완함전(阮咸傳)〉

해설

 완함은 성품이 매우 활달하여 무엇에 얽매이는 것을 싫어했다. 그는 작은아버지인 완적과 함께 대나무숲에서 항상 노닐었는데, 이때 모인 선비는 모두 7명으로서, 완적과 완함을 비롯하여 혜강·산도·유영·왕융·상수 등이었다.

 이들은 대나무숲에서 뜻을 자유롭게 가지고 마음껏 술을 마시며 세상의 근심을 잊고 살았으므로, 세상 사람들은 그들을 가리켜 죽림칠현이라고 부르게 되었다.

중과부적 衆寡不敵

衆 : 무리 중 寡 : 적을 과 不 : 아닐 부 敵 : 원수 적

뜻풀이 적은 수로 많은 수를 상대할 수는 없다는 말.

출전 『맹자(孟子)』·〈양 혜왕장구(梁惠王章句)〉

해설

　맹자가 제나라에 갔을 때 선왕을 만난 자리에서 말했다.
　"자신은 음란한 생활을 하면서 나라를 부강하게 하고 천하의 주인이 되겠다는 것은 마치 나무에 올라가 물고기를 구하는 것과 같습니다."
　이 말에 깜짝 놀란 선왕이 물었다.
　"아니, 과인의 행동이 그렇게 어리석다는 말입니까?"
　"그렇습니다. 대왕의 정책은 실패하면 나라를 망치게 됩니다. 예를 들어 약한 추나라가 강한 초나라와 싸운다면 승부는 어떻게 되겠습니까?"
　"당연히 초나라가 승리하겠지요."
　"그렇습니다. 수가 적은 편은 많은 편을 이길 수 없고, 약한 나라는 강한 나라를 이길 수가 없습니다."
　"그럼 어떻게 해야 되겠습니까?"
　"대왕께서 어진 덕으로 백성을 다스린다면 천하의 백성들 중 대왕께서 자신들을 다스려 주기를 바라지 않는 사람은 없을 것입니다. 그러면 천하는 저절로 대왕의 것이 될 것입니다. 왕도를 따르는 사람만이 반드시 천하를 다스릴 수 있을 것입니다."
　그러나 선왕은 맹자의 말을 인정하면서도 받아들이지는 않았다.

중지성성 衆志成城

衆 : 무리 중　志 : 뜻 지　成 : 이룰 성　城 : 성 성

뜻풀이 많은 사람이 뜻을 모으면 그 힘은 무엇으로도 깨뜨릴 수 없다는 뜻.

출　전 『국어(國語)』·〈주어(周語)〉

해　설
　주나라의 경왕이 큰 종을 만들려고 하자 선목이 나서서 반대했다.
　"그렇게 큰 종을 만드는 것은 백성들을 괴롭히고 재물을 헛되이 쓰는 것이 됩니다. 또한 소리도 좋지 않을 테니 결코 좋은 일이라고 할 수 없습니다."
　그러자 왕은 주구를 불러 물었으나 역시 선목공처럼 반대했지만 왕은 듣지 않고 종을 만들게 하였다.
　이듬해 종이 완성되자 아부꾼들은 종 소리가 듣기 좋다면서 찬사를 아끼지 않자 왕은 주구를 불러놓고 비꼬았다.
　"종 소리가 듣기 좋다더군."
　그러자 주구는
　"백성들이 종을 만드는 것을 찬성해야 종 소리가 듣기 좋은 것이지, 백성들의 원망이 높은데 어찌 종 소리가 듣기 좋을 수 있겠습니까? 민중의 힘이 합치면 그 힘은 성벽 같고, 민중의 입은 무쇠도 녹일 수 있을 것입니다."라고 대답했다.

증삼살인 曾參殺人

曾 : 일찍이 증　參 : 석 삼　殺 : 죽일 살　人 : 사람 인

뜻풀이 증삼이 사람을 죽였다는 뜻으로 헛소문을 사람들이 믿게 하는 것을 비유하는 말.

출 전 『전국책(戰國策)』·〈진책(秦策)〉

해 설
　노나라의 증자(본명은 증삼)가 비성에 있을 때 그와 성명이 똑같은 사람인 증삼이 어느 날 사람을 죽이고 체포되었다. 이 때문에 사람들은 증자가 사람을 죽였다고 오해하게 되었다.
　얼마 후 한 사람이 증자의 집으로 달려와서 그의 어머니에게 '아들이 사람을 죽였다'고 알리자,
　"내 아들이 살인할 까닭이 없다."하면서 계속해서 옷감을 짜고 있었다. 그런데 또 한 사람이 달려와서 똑같은 소식을 전했고, 얼마 후 또 한 사람이 달려와서 같은 소식을 전했다.
　그제야 증자의 어머니는 그 소식을 정말로 여기고 안절부절을 못하였다.

지록위마 指鹿爲馬

指 : 가리킬 지　鹿 : 사슴 록　爲 : 할 위　馬 : 말 마

뜻풀이　사슴을 가리켜 말이라고 했다는 뜻으로, 윗사람을 농락하여 서슴지 않고 마음대로 권세를 부리는 것을 이르는 말.

출 전　『사기(史記)』·〈진이세기(秦二世紀)〉

해 설

　　진나라의 말기에 시황제가 병으로 죽자 간신이던 환관 조고가 조정의 모든 권력을 손에 쥐고 황제의 자리마저 노리게 되었다.

　　그의 권세는 커질 대로 커졌으나 혹시라도 대신들이 따르지 않을까 싶어 한 가지 꾀를 생각해 냈다.

　　어느 날 조고는 허수아비 황제인 호해에게 사슴 한 마리를 바치면서 말이라고 했다. 이에 황제가 웃으면서 '사슴을 어째서 말이라 하느냐'고 말했다.

　　그러자 조고가 말했다.

　　"누가 감히 폐하와 장난하겠습니까? 이것은 분명히 말이니 여기에 있는 대신들에게 물어보십시오."

　　그러자 황제가 대신들을 둘러보며,

　　"이것이 사슴인지 말인지 분명히 말하시오."하고 묻자 조고를 두려워하는 대신들과 아부하는 대신들은 말이라고 대답했다. 그러나 몇 명의 정직한 대신들은 사슴이라고 말했거나 아무런 대답도 하지 않았는데, 뒷날 조고는 그들을 모두 죽여 버리고 말았다.

지피지기 知彼知己

知 : 알 **지** 彼 : 저편 **피** 己 : 몸 **기**

뜻풀이 적을 알고 나를 아는 것을 이르는 말.

출전 「손자병법(孫子兵法)」·〈모공편(謀攻篇)〉

해설

   춘추전국 시대 때 오나라의 왕인 개려는 병법가인 손무를 등용하여 남방의 대국인 초나라를 무찌르고 북방의 대국인 제나라와 진나라도 억누름으로써 한때 여러 제후의 나라 중 최강국이 되었다.

   손무는 일찍이 그의 군사 이론을 실제의 경험과 연결시켜 「손자병법」을 썼다.

   예를 들어 〈모공편〉에 나오는

   "적을 알고 나를 아는 것은 싸움에서 이길 수 있는 중요한 열쇠로 1백 번을 싸워도 위태롭지 않을 것이다. 그러나 적을 알고 나를 모른다면 한 번 패하고 한 번 이기게 될 것이고, 적도 모르고 나도 모른다면 싸울 때마다 반드시 패할 것이다."라는 말은 매우 알맞은 표현이라고 할 수 있을 것이다.

질풍경초 疾風勁草

疾 : 빠를 질　風 : 바람 풍　勁 : 굳셀 경　草 : 풀 초

[뜻풀이] 세차고 빠른 바람이 불어야 굳센 풀을 알 수 있다는 뜻으로, 아무리 어려운 환경에서도 뜻을 꺾거나 굽히지 않는 굳센 기개를 가진 사람을 비유하는 말.

[출　전] 『후한서(後漢書)』·〈왕패전(王覇傳)〉

[해　설]

전한 말년에 왕패는 유수의 밑으로 들어가 많은 전공을 세웠다. 그런데 유수의 군대가 황하를 건널 때 농민군과 맞서서 싸움이 어렵자 왕패와 함께 유수군에 들어갔던 병사들이 모두 달아나 버리고 말았다.

하지만 왕패는 끝까지 유수에게 충성하자, 유수는

"영천에서 나를 따르던 군사들은 모두 자취를 감추었지만 오직 그대만이 남아서 나와 함께 싸우고 있으니, 세찬 바람이 불어야 굳센 풀을 알아볼 수가 있소."하고 말했다.

그 뒤 유수는 후한을 세우고 광무제가 되자 그를 편장군으로 삼고 상곡 태수로 임명했다.

차래지식 嗟來之食

嗟 : 탄식할 **차**　來 : 올 **래**　之 : 어조사 **지**　食 : 밥 **식**

뜻풀이　푸대접으로 주는 음식을 말함.

출　전　『예기(禮記)』·〈단궁편(檀弓篇)〉

해　설

　어느 해 제나라에 큰 흉년이 들었을 때 검오라는 사람이 길가에 음식을 마련해 놓고 이재민을 구한 적이 있었다.

　하루는 어떤 이재민이 옷소매로 얼굴을 가리고 신발을 끌며 다가오고 있었는데 굶어서 눈도 제대로 뜨지 못했다.

　검오는 그에게 다가가서

　"어서 이리 와서 드시게."라고 반말로 말하자 그는 뜻밖에도 눈을 치뜨면서 말했다.

　"내가 이 지경에 이른 것은 바로 이러한 모욕적인 음식을 받아먹지 않았기 때문인데 그대의 이러한 적선은 받아들일 수 없다."

　그러자 검오가 자신이 잘못했다고 용서를 구했으나 그 사람은 끝까지 먹지 않고 굶어 죽었다고 한다.

창해상전 滄海桑田

滄 : 푸를 **창**　海 : 바다 **해**　桑 : 뽕나무 **상**　田 : 밭 **전**

뜻풀이 큰 바다가 변하여 뽕나무밭이 되었다는 뜻으로, 세월이 흘러 세상이 크게 바뀐 것을 비유하는 말.

출 전 『태평어람(太平御覽)』

해 설

　옛날 어느 바닷가에 세 노인이 만나 각자의 나이를 따져 예의를 갖추기로 하였다. 이때 한 노인이 먼저 입을 열었다.

　"내가 어렸을 때는 이 세상을 만든 반고라는 조물주가 태어나기 전이었는데 안과 밖의 경계가 있었던 것이 지금도 눈에 선하구먼."

　이어서 두 번째 노인이 말했다.

　"나는 매번 푸른 바다가 뽕나무밭으로 변할 때마다 산가지 하나씩을 놓아 그것을 헤아렸는데, 지금 그 가지가 열 채의 집에 가득하지."

　이 말을 들은 세 번째의 노인이 말했다.

　"우리 스승님께서 3천 년 만에 열매를 맺는 반도를 잡수시고 그 씨를 곤륜산 밑에 버리셨는데 이제 그 나무가 곤륜산만큼 커졌다네."

채미지가 采薇之歌

采 : 캘 채　薇 : 고비 미　之 : 어조사 지　歌 : 노래 가

뜻풀이 고사리를 캐면서 부르는 노래를 말함.

출 전 『사기(史記)』·〈백이숙제열전(伯夷叔齊列傳)〉

해 설

　백이와 숙제는 고죽국의 왕자로서 아버지가 세상을 떠나면서 셋째인 숙제에게 왕위를 물려주라고 했다. 그러나 숙제는 큰형이 왕위를 이어야 한다고 주장했고, 백이는 아버지의 뜻을 따라야 한다고 우기다가 결국 둘 다 나라를 떠나고 말았다.

　그러던 중 주나라의 문왕이 어진 정치를 베풀고 노인을 공경한다는 말을 듣고 찾아가려는데 문왕이 죽고 그의 아들 무왕이 상나라를 치기 위해 떠나는 중이었다.

　백이와 숙제는 아버지의 상 중에 군사를 움직이는 것은 옳지 않다고 무왕을 말렸으나 듣지 않자 결국 수양산에 들어가 고사리를 뜯어 먹고 살다가 굶어 죽고 말았다.

　그때 그들이 지은 시가 남아 있는데 바로 〈채미지가〉이다.

　　저 서쪽 산에 올라서
　　고사리를 캐노라
　　포학으로 포악을 바꾸었는데
　　잘못됨을 모르네.
　　신농씨와 순임금과 하임금도

모두 갑자기 떠나 버렸으니
우리들은 어디에서 편히 쉴 것인가
아아 떠나갈 뿐이로다.
천명이 약해짐이여.

척지금성 擲地金聲

擲 : 던질 척 地 : 땅 지 金 : 쇠 금 聲 : 소리 성

뜻풀이 땅에 던지면 쇳소리가 날 정도로 잘 지어진 문장을 이르는 말.

출 전 『진서(晉書)』·〈손작전(孫綽傳)〉

해 설
　진나라 때 선비인 손작은 일찍이 회계서 10년이나 머무르면서 명산대천을 돌아보고 시를 지었는데, 이때 그가 지은 〈천태산부〉는 그의 대표작이다.
　이 시는 글귀가 매우 아름답고 구성도 잘 짜여져서 손작 자신도 매우 만족하게 여기는 터였다. 어느 날 손작은 〈천태산부〉를 벗인 범영기에게 보여 주면서,
　"읽어 보게. 땅에 내던지면 쇳소리가 날 정도로 잘 된 글이네." 하고 말했다. 진나라 때의 문인들이 거의 모두가 그랬듯이 손작 또한 고삐 풀린 망아지처럼 자유롭게 노는 사람이었다.
　그래서 범영기는 코웃음을 치면서 작품을 받아 몇 구절을 읽어 땅에 내던지면 과연 쇳소리가 날 정도라고 감탄을 금하지 못했다

천리안 千里眼

千 : 일천 천 里 : 마을 리 眼 : 눈 안

뜻풀이 천 리 밖을 내다볼 수 있는 눈이라는 뜻으로, 사물을 꿰뚫어 보는 관찰력을 이르는 말.

출전 『위서(魏書)』·〈양일전(楊逸傳)〉

해설

  북위 말, 19세의 청년인 양일이 광주 자사로 임명되어 부임했는데, 그는 나라의 근본이 백성임을 잘 알고 있었다.

  그래서 양일은 모든 일을 백성 중심으로 처리했으며, 백성들의 재산을 축낼 행사는 모두 중지시켰고, 흉년이 들었을 때도 관청의 곡식 창고를 열어 그들을 구했다.

  또한 그는 특히 청렴을 강조했으므로 낮은 벼슬아치들까지도 부정행위를 저지르지 않았다. 또 몰래 뇌물이나 금품을 주려고 해도 받지 않았으므로 신기하게 여긴 백성들이 벼슬아치에게 물었다.

  "아니, 왜 이렇게 변했습니까?"

  "우리 자사께서는 천 리 밖에서도 세상이 어떻게 돌아가는지 잘 아시기 때문에 절대로 부정행위를 할 수 없습니다."

천의무봉 天衣無縫

天 : 하늘 천　衣 : 옷 의　無 : 없을 무　縫 : 꿰맬 봉

뜻풀이 하늘나라 사람의 옷은 꿰맨 흔적이 없다는 뜻으로, 완전무결하여 흠이 없음을 이르는 말.

출전 『영괴록(靈怪錄)』

해설

　여름 어느 날 저녁에 곽한이 뜨락에 누워 바람을 쐬는데 별안간 여인이 공중에서 내려왔다.

　땅에 살포시 내려선 여인의 모습이 눈부시게 아름다워 곽한은 그녀가 누구인지 물어보자 하늘의 직녀라고 했다.

　직녀가 입은 옷은 몹시 아름다운데다가 바느질한 흔적이 전혀 없어 궁금하게 여기자 직녀는

　"이 옷은 하늘나라 사람만이 입는 옷으로 가위로 자르거나 바늘과 실로 꿰맨 것이 아니므로 조그만 흠집도 없답니다."라고 대답했다.

천재일우 千載一遇

千 : 일천 천   載 : 실을 재   一 : 한 일   遇 : 만날 우

뜻풀이 천 년에 한 번 만날 수 있다는 뜻으로, 좀처럼 만나기 어려운 기회를 말함.

출전 『삼국명신서찬(三國名臣序贊)』

해설

중국 동진 때의 학자인 원굉은 아버지를 일찍 여의고 생활이 몹시 어려워지자 부두에서 막노동을 하며 자랐다.

그러던 중 사안의 군사에 참여하고 환온의 밑에 들어가 동양 태수까지 지냈다. 다음 글은 위(魏)·촉·오 3국을 세우는 데 공을 세운 20명의 업적을 칭찬한 것으로 그 글의 서문이다.

"대체로 백락을 만나지 못하면 천 년이 지나도 천리마는 한 마리도 나오지 않는다. 또 만년에 한 번 오는 기회는 삶이 통하는 길이며, 천 년에 한 번 만나는 것도 어질고 지혜로운 사람의 아름다운 만남이다. 만나면 기뻐하지 않을 수 없고 잃으면 어찌 탄식하지 않겠는가?"

즉 아무리 훌륭한 업적을 세우더라도 후세의 사람이 이를 기록으로 남기지 않으면 전해지지 않는 것처럼 정말로 어렵게 온 기회를 놓치면 큰 후회를 남긴다는 말이다.

철면피 鐵面皮

鐵 : 쇠 철 面 : 얼굴 면 皮 : 가죽 피

뜻풀이 얼굴에 철판을 깔았다는 뜻으로, 염치가 없고 뻔뻔스러운 사람을 비웃는 말.

출 전 『북몽쇄언(北夢瑣言)』

해 설
　양광원은 학문과 재능도 웬만큼 갖추어서 진사 시험도 어렵지 않게 합격했으나 그는 출세욕이 워낙 강해서 날마다 하는 일은 권세가들의 뒤를 쫓아다니며 아부하는 것뿐이었다.
　그는 권세가의 형편없는 글귀를 가지고 온갖 칭찬을 늘어놓았고, 만취한 사람이 욕을 퍼부어도 굽신거리며 조금도 화를 내지 않았다.
　하루는 어떤 사람이 채찍을 들고 그를 때려도 좋으냐고 묻자,
　"물론입니다. 나리의 채찍이라면 얼마든지 맞겠습니다." 하면서 등을 돌렸다. 이것을 본 왕광언의 친구가 나중에 그를 꾸짖었다.
　"정말로 자네는 수치심도 모르나? 사람들 앞에서 그런 모욕을 당하고도 오히려 아부를 하다니……."
　이렇게 꾸짖어도 그는 아랑곳하지 않고 대답했다.
　"그렇지만 여보게, 그렇게 해서라도 출세만 할 수 있다면 더욱 좋지 않은가?"
　이런 일로 인하여 당시의 사람들은 그를 가리켜,
　"왕광언은 철갑 열 겹을 씌운 것과 같이 얼굴 가죽이 두껍다."라고 하였다.

청군입옹 請君入甕

請 : 청할 **청**　**君** : 임금 **군**　**入** : 들 **입**　**甕** : 항아리 **옹**

뜻풀이 그가 사람을 해쳤던 방법대로 똑같이 다스린다는 뜻.

출 전 『자치통감(資治通鑑)』

해 설

　당나라를 측천무후가 다스릴 때 내준신과 주흥이라는 두 대신은 악랄하기가 짝이 없는 자들이었다. 특히 그들은 형벌을 가하는 데는 잔인하기로 이름이 높았다.

　어느 날 주흥이 모반을 꾀한다는 밀고가 들어오자 측천무후는 그 문제를 내준신에게 맡겼다. 그리하여 내준신은 주흥을 다루기가 어렵다는 것을 알고 일부러 술상을 차려 놓고 마주 앉아 그에게 물었다.

　"죄수들이 교활하여 온갖 형벌을 가해도 불지 않으면 노형께서는 어떤 방법을 쓰시겠습니까?"

　"그야 간단하지요. 불에 큰 항아리를 올려 달구어 놓고 그 속에 넣는다면 불지 않을 자가 없을 것이오."

　"그것 참 훌륭한 방법이오."

　내준신은 간사한 웃음을 띠더니 곧바로 큰 항아리를 가져다 불 위에 올려놓고 시뻘겋게 달게 한 뒤에 주흥에게 말했다.

　"그대가 반역을 꾀한다기에 이제 어명으로 다스리는 것이니 어서 항아리 속으로 들어가시오."

　이에 주흥은 얼른 꿇어앉아 죄를 인정했다.

초가벌진 楚可伐陳

楚 : 초나라 **초**   可 : 가할 **가**   伐 : 칠 **벌**   陳 : 진나라 **진**

뜻풀이 초나라는 진(陳)나라를 칠 수 있다는 뜻으로, 작은 나라가 지나치게 전쟁 준비를 한다면 그만큼 국력이 낭비된다는 말.

출 전 『설원(說苑)』·〈권모편(權謀篇)〉

해 설

  초나라의 장왕이 진나라를 칠 생각으로 염탐꾼을 보내 몰래 진나라의 사정을 살피게 하였다. 얼마 후 그가 다녀오더니 왕에게 보고했다.

  "진나라는 칠 수가 없겠습니다."

  "어째서 그렇다는 건가?"

  "신이 진나라에 가서 보았더니 성곽은 높으며 성 주위로 판 물구덩이나 참호는 깊고 모아 둔 식량도 엄청나게 많았습니다."

  그의 말을 들은 장왕이 말했다.

  "그렇다면 진나라를 칠 수 있다. 진나라는 작은데 모아 둔 식량이 많다면 이는 세금을 많이 거두었다는 증거이고, 세금을 많이 거두었다면 당연히 백성들의 원망도 높을 것이다. 또 성곽이 높고 그 주위를 둘러싸고 있는 못이 깊다면 백성들이 녹초가 되었을 것은 분명하지 않은가?"

  그리하여 장왕은 군사를 일으켜 진나라를 쳐서 아무 어려움 없이 진나라를 차지할 수 있었다.

초미지급 焦眉之急

焦 : 탈 초 眉 : 눈썹 미 之 : 어조사 지 急 : 급할 급

뜻풀이 불길이 눈썹을 태울 지경이라는 뜻으로, 매우 위급함을 이르는 말.

출 전 『오등회원(五燈會元)』

해 설

어떤 승려가 장산을 만나 물었다.

"부처님의 지혜는 어떤지 한 마디로 말해 보시오."

그러자 장산이 말했다.

"불길이 눈썹을 태우는 것과 같다."

『삼국지』에 보면 장소가 제갈량을 만나 말했다.

"선생은 자신을 관영이나 악광에 비교한다고 오래전부터 듣고 있었습니다. 지금 유현덕이 선생을 얻었는데도 신야를 버리고 번성으로 도망했고, 형양에서 패하여 하구로 달아나 눈썹이 타는 듯한 위급한 지경에 이르렀으니 악광의 1만분의 1이라도 따라가겠습니까?"

초요과시 招搖過市

招 : 부를 초 搖 : 흔들릴 요 過 : 지날 과 市 : 저자 시

뜻풀이 허풍을 떨면서 남들의 시선을 끄는 것을 비유하는 말.

출 전 『사기(史記)』·〈공자세가(孔子世家)〉

해 설

공자는 자신의 정치적인 주장을 실현하기 위해 제자들을 이끌고 여러 나라를 돌아다녔는데, 그가 맨 처음으로 찾아간 나라는 위(衛)나라였다.

이때 위나라의 왕인 영공은 매우 어리석어 왕 노릇을 제대로 못하고 그의 부인인 남자가 나라 정치를 맡고 있었다.

그래서 공자가 왔다는 말을 들은 남자는 자기가 직접 공자를 만나게 되었는데, 공자와 만나는 날 그녀의 치맛자락에서 방울 소리가 요란하게 났다. 이에 공자의 제자인 자로는 그녀의 무례한 태도에 노여움을 금할 수가 없었는데, 한 달 후에 공자가 위나라의 영공과 거리 구경을 하게 되었다.

그런데 이때에도 남자가 수레에 함께 타고 가는데 여전히 그녀의 치맛자락에서 방울 소리가 요란했으므로 거리의 행인들까지도 이를 매우 아니꼽게 생각했다.

이렇게 되자 공자는 부끄러움을 느껴 곧 위나라를 떠나고 말았다.

추고 推敲

推 : 밀 추   敲 : 두드릴 고

[뜻풀이] 퇴고라고도 하며 자기가 지은 글의 자구를 여러 번 생각하여 자꾸 고치는 것을 말함.

[출전] 『당서(唐書)』·〈가도전(賈島傳)〉

[해설]
　당나라 때의 시인 가도가 과거를 보려고 상경한 어느 날 당나귀를 타고 장안을 가고 있었는데, '새는 연못가의 나무에서 잠들고, 스님은 달빛을 받으며 문을 민다(僧推月下門)'는 시구가 떠올랐다.
　그런데 추(推)자가 마음에 들지 않아 다시 생각해 낸 것이 고(敲)자였다.
　그랬더니 또다시 추자가 나은 것 같았다. 이렇게 추자와 고자를 두고 거기에 정신을 쏟다가 그만 유명한 작가인 한유의 행차와 부딪치게 되었다.
　그래서 한유 앞으로 끌려간 가도는 사실대로 말했고, 까닭을 알게 된 한유는 꾸중 대신 가도의 창작 태도를 칭찬하면서,
　"추보다는 고가 나을 것 같소."라고 말했다. 이에 가도는 고자를 쓰게 되었으며 그때부터 가도와 한유는 매우 다정한 벗이 되었다.

치지도외 置之度外

置 : 둘 **치** 之 : 어조사 **지** 度 : 정도 **도** 外 : 밖 **외**

뜻풀이 염두에 두지 않거나 아랑곳하지 않은 태도를 비유한 말.
출 전 『후한서(後漢書)』·〈외효전〉
해 설

유수가 왕망의 정권을 무너뜨리고 후한이라는 새 나라를 세우고 황제가 되었으나 나라는 아직도 완전한 통일을 이루지 못했고, 그들은 겉으로는 후한을 섬기는 척했다.

그리고 농민군들이 함부로 날뛰어 광무제인 유수는 5년 만에 비로소 기본적인 통일을 이룰 수가 있었다. 하지만 간쑤성의 외효와 쓰촨성의 공손술은 여전히 강력한 세력으로 남아 있었다.

이때 외효는 유수에게 자신을 그의 신하라면서 아들을 뤄양에 보내 벼슬을 시키는 등 섬기는 척했으나 사실은 그렇지 않았다. 그리고 공손술은 스스로 촉나라의 왕이라면서 수십만 대군을 거느리고 쓰촨성에 있었다.

그때 유수는 교통이 불편하여 이들을 무찌를 수가 없자,

"이 두 사람은 잠깐 내버려 두자."고 말한 뒤에 상당한 시간이 흘러서 그들을 무찔렀다.

친통구쾌 親痛仇快

親 : 가까울 **친** 痛 : 슬퍼할 **통** 仇 : 원수 **구** 快 : 통할 **쾌**

뜻풀이 자기와 가까운 사람들은 가슴 아파하고 적들은 기분이 흐뭇해 할 일의 처리를 비유하는 말.

출전 『후한서(後漢書)』·〈주부전(朱浮傳)〉

해설

후한의 광무제 때 주부와 팽총이라는 두 장군은 후한을 세우는 데 공로가 컸다. 그런데 왕으로 봉해질 줄 알았던 팽총은 왕으로 봉해지기는커녕 유주 목사 주부의 밑으로 들어가게 되었다.

이 때문에 팽총은 주부에 대한 불만이 몹시 많았는데, 주부는 이를 광무제에게 고발했다. 그러자 광무제는 곧바로 팽총을 뤄양으로 불러들이려고 했으나 주부의 장난인 줄 안 팽총은 황제의 명령을 거역하고 군사를 이끌고 주부를 치기 시작했다.

그러자 주부는 글을 보내 팽총을 꾸짖으면서 말했다.

"천하를 안정시킨 사람은 사사로운 원수가 없으며 지난날의 일로 자신을 그르쳐서도 안 될 것이다. 그대는 늙은 어머니와 어린 아우가 있다는 점을 생각하기 바란다. 무슨 일이든지 자기 편 사람들의 마음을 아프게 하여 적들로 하여금 기뻐하게 해서는 안 될 것이다."

쾌도참난마 快刀斬亂麻

快 : 통쾌 쾌 刀 : 칼 도 斬 : 벨 참 亂 : 어지러울 난 麻 : 삼 마

뜻풀이 날쌘 칼로 어지러운 삼을 벤다는 뜻으로, 어지럽게 뒤얽힌 사물을 명쾌하게 처리함을 비유하는 말.

출전 『북제서(北齊書)』·〈문선기(文宣紀)〉

해설

　남북조 시대 때 동위 효종 황제의 밑에서 승상으로 있던 고환은 어느 날 자기의 아들들이 얼마나 영리한가를 시험해 보려고 흩어진 삼을 한 줌씩 나누어 주면서 누가 가장 빨리 추리는가 보겠다고 말했다.

　그러자 다른 아들들은 한 개씩 뽑아서 추리는 데 유독 고양만은 잘 드는 칼을 가져와 흩어진 삼들을 모두 베어 버리고 가장 먼저 추렸다고 말했다.

　이때 고환이 왜 그렇게 했느냐고 묻자 고양은 "어지러운 것은 베어 버려야 하는 법입니다."고 대답했다. 고환은 이 아이야말로 앞으로 큰일을 할 것이라고 기뻐했는데, 마침내 고양은 효정 황제의 자리를 빼앗고 북제의 문선제가 되었다.

　그 후부터 통치자들이 백성들을 혹독하게 다루는 것을 쾌도참난마라고 일컫게 되었다.

타수가득 唾手可得

唾 : 침뱉을 **타** 手 : 손 **수** 可 : 가할 **가** 得 : 얻을 **득**

뜻풀이 어렵지 않게 일이 잘 되기를 기약할 수 있음을 이르는 말.

출 전 『신당서(新唐書)』·〈은태자건성전(隱太子建成傳)〉

해 설

건성은 당나라의 고조인 이연의 맏아들로서 태자에 책봉되었으나 둘째인 이세민이 전공도 많이 세우고 주위에 그를 따르는 사람도 많아 그의 위세는 태자를 앞지를 정도였다.

그래서 태자의 측근인 왕규 등은 태자의 위신이 떨어질까 크게 걱정했다. 그러던 중 유흑달이라는 자가 반란을 일으키자 왕규는 건성에게

"지금 유흑달의 무리는 1만 명도 안 되니 군사를 이끌고 나가 치면 쉽게 깨뜨릴 수가 있습니다."라고 하면서 전공을 올려 위신을 세우라고 강력하게 권했다.

타인한수 他人鼾睡

他 : 남 **타**　人 : 사람 **인**　鼾 : 코고는 소리 **한**　睡 : 잠잘 **수**

뜻풀이 남이 코를 고는 소리라는 뜻으로, 자기에게 방해가 되어 눈에 거슬리는 것을 말함.

출 전 『송사(宋史)』

해 설

송나라의 태조가 천하를 통일하고 제위에 올랐을 때 양쯔강 이남인 강남 지방에는 이욱이 남당의 왕으로 있었다.

천하를 통일한 태조에게 있어서 남당은 눈엣가시 같은 존재였으므로 태조는 사신을 보내 잘 달래려고 하였다. 하지만 이욱은 이를 거절하고 서현을 보내,

"강남은 아무 잘못도 없으니 공격하지 말아 달라."고 애원만 되풀이할 뿐이었다. 본디 고집이 센 서현은 무턱대고 '강남무죄'라는 소리만 지껄이자, 온화한 성격의 태조도 더 이상 참지 못하고,

"누가 강남 무죄를 모른다고 했느냐? 이제 천하는 한 집안이 되었는데, 침상 옆에서 코를 고는 소리는 정말로 들을 수 없다."면서 태조는 결국 남당을 공격해서 송나라의 땅으로 만들고 말았다.

타초경사 打草驚蛇

打 : 칠 **타** 草 : 풀 **초** 驚 : 놀랄 **경** 蛇 : 뱀 **사**

뜻풀이 풀을 치니 뱀이 놀란다는 뜻으로, 아랫사람의 비리에 자기도 관련되어 어쩔 줄 모름을 이르는 말.

출전 『유양잡조(酉陽雜俎)』

해설

　왕로라는 현령이 당도령으로 있을 때 왕법을 어기고 많은 재물과 돈을 횡령한 일이 있었다.

　하루는 왕로가 서류를 훑어보던 중 어떤 백성의 공소장을 읽다가 그의 측근인 주부가 법을 어기고 남의 재물을 횡령한 일이 있다는 사실을 알게 되었다.

　그러나 횡령 사건은 왕로 자신도 많이 저질렀으며 그 횡령 역시 왕로와 직접적인 관계가 있었다.

　그리하여 왕로는 그 공소장을 읽어 본 뒤에 백성에게

　"너는 비록 숲을 쳤지만 나는 이미 놀란 뱀처럼 되었다."고 자신이 느낀 바를 말했다고 한다.

탐려득주 探驪得珠

探 : 찾을 **탐**　驪 : 가라말 **려**　得 : 얻을 **득**　珠 : 구슬 **주**

[뜻풀이] 흑룡을 찾아 진주를 얻는다는 뜻으로, 글을 지을 때 문제의 핵심을 정확하게 내다보는 것을 말함.

[출전] 『장자(莊子)』·〈열어구편(列禦寇篇)〉

[해설]
　송나라에 아무런 재능도 없으면서 양왕의 신임을 얻어 높은 벼슬자리에 앉아 왕이 준 수레를 타고 다니며 거들먹거리는 사람이 있었다. 어느 날 장자가 이런 이야기를 들려 주었다.
　"옛날 황하 강변에 갈대로 발을 엮어서 생계를 꾸려 가는 가난한 집이 있었다네. 하루는 그 집 아이가 물 속에서 진주를 주워 오자 그 아이의 아버지가 '이 귀중한 진주는 오직 천 길 물 밑에 사는 흑룡의 목구멍 속에만 있는데, 너는 아마 그 용이 잠을 자는 사이에 꺼내 왔을 것이다. 이제 흑룡이 잠을 깨면 네 목숨이 붙어 있을 줄 아느냐?'하고 꾸짖었다고 하네. 오늘 송나라는 깊은 물 속과도 같고 왕은 흑룡과도 같네. 지금 그대가 수레를 타고 다니며 거들먹거릴 수 있는 것은 나라가 잠깐 어지럽기 때문인데, 만약 바른 세상이 온다면 어림없는 일일세."

태산홍모 泰山鴻毛

泰 : 클 태   山 : 메 산   鴻 : 큰기러기 홍   毛 : 터럭 모

뜻풀이 태산처럼 무겁기도 하고 큰 기러기 털처럼 가볍기도 한다는 뜻으로, 사람에게는 어떻게 사느냐보다 어떻게 죽느냐가 더욱 중요할 때도 있음을 이르는 말.

해 설

고대 중국의 뛰어난 역사가이며 문인이었던 사마천은 싸움터에서 용감히 싸우다가 흉노에게 포로가 된 장수 이릉을 두둔하는 말을 몇 마디 했다가 전한의 무제에게 크게 노여움을 사서 감옥에 갇혔다가 궁형이라는 형벌을 받았다.

그러나 사마천은 이러한 형벌과 고통을 모두 이기고 거작 『사기』를 완성했다. 그러면서 벗인 임소경에게 보내는 편지 〈보임안서〉에서 그는 이렇게 썼다.

"「사람이란 한 번은 죽게 마련인데, 어떤 사람에게는 태산처럼 무거울 것이고 어떤 사람에게는 큰 기러기의 털처럼 가벼울 것이니, 이 차이는 그 쓰이는 바가 다르기 때문일 것이다.」"

퇴피삼사 退避三舍

退 : 물러날 퇴 避 : 피할 피 三 : 석 삼 舍 : 집 사

뜻풀이 세 집을 물러나 피한다는 뜻으로, 자리를 양보하거나 멀찍이 물러남을 이르는 말.

출전 『춘추좌씨전(春秋左氏傳)』·〈희공 23년〉

해설
　진(晉)나라 헌공의 애첩인 이희는 자기가 낳은 아들을 태자로 삼으려고 태자인 신생과 공자인 중이와 이오를 없애려고 하였다.
　그러자 헌공은 이희의 말을 믿고 신생을 몹시 괴롭혀 죽게 한 뒤에 중이와 이오를 잡으려고 했으나 그들은 다행히 달아난 뒤였다.
　중이는 19년 동안이나 여러 나라를 떠돌아다니던 중 초나라에 갔는데, 성왕은 성대한 잔치를 베풀어 그를 환영했다. 그때 성왕은 중이에게
　"앞으로 공자께서 고국으로 돌아가면 과인에게 어떤 보답을 하시겠소?"하고 묻자 중이는
　"내가 대왕의 덕분으로 고국에 돌아간 뒤에 만약 두 나라 사이에 싸움이 일어난다면 나는 군사들을 이끌고 3사(90리)를 물러나 오늘의 환대에 보답하겠습니다. 그러나 만일 그래도 대왕께서 양해하시지 않는다면 그때는 대왕과 일전을 겨룰 것입니다."라고 대답했다.
　그 후 중이는 진(秦)나라로 갔다가 왕의 도움으로 귀국하여 왕위에 올랐는데, 3년 뒤에 과연 진나라와 초나라 사이에 싸움이 일어났다.
　그때 문공인 중이는 전날에 초나라의 왕과 약속한 대로 3사 밖으로 물러났다고 한다.

파과지년 破瓜之年

破 : 깨뜨릴 **파**　瓜 : 오이 **과**　之 : 어조사 **지**　年 : 나이 **년**

뜻풀이 '과(瓜)'자를 가로와 세로로 파자하면 팔팔(八八)이 되는 데서 나온 성구이다. 여자의 나이 16세, 남자의 나이 64세를 이르는 말.

출 전 손작(孫綽)의 시 〈정인벽옥가(情人碧玉歌)〉

해 설
　손작의 시 〈정인벽옥가〉에서 파과지년이 처음으로 쓰였다고 한다.

　푸른 옥처럼 오이가 깨어질 때
　님은 정으로 나를 덮었네.
　님을 느껴 부끄러이 붉히지도 않으니
　몸을 돌려 님에게로 가서 안겼네.

　한편 여동빈이 쓴 〈알장계류시〉에는 '공이 이루어지는 것은 마땅히 오이가 깨어지는 해이니 수명을 누린 지 64세에 죽었다'는 말이 나온다.

파증불고 破甑不顧

破 : 깨뜨릴 파 甑 : 질그릇 증 不 : 아니 불 顧 : 돌아볼 고

뜻풀이 이미 깨여진 시루는 돌아볼 필요가 없다는 뜻으로, 돌이킬 수 없는 일을 가지고 슬퍼하거나 아쉬워할 필요가 없다는 말.

출 전 『곽림종별전(郭林宗別傳)』

해 설

후한 때의 사람인 거록은 어느 날 시장에서 시루를 사 가지고 오다가 그만 한순간에 실수로 땅에 떨어뜨려서 산산조각을 내고 말았다.

그런데도 맹민은 돌아보지도 않고 그대로 걸어가고 있었다.

그때 곽태라는 사람이 그 모습을 보다가 맹민이 평범한 사람이 아님을 알아보고 그에게 다가가서 물어보았다.

"시루를 깼는데 왜 돌아보지도 않는가?"

그러자 맹민은 태연하게,

"이미 깨어진 것을 돌아보면 무슨 소용이 있는가?" 하고 대답했다. 그리하여 곽태는 맹민의 대범함과 과단성 있는 행동에 감탄하여 그때부터 벗으로 사귀었다.

파천황 破天荒

破 : 깨뜨릴 **파**   天 : 하늘 **천**   荒 : 거칠 **황**

뜻풀이 천황이란 천지가 아직 열리지 않은 때의 어지러운 상태이며, 이것을 깨뜨려 버리고 새로운 세상을 만든다는 뜻으로, 이전에 아무도 하지 못한 큰일을 처음으로 시작함을 이르는 말.

출 전 『북몽쇄언(北夢瑣言)』

해 설

중국의 과거 제도는 수나라 때부터 청나라 말까지 계속되었다. 이 제도는 외척 등의 문벌 집단이 조정을 흔드는 것을 막고 왕의 손에서 빚어지는 정치를 막기 위한 새로운 제도였다.

그 무렵 당나라의 형주는 의관이 많이 모이는 곳으로서 해가 바뀌면 인재를 뽑아 해라는 곳으로 보냈다. 하지만 형주 출신은 과거에 급제하는 사람이 없어 그곳으로 보낼 수가 없었다.

그때 유세라는 사나이가 있었는데, 그는 지방 장관이 실시하는 시험에 합격하고, 이어서 중앙에서 실시하는 시험까지 합격했다.

그것은 대단한 사건으로서 형남군 절도사인 최현은 파천황전이라는 성금 70만 전을 유세에게 보냈다. 이것은 그 당시의 선발 시험인 '파천황해'가 얼마나 대단했다는 보여 주는 좋은 증거이기도 하다.

패군지장 敗軍之將

敗 : 패할 패 軍 : 군사 군 之 : 어조사 지 將 : 장수 장

뜻풀이 싸움에 진 장수를 말함.
출 전 『사기(史記)』·〈회음후열전(淮陰侯列傳)〉
해 설

　진(秦)나라가 멸망한 직후 한나라 왕으로 봉해진 유방은 동쪽으로 진격해서 항우와 장기전을 벌이는 한편, 한신을 보내 위(魏)를 토벌한 후 곧 조나라로 쳐들어갔다.

　이때 조나라에서는 급히 군사를 모아 대항했는데, 이때 왕의 참모인 이좌거가 한나라군을 물리칠 계략을 내놓았으나 왕과 진여는 그의 계략을 듣지 않았다. 그 결과 진여는 전사했고 왕과 이좌거는 사로잡히고 말았다.

　한신은 이좌거의 재주를 아깝게 여겨 사로잡은 이좌거에게 계책을 알려 달라고 간청하자 그가 말했다.

　"내가 듣기로는 싸움에 패한 장군은 용기를 입에 담을 수 없고, 멸망한 나라의 벼슬아치는 살기를 꾀할 수 없다고 들었습니다."

　그러자 한신이 웃으면서 말했다.

　"당치도 않은 말씀이오. 만약에 왕과 진여가 장군의 계책을 받아들였더라면 이른바 패군지장은 장군이 아니라 나였을 것이오."

편언절옥 片言折獄

片 : 조각 편 言 : 말씀 언 折 : 끊을 절 獄 : 감옥 옥

뜻풀이 한쪽의 말만 듣고 송사의 시비를 가리는 것을 말함.

출 전 『논어(論語)』·〈안연편(顔淵篇)〉

해 설

　공자의 제자인 자로는 체격이 매우 우람하고 성격이 괄괄했으나 공자의 가르침을 받으면서부터는 사람이 많이 변해서 공자가 외출할 때는 언제나 호위하고 다녔다.

　자로는 효성이 몹시 지극했고 자기가 대답한 일을 어떻게 해서든지 해내는 성미였고 항상 허름한 옷을 입고 부자들 속에 끼어 있어도 조금도 부끄럽게 여기지 않았다.

　그리하여 공자는

　"한쪽 송사만 듣고 판결을 내릴 수 있는 사람이 있다면 그것은 자로밖에 없을 것이다."라고 그를 칭찬한 일이 있었다. 즉 판결할 때는 양쪽의 송사를 다 들어 보아야 하는 것이 당연하나, 자로처럼 성실한 사람 앞에서는 거짓말을 할 수 없기 때문에 자로라면 한쪽 송사만 듣고도 공정한 판결을 내릴 수 있다는 뜻이다.

평장우 平章雨

平 : 그를 평　章 : 문장 장　雨 : 비 우

뜻풀이 평장사 왕백승이 기도한 덕으로 내린 비라는 뜻으로, 백성들의 평안을 위해 노력하는 벼슬아치의 노고와 정성을 비유하는 말.

출　전 『원사』·〈왕백승전(王伯勝傳)〉

해　설

　왕백승은 뜻이 매우 굳고 행동이 단정한 선비로서 벼슬길에 나아가 요양 등지에서 중서성 평장사를 지냈다.

　어느 해 몇 달 동안 비가 한 방울도 내리지 않는 가뭄이 들었다.

　이때 왕백승은 이런 가물음이 든 것은 자신이 정치를 똑바로 하지 못해 하늘이 노했기 때문이라고 여기고 새벽에 일어나 몸을 깨끗이 씻은 뒤에 하늘을 우러러보며 비가 내리기를 간절히 기도했다.

　그러자 왕백승의 정성에 하늘이 감동했는지 기도가 끝나자 하늘에서 비가 세차게 내렸다.

　비가 내리자 백성들이 모두 기뻐하며 거리고 뛰어나왔고, 서로 얼싸안고 흉년을 면하게 되었다고 좋아했다.

　또 백성들은 왕백승의 은공을 기리기 위해 이때 내린 비를 평장우라고 불렀다.

포벽유죄 抱璧有罪

抱 : 안을 포 璧 : 구슬 벽 有 : 있을 유 罪 : 죄 죄

뜻풀이 보물을 가지고 있으면 죄가 없는데도 억울하게 화를 당하게 된다는 말.

출 전 『춘추좌씨전(春秋左氏傳)』·〈환공(桓公) 10년〉

해 설

 우나라 왕의 우숙에게는 아주 값진 둥근 옥이 있었는데 그 옥이 워낙 아름답고 흠이 하나도 없었으므로 누구나 탐을 냈다.

 이를 본 그의 형인 우왕도 욕심을 내어 달라고 했는데 우숙은 거절했다. 그런데 우왕이 궁궐로 돌아간 뒤에 곰곰이 생각하던 우숙은 깊은 무릎을 치며 말했다.

 "이런, 내가 잘못했구나! 주나라 속담에 필부가 좋은 옥을 가지고 있으면 죄가 없어도 그것이 죄가 된다고 하였다. 괜히 이런 것을 가지고 있다가 화를 당할 필요가 없다."

 우숙은 곧바로 사람을 시켜 옥을 형에게 보내 버렸다. 그런데 얼마 후에 형은 우숙이 가지고 있던 보검을 달라고 요구하자 우숙은 깊은 생각에 잠겼다.

 '형의 욕심에는 만족이 없다. 이런 식으로 나가다가는 나중에는 내 목숨까지도 요구할 것이다. 이것을 미리 막지 않으면 내가 화를 당하고 말 것이다.'

 이리하여 우숙은 군사를 일으켜 형을 공격했고, 우왕은 허둥지둥 홍지로 달아나고 말았다.

포호빙하 暴虎馮河

暴 : 거칠 **포** 虎 : 범 **호** 馮 : 기댈 **빙** 河 : 물 **하**

뜻풀이 맨손으로 호랑이를 때려잡고 무턱대고 황하를 건너려고 한다는 뜻으로, 용기는 있으나 지혜가 없는 무모함을 비유한 말.

출 전 「논어(論語)」·〈술이편(述而篇)〉

해 설

　공자의 제자인 자로는 몸집도 크고 힘이 좋았으며 매우 용감했다. 그러나 자로는 지혜가 모자라서 공자는 거친 자로보다는 안회를 더 좋아했으므로 그는 은근히 스승의 태도에 불만을 품고 있었다.

　어느 날 자로는 일부러 공자에게

　"스승님께서 만일 대장군이 되어 삼군을 호령하신다면 누구를 가장 알맞은 부장으로 삼으시겠습니까?"하고 물었다. 자로는 싸우는 일이라면 글밖에 모르는 안회보다 자신을 스승이 더 인정해 주리라고 믿었던 것이다.

　그러나 공자는 뜻밖에도 이렇게 말했다.

　"맨손으로 사나운 호랑이를 때려잡거나 배도 없이 황하를 건너려는 것은 매우 경솔한 모험이다. 나는 생명을 귀하게 여기지 않는 그런 사람보다는 하는 일마다 조심하고 지혜를 써 가면서 반드시 성공하는 사람을 좋아한다."

풍성학려 風聲鶴唳

風 : 바람 풍　聲 : 소리 성　鶴 : 학 학　唳 : 학울 려

[뜻풀이] 바람 소리와 학의 울음소리라는 뜻으로, 겁을 먹은 사람이 하찮은 일에도 깜짝 놀람을 비유하는 말.

[출전] 『진서(晉書)』·〈부견재기(符堅載記)〉

[해설]

동진의 9대 왕인 효무제 때에 오호 16국 중 전진(前秦)의 3대 왕인 부견이 1백만 대군을 이끌고 쳐들어오자 효무제는 재상 사안의 아우 사석과 그의 조카인 사현에게 8만 명의 군사를 나누어 주면서 싸우게 했다.

이때 중군을 이끌고 비수 강가에 진을 치고 있던 사안은 여러 장수에게 명령했다.

"전군을 약간 뒤로 물렸다가 적이 강 한복판에 다다랐을 때 돌아서서 일제히 공격하라."

하지만 이것은 부견이 잘못 생각한 것이었다. 일단 물러서기 시작한 부견군을 되돌아서서 반격하기는커녕 멈출 수도 없었다.

이 틈에 무사히 강을 건넌 동진군은 부견군을 공격했으며, 혼란에 빠진 부견군은 들이쳤으며 그들의 시체는 들을 덮고 강을 메울 지경이었다.

이때 겨우 목숨을 건진 부견의 군사들은 바람 소리와 학의 울음소리에 겁을 먹은 나머지 동진군이 계속해서 뒤쫓아오는 줄로만 알고 계속 달아나기에 바빴다고 한다.

필부지용 匹夫之勇

匹 : 짝자을 필　夫 : 지아비 부　之 : 어조사 지　勇 : 용기 용

뜻풀이 일개 사내의 용기라는 뜻으로, 소인이 깊은 생각도 없이 혈기를 믿고 냅다 치는 것을 말함.

출　전 『맹자(孟子)』·〈양혜왕(梁惠王篇)〉

해　설
　어느 날 제나라의 선왕이 맹자에게 물었다.
　"이웃 나라와 사귀는 데 방법이 있습니까?"
　"있습니다. 오직 어진 사람만이 큰 나라로서 작은 나라를 섬길 수 있습니다. 그러므로 은나라 탕왕이 갈나라를 섬기고 주나라 문왕이 곤이를 섬겼습니다. 또한 오직 지혜 있는 왕만이 작은 나라로서 큰 나라를 섬길 수 있습니다. 주나라 태왕이 훈육을 섬기고 월나라의 왕 구천이 오나라를 섬겼습니다. 큰 나라가 작은 나라를 섬기는 것은 하늘의 도를 즐기는 것이고, 작은 나라가 큰 나라를 섬기는 것은 하늘의 도를 두려워함이니, 하늘의 도를 즐기는 사람은 천하를 편안하게 하고 하늘의 도를 두려워하는 사람은 자기 나라를 편안하게 합니다. 『시경』에는 '하늘의 위엄을 두려워하여 길이 나라를 편안하게 하도다.'라고 쓰여 있습니다. 대왕께서는 부디 작은 용기를 좋아하는 일이 없도록 하십시오. 칼자루를 어루만지고 노려보면서 '저런 자가 어찌 감히 나를 당해 낼 것이냐?'고 하신다면 이는 필부의 용기입니다. 이는 곧 한 사람을 상대하는 것이니 대왕께서는 제발 용기를 크게 부리십시오."

맹자는 왕이 용기를 좋아하는 마음을 근거로 하여 왕도 정치를 실행하는 방법을 왕에게 제시했던 것이다.

하동사자후 河東獅子吼

河 : 물이름 하 東 : 동녘 동 獅 : 사자 사 吼 : 울 후

뜻풀이 하동 땅의 사자가 성을 내어 웃다는 뜻으로, 남편이 아내를 몹시 두려워함을 비웃으며 하는 말.

출전 송나라 소식

해설

송나라 때의 문인이자 시인인 소식이 황주에 좌천되었을 때의 일이다. 그에게는 진조라는 아주 친한 벗이 있었는데 두 사람은 만나기만 하면 밤이 깊은 줄도 모르고 이야기를 나누었다.

그런데 성격이 독살스럽고 질투가 몹시 강했던 진조의 아내는 손님을 대접하는 자리에 기녀들이 앉아만 있어도 몽둥이로 벽을 두드리면서 소리를 마구 내질렀다.

이때 손님들이 할 수 없이 자리를 뜨게 되어도 아내에 대한 두려움이 심한 진조는 아무 말도 못 했다.

그러자 소식은 진조에게 〈기오덕인겸간진계상〉이라는 시 한 수를 써서 주었는데, 그 시에 '갑자기 하동 땅 사자가 울부짖는 소리를 들으니, 손에 쥔 지팡이를 놓치며 마음이 아찔하기만 하다'라는 구절이 들어 있었다.

하동이라는 것은 진조의 마누라를 가리키는 것이다.

하어복질 河魚腹疾

河 : 물이름 하 魚 : 물고기 어 腹 : 배 복 疾 : 아플 질

뜻풀이 배앓이나 설사를 일컫는 말.

출전 『춘추좌씨전(春秋左氏傳)』·〈선공(宣公) 12년〉

해설

초나라의 대부 신숙전이 어느 날 군사를 이끌고 송나라의 소읍성으로 쳐들어가서 성을 포위했다.

그런데 송나라의 대부 환무사와 신숙전은 그 전부터 잘 아는 사이였으므로, 신숙전은 환무사를 구하기 위해 성루를 향해 두어 번 고함을 질러 그에게 살 길을 가르쳐 주었으나 환무사는 이를 전혀 알아듣지 못했다.

그리하여 신숙전은 세 번째로 "하어복질하면 어찌할 것인가?" 하고 물으니, 환무사는 그제야 신숙전의 뜻을 깨닫고, "우물에 빠진 사람을 건져 달라"고 대답했다.

그러자 신숙전은 "그러면 우물 덮개 위에 쑥을 깔아 놓으라"고 소리쳤다. 이리하여 이튿날 소읍성이 함락되자 신숙전은 쑥이 덮여 있는 우물을 찾아 마침내 환무사를 구해 주게 되었다.

하필성문 下筆成文

下 : 아래 **하** 筆 : 붓 **필** 成 : 이룰 **성** 文 : 글월 **문**

뜻풀이 붓만 놀리면 문장이 된다는 뜻으로, 글재주가 매우 뛰어남을 이르는 말.

출 전 『삼국지(三國志)』·『위지(魏志)』·〈진사왕식전(陳思王植傳)〉

해 설

　조조의 넷째 아들 조식은 어려서부터 매우 영리하고 재주가 있었으며, 책을 손에서 놓지 않아 10여 세에는 벌써 시론과 시부 수십만 구절을 외우고 문장에도 상당한 능력을 보였다.

　어느 날 조조는 조식이 쓴 문장을 보고 몹시 놀라서,

"너 이거 남을 시켜 부탁한 것이 아니냐?"고 묻자 조식은

"입만 열면 경론이고 붓만 들면 명문인데 어찌 남을 시켜 베끼겠습니까?"하고 대답했다. 그러자 조조는 조식과 그의 형제들을 새로 세운 동작대에 모아 놓고 〈동작대부〉라는 제목으로 시 한 수씩을 지어 오도록 했는데, 그 중에서 조식의 시가 가장 뛰어나서 조조는 그를 더욱 사랑하게 되었다.

학립계군 鶴立鷄群

鶴 : 학 학 立 : 설 립 鷄 : 닭 계 群 : 무리 군

뜻풀이 닭의 무리 가운데 학이 서 있다는 뜻으로, 사람됨이 남보다 뛰어남을 이르는 말.

출전 『진서(晉書)』·〈충의전(忠義傳)〉

해설

　진(晉)나라 때의 혜소는 체격이 몹시 크고 재주가 있었는데, 혜제 때에는 시중을 지냈었다.

　그러던 어느 날, 혜소가 처음으로 목욕하러 들어갔을 때 그를 본 어떤 사람이 왕융에게 말했다.

　"어제 많은 사람들 가운데 있는 혜소를 처음 보았는데 당당한 모습이 들판의 닭 무리 가운데 학이 서 있는 것 같았습니다."

　그런데 그때 진나라의 조정은 몹시 어지러워져서 정권을 차지하기 위한 다툼이 치열해졌고 내란이 자주 일어났으나 혜소만은 조정에 충성을 다했다.

　어느 날 하간왕 마홍과 사마영이 반란을 일으켜 도성에 쳐들어오자 혜소는 혜제를 따라 그들을 맞아 싸웠으나 불행히도 패배했다. 그리하여 수많은 군사들이 달아났지만 혜소는 오직 혜제의 곁을 떠나지 않고 반란군과 싸워 혜제를 보호했으나 결국 전사하고 말았다.

　이때 혜제의 시중들이 도포 자락으로 피를 닦으려고 하자 혜제는 '시중의 피인데 닦지 말라'고 하였다.

학불염이교불권 學不厭而教不倦

學 : 배울 **학**   不 : 아닐 **불**   厭 : 물릴 **염**   而 : 어조사 **이**
教 : 가르칠 **교**   倦 : 게으를 **권**

[뜻풀이] 남에게 배울 때에는 싫증을 내지 말고, 남을 가르칠 때에는 게으름을 피우지 말라는 뜻.

[출 전] 『맹자(孟子)』·〈공손추장구(公孫丑章句)〉

[해 설]

하루는 공손추가 스승인 맹자와 긴 문답을 마친 뒤에 공손추가 스승에게 말했다.

"그렇다면 스승님께서는 이미 성인이십니다."

그러자 맹자는 정색을 하며 대답했다.

"너는 지금 무슨 소리를 하고 있느냐. 옛날에 자공이 공자에게 '스승님은 성인이시군요'라고 하자 공자께서 말씀하시기를 '나는 성인은 아니나 배우기를 싫어하지 않고 가르칠 때 게으르지 않다'고 하셨다. 공자 같은 성인도 감히 스스로 성인이라고 하지 않으셨는데 이것이 무슨 소린가?"

한단학보 邯鄲學步

邯 : 조나라서울 **한**　鄲 : 조나라서울 **단**　學 : 배울 **학**　步 : 걸을 **보**

[뜻풀이] 남의 것을 그대로 따라 배우려 하다가는 제 것 마저 잃는다는 뜻.

[출전] 「장자(莊子)」·〈추수편(秋水篇)〉

[해설]

　춘추전국 시대 때에 연나라의 수릉의 몇몇 소년들은 조나라의 백성들이 몹시 우아하게 걷는다는 말을 듣고 그 걸음걸이를 배우려고 조나라로 떠났다.

　조나라에 다다른 소년들은 그 나라 백성들이 걷는 자세를 유심히 살펴보면서 애써서 흉내를 내려고 했으나, 끝내 배우지 못하고 나중에는 자기들의 본디 걸음걸이를 자세마저 잊어버리다시피 하여 연나라로 돌아오고 말았다.

한마공로 汗馬功勞

汗 : 땀 한 馬 : 말 마 功 : 힘쓸 공 勞 : 힘쓸 로

뜻풀이 말을 달려 싸움터에서 이긴 공로를 뜻하는 말.

출 전 『한서(漢書)』·〈소하전(蕭何傳)〉

해 설

　유방이 군사를 일으켜 진(秦)나라와 항우군을 깨뜨리기 위해 싸우고 있을 때 소하는 유방의 참모로 있었다. 그는 유방과 같은 고향 사람이었으므로 유방은 한나라를 세우고 황제가 된 뒤에 소하를 재상으로 삼았고 논공행상을 할 때에도 첫째 자리에 앉도록 하였다.

　그런데 많은 장수들이 이에 불만을 나타냈다. 그 까닭은 소하는 단 한 번도 싸움에 참전해 본 적이 없는 일개 문신이었고, 자기네들은 싸움이 일어날 때마다 목숨을 내놓고 전공을 세운 장수들이었기 때문이었다.

　어느 날 고조가 장수들을 모아놓고 물었다.

　"그대들은 사냥개를 데리고 사냥해 본 일이 있는가?"

　모두들 사냥해 본 적이 있었다고 하자 고조가

　"사냥할 때 잡은 짐승을 물어 오는 것은 사냥개이지만 사냥을 지휘하는 것은 사람이다. 그러니 그대들을 가리켜 공을 세운 사냥개라고 한다면 소하는 그 공을 세우도록 지휘하는 사람이라고 할 수 있다.

　그러자 여러 장수들은 아무 말도 못 했다고 한다.

할계언용우도 汗割鷄焉用牛刀

割 : 가를 할 鷄 : 닭 계 焉 : 어찌 언
用 : 쓸 용 牛 : 소 우 刀 : 칼 도

뜻풀이 닭을 잡는 데 어찌 소를 잡는 칼을 쓰겠는가라는 뜻으로, 작은 일을 하는 데 큰 인재를 쓸 필요가 없음을 이르는 말.

출전 『논어(論語)』·〈양화편(陽貨篇)〉

해설

어느 날 공자가 제자들과 함께 제자인 자유가 현령으로 있는 무성이라는 작은 고을에 다다랐을 때였다.

어느 곳에서 거문고 소리와 책 읽는 소리가 들려 오므로 자유가 학교를 세운 것임을 알고 공자가 웃으면서 말했다.

"닭을 잡는 데 어찌 소 잡는 칼을 쓰겠는가?"

공자의 말의 뜻은 이렇듯 작은 고을을 다스리는 데 자유와 같은 큰 인재를 쓰고 있는 세태를 한탄한 말이었다. 이에 자유가 대답했다.

"전에 스승님께서 군자들이 도를 배우면 어짊과 사랑하는 마음이 있게 되고, 소인들이 도를 배우면 말을 잘 듣게 된다고 하셨습니다."

이 말에 공자는 제자들을 향하여,

"자유의 말이 맞다. 방금 내가 한 말은 농담이었다."고 하였다.

할석분좌 割席分坐

割 : 가를 할 席 : 자리 석 分 : 나눌 분 坐 : 앉을 좌

뜻풀이 자리를 갈라서 앉은 곳을 나눈다는 뜻으로, 친구 사이의 절교를 선언함을 이르는 말.

출 전 『세설신어(世說新語)』·〈덕행편(德行篇)〉

해 설

삼국 시대 위나라의 사람인 관영과 화흠은 젊을 때에 함께 공부하고 놀았으나, 그들의 사람됨은 완전히 달랐다고 한다.

어느 날, 그들이 채소밭에서 김을 매고 있다가 호미로 금덩이 하나를 파냈다. 이때 관영은 아무 일도 없었다는 듯이 일만 했으나, 화흠은 곧 금덩이를 집어 들고 기뻐서 어쩔 줄을 몰랐다. 그러다가 관영의 담담한 모습을 보고는 금덩이를 슬그머니 내버렸다.

언제인가 또 한 번은 두 사람이 방 안에서 책을 읽고 있는데 밖에서 어떤 고관이 지나가는 소리가 요란하게 들려 왔다.

이때에도 관영은 계속 독서만 하고 있었으나, 화흠은 곧바로 달려나가 한참을 구경하다 들어와서는 고관의 행차 모습을 떠들어 대면서 부러움을 감추지 못했다.

이에 화가 치민 관영은 칼을 뽑아 그가 깔고 앉은 돗자리를 반으로 잘라 버리고 말았다.

"이제 자네는 나와 벗이 아닐세. 그러니 나와 한 자리에 앉을 생각을 버리게."

합포주환 合浦珠還

合 : 합할 합 浦 : 포구 포 珠 : 진주 주 還 : 돌아올 환

뜻풀이 합포에 진주가 돌아온다는 뜻으로, 잃어버렸던 물건이 다시 돌아옴을 이르는 말.

출 전 『한서(漢書)』·〈맹상전(孟嘗傳)〉

해 설

합포는 농사가 안 되는 대신 진주가 많이 나오는 유명한 고장으로 당시 백성들은 대대로 진주를 캐어 교지에 가서 쌀과 바꾸어 살아갔다고 한다.

그러나 벼슬아치들의 탐욕과 수탈로 인해 진주의 생산량은 날이 갈수록 줄어들고 백성들의 생활이 나날이 어려워지자 '합포의 진주는 모두 교지로 흘러가 버렸다'면서 더 이상 진주를 캐지 않았다.

그 때문에 벼슬아치들의 강탈은 없어졌으나 백성들의 생활은 눈 뜨고 볼 수가 없을 정도로 참혹하였다.

그러던 중 환제 때에 맹상이라는 사람이 합포 태수로 와서 제도를 바꾸고 불법 행위를 금하면서 진주 생산을 북돋은 결과 진주 생산은 점점 늘어나고 시장도 활기를 띠어 백성들의 생활도 예전처럼 넉넉하게 되었다.

이리하여 백성들은,

"합포의 진주가 돌아왔다."고 하면서 기뻐했다.

해령환시계령인 解鈴還是系鈴人

解 : 풀 해 鈴 : 방울 령 還 : 돌아올 환 是 : 옳은 시
系 : 맬 계 人 : 사람 인

뜻풀이 방울을 푼 사람이 원래 방울을 묶은 사람이라는 뜻.

출 전 『지월록(指月錄)』·〈법등(法燈)〉

해 설

　남당 때 금릉의 청량사에 법안이라는 고승과 태음 선사(법등)라는 승려가 있었다. 그런데 태음 선사는 절의 일에 크게 관계하지 않아 다른 승려들이 모두 그를 깔보고 있었다.

　하지만 고승인 법안만은 그를 특별히 존중하였다.

　어느 날 법안이 여러 승려들에게,

　"한 호랑이의 목에 방울이 매어져 있다면 누가 그 방울을 풀 수 있겠는가?"하고 물었더니 승려들은 고개만 저을 뿐 어느 누구도 대답하지 못했다.

　바로 그때 태음 선사가 밖에서 들어왔으므로 법안이 다시 그에게 물었더니 그는 주저없이,

　"그 호랑이의 목에 방울을 맨 사람이 풀 수 있소."라고 대답했다. 그러자 법안은 크게 기뻐하면서 다른 승려들에게 태음 선사를 무시해서는 안 된다고 말했다.

해인청문 駭人聽聞

駭 : 놀랄 해 人 : 사람 인 聽 : 들을 청 聞 : 들을 문

뜻풀이 놀라운 일이나 놀라운 소문이라는 뜻으로, 어떤 일이나 언행이 지나쳐서 놀라울 지경을 비유하는 말.

출전 『수서(隋書)』·〈왕소전(王韶傳)〉

해설

수나라 초기 사람인 왕소는 북제와 북주에서 벼슬했으나 두 나라가 망하자 수나라에 들어가 수문제와 수 양제의 밑에서 저작랑의 벼슬을 지내고 있었다.

왕소는 더러 국사의 편찬에 참여하기는 했으나 많은 시간을 허무맹랑한 짓을 하는 데 보냈다. 이를테면 이전에 돌아다녔던 허황된 얘기를 퍼뜨려 수나라 강산이 만세 태평할 것이라면서 수 문제와 수 양제에게 아부했다.

또한 황후가 세상을 떠났을 때도 황후는 본디 묘선 보살이었는데, 죽은 것이 아니라 되돌아갔다고 아양을 떨었다.

그리하여 저작랑이라는 벼슬을 20년 동안이나 지내게 되었다.

하지만 뒷날 사람들은 그의 사람됨을 평가하면서 그의 비열한 행위를 가리켜,

"때로 그의 문장은 몹시 비루하고 천박했으며, 때로는 일상을 벗어나서 세상 사람들의 귀와 눈을 놀라게 하였다."고 하였다.

행백리자 반어구십 行百里者 半於九十

行 : 갈 **행**　百 : 일백 **백**　里 : 마을 **리**　者 : 놈 **자**
半 : 반 **반**　於 : 어조사 **어**　九 : 아홉 **구**　十 : 열 **십**

[뜻풀이] 백리 길을 가는 사람에게는 구십 리를 가야 반쯤 간 것이라는 뜻으로, 아무리 기초가 잘 되어 있고 출발이 좋다고 해도 일이 제 궤도에 오르기 위해서는 상당한 시간과 인내심이 필요하다는 말.

[출 전] 『전국책(戰國策)』·〈진책(秦策)〉

[해 설]
　어떤 사람이 진나라의 무왕을 찾아와서 충고했다.
　"진나라는 오늘날 어느 나라보다도 천하에서 제일 강하고 부유합니다. 다만 염려되는 것은 이런 점을 이용하여 폐하께서 이웃의 여러 나라들을 넘보지 않을까 하는 점입니다. 신은 '왕자의 군대는 싸움에 이겨도 우쭐거리지 않고, 패자는 막바지에 몰려도 화내지 않는다.'고 알고 있습니다. 이 시점에서 폐하께서 좀 더 노력하신다면 반드시 대업을 이루실 것이나, 마음을 놓고 자기 만족에 빠진다면 그들에게 망신을 당하지 않을까 걱정도 됩니다. 『시경』에서 말하기를 '백 리를 가는 사람은 구십 리를 반으로 한다.'고 했는데, 이는 마무리하는 일이 더 어려운 것을 비유한 것입니다. 부디 왕께서는 굽어 살피시기 바랍니다."

행불유경 行不由徑

行 : 갈 행 不 : 아닐 불 由 : 말미암을 유 徑 : 지름길 경

[뜻풀이] 길을 갈 때는 지름길을 택하지 않는다는 뜻으로, 일할 때 바른 방법을 쓰지 않고 편법을 쓰면 당장은 빠르고 이로울 것 같지만 결국 그것이 화근이 되어 큰 낭패를 볼 수 있음을 이르는 말.

[출 전] 『논어(論語)』·〈옹야편(雍也篇)〉

[해 설]

공자의 제자인 자유가 무성이란 고을의 책임자가 되었다.
공자가 자유에게 물었다.
"너는 알맞은 사람을 만났느냐?"
자유가 대답했다.
"예, 담대멸명이라는 사람을 얻었습니다. 그는 일을 처리할 때 지름길을 택하지 않으며, 공적인 임무가 아니면 제 방에 온 일이 없습니다."

담대멸명은 노나라의 무성 사람으로 자는 자우이며 그는 워낙 공명정대한 사람이어서 공자도 그를 제자로 삼아 가르칠 정도였다고 한다.

현양두매구육 縣羊頭賣狗肉

縣:거꾸로걸현 羊:양양 頭:머리두 賣:팔매
狗:개구 肉:고기육

뜻풀이 양의 머리를 걸어 놓고 개고기를 판다는 뜻으로, 겉으로는 그럴듯한 물건을 내놓고 실제로는 형편없는 물건을 파는 행위를 이르는 말.

출전 「안자춘추(晏子春秋)」·〈영공호부인편(靈公好婦人篇)〉

해설

　제나라의 영공은 남장한 미인을 매우 좋아하여 궁궐의 시녀들에게 전부 남자의 옷을 입히고 시중을 들게 하였다.

　그러자 이 풍습이 순식간에 제나라의 거리에 퍼져 나가 거리에는 온통 남장한 여자들로 들끓게 되었다. 사태가 이쯤 되자 영공은 즉시 법령을 내려 남장을 금지시켰다.

　어느 날 궁궐에서는 여전히 시녀들을 남장시켜 활동하게 했는데, 저잣거리에서도 이런 남장 활동이 그치지 않았다.

　하루는 영공이 화를 내며 안자에게 물었다.

　"어째서 저잣거리의 못된 유행이 그치지 않는 것이오?"

　안자가 이에 대답했다.

　"폐하, 궁궐에서는 그대로 남장을 시키고, 궁궐 밖에서는 남장을 금하면 어느 백성이 그것을 따르겠습니까? 이는 마치 소의 머리를 걸어 놓고 말고기를 파는 것이나 다름이 없습니다."

　현양두매구육을 줄여서 양두구육이라고도 한다.

형설지공 螢雪之功

螢 : 반딧불이 **형** 雪 : 눈 **설** 之 : 어조사 **지** 功 : 공 **공**

[뜻풀이] 반딧불이의 불빛과 겨울밤의 눈빛으로 열심히 공부하여 이룩한 성공을 뜻함.

[출 전] 『진서』·〈차윤전(車胤傳)〉

[해 설]

진나라의 차윤은 어려운 환경 속에서도 행동을 삼가고 부지런히 학업에 힘써 많은 책을 읽었다. 그러나 집안이 몹시 가난했기 때문에 등잔의 기름이 종종 떨어지는 때가 있었다.

그래서 여름에는 낡은 명주 주머니에 반딧불이를 많이 잡아 넣어 그 빛으로 책을 읽으면서 밤에도 낮처럼 공부했다.

뒷날 환온이 형주 자사가 되었을 때 차윤을 불러 관리를 시켰는데, 의리에 따라 사건을 판별하는 솜씨가 뛰어나 크게 중용되었다.

당시에 차윤은 오은지와 함께 가난한 중에서도 부지런히 공부하여 학문을 이룬 사람으로 유명했다.

차윤은 또 잔치 자리에서 재미있는 이야기를 하여 사람들을 즐겁게 하는 재주를 가지고 있었으므로 큰 잔치가 열릴 때 그가 오지 않으면 모두가 이렇게 말했다.

"차 공이 오지 않으니 흥이 도무지 나지 않는구려."

호구여생 虎口餘生

虎 : 호랑이 **호**　口 : 입 **구**　餘 : 남을 **여**　生 : 날 **생**

뜻풀이 호랑이 아가리에서 살아났다는 뜻으로, 위험한 처지에서 간신히 벗어남을 이르는 말.

출 전 『송사(宋史)』·〈주태전〉

해 설
　　송나라 때 삭주 지방에 주태라는 사람이 살고 있었는데, 집안이 매우 가난하여 산에 가서 나무를 하여 백 리 밖에 있는 시장에 내다 팔아서 늙은 어머니를 모시면서 살았다.
　　어느 날 주태는 산에 올라가 나무를 하다가 그만 사나운 호랑이에게 물려 끌려가게 되었다. 이때 주태는
　　"내가 죽는 것은 괜찮지만 집에 계신 늙은 어머니가 불쌍하다!"라고 악을 쓰자 호랑이는 그 바람에 깜짝 놀라 주태를 버리고 줄행랑쳐 버렸다.
　　그리하여 주태는 다행히 목숨을 건지게 되었는데, 사람들은 그를 가리켜 호구잔생(虎口殘生)이라고 하였다.
　　그리하여 주태는 아예 자신의 이름을 주잔생으로 고쳐 버리고 말았다.

호사수구 狐死首丘

狐 : 여우 호 死 : 죽을 사 首 : 머리 수 丘 : 언덕 구

뜻풀이 여우는 죽을 때 제가 태어난 언덕을 향해 머리를 두고 죽는다는 뜻으로 사람이 죽을 때면 고향이나 고국 생각이 간절함을 이르는 말.

출 전 굴월의 「구장」

해 설

춘추전국 시대의 시인인 굴원은 주위 사람들의 질투와 모함으로 초나라 왕의 미움을 사서 쫓겨나 온갖 고통을 겪으면서도 「이소」・「구가」・「구장」등과 같은 훌륭한 작품들을 많이 남겼다.

그 중에서 「구장」중 〈애영〉이라는 시에 '새는 날아갔다가도 보금자리를 찾아오고, 여우는 굴 밖에서 죽을 때도 제가 살던 고향 쪽으로 머리를 돌리고 죽는다.'는 구절이 있다. 고국과 고향을 그리는 자신의 심정을 비유적으로 읊은 것이다.

「회남자」・〈설림훈〉에도 '새는 날다가도 고향으로 돌아가고, 여우는 죽을 때 자기가 살던 언덕을 향하고 죽는다.'는 말이 있는데, 어떤 사람은,

"월나라의 새는 남쪽으로 날고 여우는 언덕으로 고개를 돌리며 죽는다."라고도 하나 뜻은 똑같다.

이로부터 객지에서 죽은 사람의 시체가 고향으로 돌아와 묻히게 되는 것을 귀정수구(歸正首丘)라고 하게 되었다.

화룡점정 畵龍點睛

畵 : 그림 화 龍 : 용 룡 點 : 찍을 점 睛 : 눈동자 정

뜻풀이 용의 그림을 그린 후에 눈동자에 점을 찍다.

출 전 『역대명화기(歷代名畵記)』

해 설

　남북조 시대 때 양나라의 화가 장승유가 어느 날 금릉의 안락사 벽에 용 네 마리를 그린 일이 있는데, 모든 용이 마치 살아서 움직이는 것 같았다고 한다.

　그런데 네 마리의 용이 웬일인지 모두 눈동자가 없었다고 한다. 그래서 주위 사람들이 장승유에게 물었다.

"어째서 용의 눈동자는 그리지 않았는가?"

"왜냐하면 눈동자를 그려 넣기만 하면 용들이 모두 날아가 버리기 때문일세."

　사람들이 장승유의 말을 곧이듣지 않자 그는 곧 붓을 들어 벽화의 용에게 눈동자를 그려 넣었다. 그랬더니 갑자기 번개가 치고 우레 소리가 진동하더니 벽에 금이 가면서 과연 눈동자를 그려 넣은 용 두 마리가 순식간에 없어지고 말았다.

화사첨족 畵蛇添足

畵 : 그릴 **화**   蛇 : 뱀 **사**   添 : 더할 **첨**   足 : 발 **족**

[뜻풀이] 뱀을 그리고 발을 그려 넣는다는 뜻으로, 필요 없는 짓을 이르는 말.

[출 전] 『전국책(戰國策)』·〈제책(齊策)〉

[해 설]
　어느 날 초나라의 어떤 집에서 제사를 지낸 뒤에 일꾼들에게 술 한 통을 주었다. 그런데 일꾼은 많고 술은 매우 부족했으므로 뱀을 먼저 그리는 사람에게 술을 주기로 하였다.
　그래서 일꾼들은 모두 뱀을 그리기 시작했는데, 그 중 한 일꾼이 번개같이 그려 놓고 보니 다른 일꾼들은 아직도 그리지 못하고 있었다.
　그러자 그 일꾼은
　"자네들은 정말로 느리구먼 나는 이제 뱀의 발까지 그려 넣어도 자네들보다 빠를 것이네."하고는 이미 그려 놓은 뱀에 발까지 그려 놓았다. 그러자 다른 일꾼이 뱀을 다 그려 놓고,
　"이 술은 내 것일세. 자네가 뱀을 빨리 그리기는 했으나 뱀에 발이 있는 것을 보았는가?"하고 술을 빼앗아 결국 그 일꾼이 술을 마시게 되었다.

회자인구 膾炙人口

膾 : 날고기 회　炙 : 구운고기 자　人 : 사람 인　口 : 입 구

뜻풀이 널리 사람들에게 이야기되다

출 전 『맹자(孟子)』·〈진심장구(盡心章句)〉

해 설
　증삼과 그의 아버지 증석은 모두 공자의 제자로서 증석은 양조라는 산열매를 즐겨 먹었다. 그 후 증석이 세상을 떠나자 효자인 증삼은 양조를 절대로 먹지 않았다.
　춘추전국 시대에 이르러 맹자의 제자인 공손추가 이 일을 떠올리고 맹자에게 회자와 양조 중 어떤 것이 더 맛이 좋느냐고 묻자 맹자는 당연히 회자라면서 이를 좋아하지 않는 사람이 없다고 하였다.
　그러자 공손추가 맹자에게 다시 물었다.
　"스승님, 그렇다면 증석의 부자도 회자를 매우 좋아했을 텐데 증삼은 부친이 돌아간 뒤에 왜 양조만 먹지 않았을까요?"
　"회자는 누구나 좋아하는 것이나 양조는 증석의 별식이기 때문에 증삼은 양조를 먹지 않은 것이다. 마찬가지로 이름은 피하고 성을 피하지 않는 것도 성은 함께 쓰는 것이고 이름은 한 사람만 쓰는 것이기 때문이다."
　여기에서 회자라는 것은 잘게 썬 고기를 구운 요리이다.

후고지우 後顧之憂

後 : 뒤 **후** 顧 : 돌아볼 **고** 之 : 갈 **지** 憂 : 근심 **우**

[뜻풀이] 뒷근심과 걱정을 뜻하는 말.

[출전] 『위서』·〈이충전(李衝傳)〉

[해설]
　이충은 남북조 시대 북위의 효문제 때 재상으로 있던 사람이다. 그는 사람됨이 매우 충직하고 항상 부지런해서 효문제의 절대적인 신임을 받고 있었다.

　그래서 효문제는 매번 싸움터에 나갈 때마다 조정의 모든 일을 이충에게 전부 맡기고 조금도 걱정하지 않았다.

　그러던 중 이충이 급한 병에 걸려 10여 일 만에 갑자기 세상을 떠나자 효문제의 슬픔은 이루 말할 수 없이 컸다.

　그 후 어느 날 이충의 무덤 앞을 지나던 효문제는 그의 무덤을 보고 더욱 슬픈 마음에 젖어 말했다.

　"이충의 사람됨은 성품이 고상하고 충직하여 과인이 맡긴 일들을 모두 훌륭하게 처리했었기에 과인의 뒷근심이 없었다."

후목난조 朽木難雕

朽 : 썩을 **후** 木 : 나무 **목** 難 : 어려울 **난** 雕 : 새길 **조**

[뜻풀이] 썩은 나무는 새기기가 매우 어렵다는 뜻으로, 앞길이 캄캄하거나 가르칠 만한 가치가 없는 사람을 이르는 말.

[출전] 『논어(論語)』·〈공야장편(公冶長篇)〉

[해설]

공자는 일찍이 자기의 제자인 재여를 썩은 나무(朽木)에 비유하면서 꾸짖은 적이 있었다.

재여는 공자가 가장 싫어하는 제자였는데, 하루는 재여가 공자와 함께 상고 시대 오제의 공적과 덕행에 대해 의논하려고 했으나, 공자는 재여에게 그럴 자격이 없다면서 거절한 적이 있었다.

공자가 재여를 가리켜 썩은 나무라고 비평한 것은 그가 낮잠을 매우 좋아했기 때문이었다고 한다.

"재여는 낮잠을 잘 잔다. 썩은 나무로 꽃은 조각할 수 없고, 썩은 흙이 묻어서 어지럽게 된 담벽을 희게 할 수는 없지 않은가. 재여에 대해서는 꾸짖을 필요도 없다. 전에 나는 그 사람의 말만 듣고 그의 사람됨을 믿었으나, 지금 나의 이 같은 태도는 재여 자신 때문에 바뀐 것이다."

후문여해 侯門如海

侯 : 기다릴 **후**　門 : 문 **문**　如 : 같을 **여**　海 : 바다 **해**

뜻풀이 벼슬아치나 부잣집 대문이 바다 같다는 뜻으로, 단속이 엄해 마음대로 드나들 수 없음을 비유하는 말.

출전 『운계우의(雲溪友議)』

해설

　최교는 당나라 때 문장과 시에 뛰어난 수재였는데, 그의 고모 댁에 얼굴이 아름답고 노래를 잘 부르는 하녀가 있었는데, 최교는 그녀를 어느새 사랑하게 되었고 그녀 역시 최교를 마음속으로 그리워하게 되었다. 그러던 중에 최교의 고모는 집안이 기울어져서 그녀를 어느 높은 벼슬아치의 집에 팔아 버리고 말았다.

　그 후 최교는 그녀가 그리워 한 번만이라도 만나 보려고 그녀가 살고 있는 집 밖에서 서성거렸으나 벼슬아치의 집에 들어간 사람을 만나기란 쉽지 않은 일이었다.

　그러다가 어느 해 청명한 날 최교는 버드나무 밑에 서 있는 그녀를 발견했으나 두 사람은 말을 할 수도 없었고 아는 척할 수도 없었다.

　이에 최교는 시 한 수를 지었는데, 그 시에는 이런 구절이 있었다.

　　벼슬아치 집에 한 번 들어가더니
　　깊기가 바닷속 같아
　　이로 인해 소랑은 길거리의 행인이
　　되었노라.

훼장삼척 喙長三尺

喙 : 부리 훼　長 : 길 장　三 : 석 삼　尺 : 자 척

뜻풀이　부리 길이만 석 자나 된다는 뜻으로, 말만 번지르르할 뿐 일은 실속 있게 처리하지 못한다는 말.

출 전　『운선잡기(雲仙雜記)』

해 설

　당나라 초기에 어사 벼슬을 지낸 육여경이라는 사람은 말재주가 몹시 좋고 또 유명한 문인들과도 매우 절친한 사이였으나 문필에는 재주가 전혀 없었다.

　하루는 그가 황제의 명으로 어전에 나아가 조서를 쓰게 되었는데, 온종일 생각만 할 뿐 한 자도 쓰지 못했다.

　그래서 그는 벼슬이 낮아지고 말았는데, 사람들은 그를 비웃으며,

　"부리는 석 자이나 일할 때는 손이 천 근처럼 무겁다."고 하였다. 즉 말은 잘하지만 일은 실속 있게 못 한다는 것이었다.

　또 육여경이 낙주 장사가 되었을 때 일에 대해서 의논은 잘했으나 막상 판결을 내릴 때는 잘못된 점이 많았으므로 사람들이 그를 이렇게 놀렸다.

　"일을 말할 때는 부리가 석 자이나 글자를 가릴 때는 손의 무게가 다섯 근은 된다."

휴척상관 休戚相關

休 : 좋을 휴　戚 : 친할 척　相 : 서로 상　關 : 빗장 관

[뜻풀이] 괴로움과 즐거움을 함께 한다는 뜻.

[출전] 『국어(國語)』·〈주어(周語)〉

[해설]
　춘추전국 시대 때 진(晉)나라 양공의 증손인 주자는 어렸을 적부터 여공의 따돌림을 받고 진나라에서 쫓겨나 주나라의 도읍지인 낙읍에 가서 주나라의 왕인 단양공의 가신이 되었다.
　그때 주자의 나이는 고작 10여 세밖에 안 되는 소년이었으나, 그는 예절이 바르고 행동이 단정한데다가 고국인 진나라에 좋은 일이 있으면 기뻐하고, 슬픈 일이 있으면 슬퍼했으므로, 단양공은 그를 무척 공경했다.
　그러던 중 단양공이 병으로 눕게 되자 아들을 불러놓고,
　"주자는 진나라의 기쁨과 슬픔을 함께 하고 자기 나라의 임금이 될 수 있는 사람이니 잘 보살펴야 하느니라."고 당부하기도 했다.
　그 후 과연 주자가 14세 되던 해에 진나라에서 탄서라는 사람이 여공을 살해한 후에 주자를 모셔다가 왕으로 세우니 그가 바로 도공이었다.

흔흔향영 欣欣向榮

欣 : 기뻐할 흔   向 : 향할 향   榮 : 성할 영

뜻풀이 초목이 무성하게 자란다는 뜻으로, 사업이 계속 발전하고 번창함을 비유하는 말.

출 전 〈도연명의 (귀거래사)〉

해 설

　도연명은 심양 자상 사람으로 그의 증조할아버지인 도간은 진나라 때 대마사를 지냈고, 할아버지와 아버지는 태수를 지냈으며, 외할아버지는 정서 대자운을 지낸 당대의 이름난 집안이었다.

　그러나 도연명의 대에 이르러서는 생활이 몹시 가난해져서 남의 밥을 빌어먹을 정도까지 되어 버렸다. 하지만 그는 이를 부끄럽게 느끼지 않았고, 정치에 염증을 느껴 벼슬할 생각도 하지 않았다.

　도연명은 성품이 매우 고상하고 선비다웠으며, 학문은 넓고 깊을 뿐만 아니라 시와 문장에 있어서도 대단히 훌륭했다.

　그는 언제나 산수와 자연을 즐기면서 시를 짓고 읊조리는 일을 낙으로 삼고 살았다.

　하지만 집안이 너무나 가난해 할 수 없이 벗의 주선으로 제주를 맡는 벼슬아치가 되었는데, 그는 관리들을 대우하는 일에 익숙하지 않아 얼마 후 그만두고 팽택현의 현령이 되었다.

　그가 팽택현의 현령이 된 지 80여 일쯤 지났을 때 조정에서 감독관이 내려왔다. 이에 그의 부하들이 그에게 모자를 바로 쓰고 허리띠를 잘 맨 다음에 감독관을 맞으러 나가야 한다고 일러 주었다. 그

러자 도연명은 한숨을 쉬면서,
 "나는 다섯 말의 봉록을 타기 위해 허리를 굽히고 상관을 맞이하는 일은 도저히 못 하겠다."라는 말을 끝으로 그 길로 벼슬을 버리고 고향으로 내려가 버렸다.

특별부록

四字成語
사자성어

街談巷說【가담항설】 거리에 떠도는 소문을 재미있게 이야기하는 것. 거리나 골목 등에서 들은 이야기는 대부분 쓸데없는 내용이 많으나 그것을 흡사 자기가 직접 보았던 것처럼 타인에게 말하는 것.

苛斂誅求【가렴주구】 백성들로부터 세금을 가혹하게 징수하는 혹정(酷政)의 비유.

訶陵頻伽【가릉빈가】 극락정토에 있다고 일컬어지는 새의 이름. 소리가 매우 아름답고, 들어서 싫증나지 않는 고운 목청을 가지고 있다. 얼굴은 미인에 가깝다고 한다.

家書萬金【가서만금】 집으로부터 받는 편지는 만금(萬金)의 가치가 있다는 뜻으로 고독한 여행지나 외국 생활에서, 가족으로부터 오는 편지는 만금의 가치에 상당할 정도로 기쁜 것이라는 의미.

佳人薄命【가인박명】 얼굴이 예쁜 여자는 대부분 불행하다는 뜻.

苛政猛於虎【가정맹어호】 가혹한 정치는 그 백성에게 끼치는 해가 사나운 범보다도 더 심하다는 말.

刻舟求劍【각주구검】 배 위에서 칼을 강 가운데에 떨어뜨리고 떨어진 자리에 표시를 하였다가 배가 정박한 뒤에 칼을 찾는다는 뜻으로 곧 시세에 어둠함을 가리키는 말.

脚下照顧【각하조고】 자신의 다리 밑을 잘 고쳐 보고, 반성해 보는 것이 중요한 것이라는 뜻.

干戈【간과】 干은 방패(盾), 戈는 창날(矛)로 곧 전쟁을 가리킴.

肝膽相照【간담상조】 두 사람의 간과 담이 서로 비친다는 뜻으로 서로 진실을 토로하고 교제함.

渴而穿井【갈이천정】 목이 마를 때에야 비로소 우물을 판다는 뜻으로 어떤 일이든지 미리 준비하지 않으면 일을 처리함에 있어 소용 없다는 뜻.

感慨無量【감개무량】 어떻게 표현하지 못할 정도로 가슴 가득 저며오는 느낌. 무량(無量)은 어느 정도 깊은지 말로써는 표현할 수 없다는 뜻.

甲論乙駁【갑론을박】 논란이 여러 갈래로 나오고 의견이 정리되지 않는 것.

綱紀肅正【강기숙정】 규율을 바르게 하는 것.

江東子弟 多才俊【강동자제 다재준】 강동자제는 곧 항우의 부하를 가리키는 말로써, 그들은 모두 뛰어났다는 싯귀.

岡目八目【강목팔목】 당사자보다 제3자의 입장에서 보는 것이 이해득실(利害得失)을 한눈에 알 수 있다는 의미.

强仕【강사】 40세를 강이라 하는데 이 해에 처음으로 벼슬길에 나아가므로 강사라 함.

改過自新【개과자신】 잘못을 바로잡고 자기 스스로 새롭게 한다는 뜻으로, 자신의 실수는 솔직하게 인정하과 새롭게 하는 것을 말함.

蓋棺事定【개관사정】 관뚜껑을 덮고서야 평가가 내려진다는 말. 생전의 평가는 정확하지 않고 그 사람의 인생이 끝나고서야 비로소 참된 가치가 결정된다는 뜻.

開物成務【개물성무】 여러 방법을 동원하고 최선을 다해서 사업을 완성시킨다는 뜻.

居安思危【거안사위】 현재는 비록 평안한 처지에 있으면서도 재난이 다가올 때를 잊지 않고 있는 것.

擧一明三【거일명삼】 하나를 들어 보이면 즉시 세 개를 이해하는 것.

대단히 현명하고 이해가 빠른 것을 비유함.

乾坤一擲【건곤일척】 천하를 얻든지 잃든지 모두를 운에 맡기고 용감히 행동하는 것. 성공이냐 실패냐의 모험을 비유.

格物致知【격물치지】 「대학(大學)」에 기술되어 있는 이상 정치(理想政治)를 하는 데에 있어서의 8조목. '격물(格物)·치지(致知)·성의(誠意)·정심(正心)·수신(修身)·제가(齊家)·치국(治國)·평천하(平天下)'의 첫째, 둘째의 것. 앎을 극에 다다르게 하기 위해서는 객관적인 사물의 본질을 잘 이해하지 않으면 안 된다는 의미.

隔靴搔癢【격화소양】 일을 열심히 해도 자신의 목적을 달성하지 못함을 비유.

堅甲利兵【견갑리병】 강한 군대와 막강한 군사력을 말함.

牽强附會【견강부회】 자신의 형편에 이롭도록 무리하게 억지를 부리는 것. 고집으로 자기 주장을 남에게 관철시키고 합리화시키는 것.

狷介固陋【견개고루】 옛것에 집착해서 완고한 것을 말함.

緊褌一番【견곤일번】 용기를 내어 심기일전하고, 매사에 도전하는 자세. 큰 승부에 임하는 마음가짐의 비유.

堅白同異【견백동이】 백을 흑이라고 하는 궤변. 억지 쓰는 논쟁.

見危授命【견위수명】 나라가 위급해지는 경우에는 자신의 목숨을 나라에 바치는 것.

堅忍不拔【견인불발】 의지 절조가 매우 굳고, 어려운 일에도 묵묵히 인내하면서 마음가짐이 동요하지 않는 것.

結草報恩【결초보은】 은혜를 보답하는 것.

傾蓋知己【경개지기】 처음 만난 동료가 전부터 사귀던 친구처럼 친하게 되는 것의 비유.

輕擧妄動【경거망동】 일의 잘 잘못도 깊이 생각하지 않고 우왕좌왕

하는 것의 비유.

輕裘肥馬【경구비마】 부귀하고 풍요로운 모습.

經國大業【경국대업】 훌륭한 문장, 저작을 칭찬해서 말하는 말. 또한 국가를 통치하기 위한 큰일을 가리킨다.

傾國之美【경국지미】 ① 나라를 망치는 것. ② 미인을 가리킴.

經諾寡信【경락과신】 경솔하게 떠맡는 것은 당치도 않는다는 뜻의 비유.

經世濟民【경세제민】 나라를 다스리고 백성의 생활을 살피는 것.

敬而遠之【경이원지】 귀신을 공경하여 모독하지 않고 화복(禍福)으로 인해서 마음을 흩트리지 않는 것.

輕佻浮薄【경조부박】 경솔해서 천박한 경우를 비유함.

敬天愛人【경천애인】 '하늘을 공경하고 사람을 사랑한다.'의 뜻.

鷄口牛後【계구우후】 '작은 회사라도 사장 노릇을 하는 것이 큰 회사의 사원보다 오히려 낫다.'고 할 때 사용하는 말.

桂林一枝【계림일지】 자기의 관직이나 지위에 불만족하는 것을 비유함.

鷄鳴狗盜【계명구도】 중국 춘추전국 시대 맹상군의 고사를 가리키는 말로 비열한 인물을 말함.

桂玉之艱【계옥지간】 물가가 몹시 높은 도시에서 생활하는 괴로움.

股肱之臣【고굉지신】 심복 부하의 뜻.

古今無雙【고금무쌍】 옛날부터 지금까지 필적할 자가 없는 것.

膏粱珍味【고량진미】 좋은 음식을 말함.

高論卓說【고론탁설】 수준이 높은 논쟁, 뛰어난 의견의 비유.

枯木死灰【고목사회】 무위무욕(無爲無欲)의 경지. 또한 완전히 생기가 없는 모습.

鼓舞激勵 【고무격려】 격려하고 분발하도록 하는 것.

古文眞寶 【고문진보】 융통성이 없고 고지식한 사람을 비유.『고문진보(古文眞寶)』는 중국의 시문집(詩文集) 전 20권. 한대(漢代)부터 송대(宋代)까지의 저명한 시와 문장이 수록되어 있다.

鼓腹擊壤 【고복격양】 천하태평을 즐기는 상태를 말함.

顧復之恩 【고복지은】 어버이의 은혜로 성장했음에 대한 감사하는 마음.

故事來歷 【고사내력】 옛부터 전해지고 있는 유래나 역사.

古色古香 【고색고향】 오래된 색과 향기.

孤城落日 【고성낙일】 외로운 성(城)이 해 떨어지려는 곳에 서 있음이라는 뜻으로 처량함을 비유.

枯樹回生 【고수회생】 고목나무에 꽃이 핀다는 뜻으로 죽은 사람이 소생하는 것.

高岸深谷 【고안심곡】 세상의 변천이 현저한 것에의 비유.

告往知來 【고왕지래】 통찰력이 매우 예민하고, 두드리면 울리는 반응도 좋음을 말한다.

孤雲野鶴 【고운야학】 속세를 버리고, 명리를 초월해서 은거하는 사람의 비유.

孤恩 【고은】 은혜를 배반하는 것.

孤掌難鳴 【고장난명】 한쪽 손바닥만 갖고는 손뼉 소리가 나지 않는다는 말.

膏火白煎 【고화백전】 자신의 재능에 의해 재앙을 초래하는 것의 비유.

曲突徙薪 【곡돌사신】 굴뚝을 굽히고 신목(薪木)을 옮겨 놓아 화재가

나지 않게 한다는 뜻으로, 재화(災禍)를 사전에 방지함을 말함.

曲學阿世【곡학아세】 사곡(邪曲)한 학문으로 세속에 아첨하는 것.

滑稽【골계】 어떤 어려운 문제에도 막힘이 없이 해답하는 것.

空谷足音【공곡족음】 쓸쓸한 곳에서 뜻밖에 사람의 방문을 받는 예기치 않은 기쁨. 또한 소식이 있는 것을 비유.

公序良俗【공서양속】 미풍양속(美風良俗)의 약어.

孔子穿珠【공자천주】 공자의 전설로 공자가 구곡(九曲)의 구슬구멍에 실을 꿰지 못할 때에 어떤 부인의 비결을 받아 개미(蟻)의 허리에 실을 매어 그 구멍으로 내보내니 실을 꿸 수 있었다는 것.

空前絶後【공전절후】 이제까지 없었고 앞으로도 절대로 없을 것이라는 뜻.

空中樓閣【공중누각】 허구(虛構)를 말함.

公平無私【공평무사】 마음가짐이 올바르기 때문에 편파적이지 않고 사심이 없는 것.

誇大妄想【과대망상】 사실보다도 크게 공상해서, 그것을 사실과 같이 생각해 버리는 것. 도저히 불가능한 것이나, 상식적으로는 생각할 수 없는 듯한 것을 생각하거나 상상하거나 하는 것.

夸父追日【과부추일】 자신의 역량을 모르고 큰일을 도모함.

廓然大公【곽연대공】 활달한 성격이어서 사소한 것에 구애되지 않고 공평한 것.

管鮑之交【관포지교】 관중(管仲)과 포숙(鮑叔)과의 의리가 몹시 좋다는 뜻으로 친밀한 교제를 일컬음.

觀天望氣【관천망기】 하늘을 관찰하고 예상하는 것. 일기를 관측하는 것.

刮目相對【괄목상대】 눈을 씻고 본다는 뜻으로 남의 업적이 크게 진척한 것을 말함.

光陰流水【광음유수】 세월이 지나가는 모양은 물의 흐름과 같이 빠르다는 비유.

光彩陸離【광채육리】 빛이 뒤섞이어 눈부실 정도로 아름답게 빛나는 모습.

光風霽月【광풍제월】 생각이 몹시 활달해서 마음이 깨끗하고 고결한 인물의 비유.

蛟龍雲雨【교룡운우】 교룡(蛟龍)이 운우(雲雨)를 얻는다고 쓰며, 구름과 비를 얻은 교룡(蛟는 용의 새끼)은 하늘로 승천한다는 뜻. 즉 영웅·호걸·풍운아가 기회를 잡아서 대활약을 하는 것에의 비유.

驕兵必敗【교병필패】 싸움에 임하여 이긴다고 장담하고 교만한 군대는 반드시 패배한다는 뜻.

巧言令色【교언영색】 교묘한 말과 얼굴로 다만 남을 속일 뿐이요 내실이 없는 것.

膠柱鼓瑟【교주고슬】 조금도 융통성이 없고 앞뒤가 꼭 막힌 사람을 일컬음.

巧遲拙速【교지졸속】 훌륭하고 늦는 것보다는 서툴러도 바른 것이 낫다는 의미.

敎學相長【교학상장】 남에게 배우는 것과 스승에게 배우는 것이 서로 잘 어울려서 자기 학업을 향상 계발시킨다는 뜻.

狗尾續貂【구미속초】 개꼬리를 노랑담비 꼬리에 잇는다는 뜻으로 좋은 일 다음에 나쁜 일이 일어난다는 말.

九牛一毛【구우일모】 아홉 마리의 소의 털 가운데 불과 한 개라는 뜻으로 많은 양(量) 속에서 극히 일부분인 것을 말함.

口耳之學【구이지학】 남에게 들은 것을 그대로 타인에게 전할 뿐이요, 조금도 자신의 학문에 도움이 되지 못하는 학문이라는 말.

九折羊腸【구절양장】 산길이 구불하고 험준한 것을 말함.

九鼎大呂【구정대려】 몹시 무거운 것을 말함.

舊態依然【구태의연】 옛것에서 조금도 새로움이 없는 상태.

國家昏亂 有忠臣【국가혼란 유충신】 국가가 혼란할 때에 비로소 충신의 진가가 나타남을 이름.

國士無雙【국사무쌍】 국내에서 비교할 사람이 없을 정도의 위대한 인재를 말함.

跼天蹐地【국천척지】 공포로 주뼛주뼛해지는 것의 비유.

國破山河在【국파산하재】 나라가 망하여 백성과 문물이 다 바뀌었으나 산하는 예전대로 있음을 말함.

群鷄一鶴【군계일학】 어리석은 무리 가운데 어진 사람이 뛰어남을 말함.

群分類聚【군분유취】 다른 것을 나누고 같은 것을 모으는 것.

君辱臣死【군욕신사】 임금과 신하가 생사인고(生死忍苦)를 함께함을 가리키는 말.

群雄割據【군웅할거】 수많은 영웅들이 각지에서 들고 일어나 각각 세력을 떨치고 대립하는 것.

群蟻附羶【군의부전】 개미 떼가 누린내가 나는 것에 달라붙는다는 뜻으로 사람들이 자신의 이익만 취하는 것을 천하게 보아서 한 말.

君子三樂【군자삼락】 교양을 지닌 덕이 있는 사람에게는 세 가지의 즐거움이 있는데 그 제일이 가족의 평안무사와 두 번째가 자신의 바른 행동, 세 번째가 영재를 교육하고 훌륭한 인물을 세상에 배출하는 것.

君子豹變【군자표변】 군자는 지난날의 잘못된 행동을 깨달으면 곧 고칠 줄 안다는 의미에서 유래된 말.

君舟臣水【군주신수】 자신에게 도움 주는 사람도 때로는 해를 준다는 것.

窮鼠齧狸【궁서설리】 온 힘을 다하여 적에게 대항하면 약자가 도리어 강자를 무너뜨린다는 것(狸는 삵을 말함).

窮餘之策【궁여지책】 몹시 곤란하고 당혹한 나머지 막판에 문득 떠오르는 하나의 수단이나 계책.

窮鳥入懷【궁조입회】 쫓기는 새가 급하면 품속으로 뛰어들음을 말함.

拳拳服膺【권권복응】 항상 마음 깊이 새겨 두고 결코 잊지 않는 것에의 비유.

權謀術數【권모술수】 교묘하게 사람을 속이고 계략을 꾸미는 것에의 비유.

勸善懲惡【권선징악】 선행을 북돋아 권유하고, 나쁜 일은 경계한다는 뜻.

捲土重來【권토중래】 한 번 실패한 자가 그 실패에 결코 굴하지 않고 다시 일어남을 말함.

龜背刮毛【귀배괄모】 거북의 등에는 털이 없는데 털을 긁는다는 뜻으로 없는 것을 억지로 구한다는 말.

規鉅準繩【규거준승】 규거(規鉅)는 컴퍼스와 정규, 준승(準繩)은 수평을 측정하는 도구와 먹물로 사물이나 행위의 표준, 또는 기준·법칙을 뜻함.

克己復禮【극기복례】 자기의 욕심이나 사사로운 정, 제멋대로 하려는 의지를 억제하고 사회의 규범과 예의에 따라서 행동하는 것을 말함.

陳穴之臣【극혈지신】 아무도 모르게 살며시 적과 내통하는 사람.

金剛不壞【금강불괴】 다이아몬드는 매우 견고해서 결코 파괴되지 않는 것.

金科玉條【금과옥조】 귀중한 법률, 규칙.

金甌無缺【금구무결】 황금 꽃병이 조금도 흠이 없다는 뜻으로 완전함의 비유. 천자의 지위가 침범당하지 않는 것.

金蘭之契【금란지계】 친구 간의 우의가 매우 두터움을 말함.

錦上添花【금상첨화】 비단 위에 꽃을 더한다는 뜻으로 아름다운 비단 위에다 또 아름다운 꽃을 더하여 완벽한 아름다움을 장식한다는 것.

金聲玉振【금성옥진】 연주의 뛰어남에 있어 재기와 인덕이 훌륭하게 조화를 이룬 것을 말함.

金城湯池【금성탕지】 견고한 성을 말함. 성 밖에는 못을 파서 외적을 방어하는 데 금과 같이 견고한 성이요 열탕(熱湯) 같은 못이라는 뜻.

琴瑟和【금슬화】 부부 간의 의가 좋은 것.

錦心繡口【금심수구】 시문의 재주가 많아서 지어 내는 문구가 아름다움을 일컬음.

金烏玉兎【금오옥토】 금오는 해, 옥토는 달. 일월(日月)을 일컬음.

錦衣夜行【금의야행】 비단옷을 입고 밤에 돌아다닌다는 뜻으로 남에게 드러낼 만한 명예가 있으면서 나타내지 아니하는 것은 무의미하다는 말.

錦衣玉食【금의옥식】 비단옷, 사치스럽고 호화로운 식사. 또한 귀한 신분을 말함.

金枝玉葉【금지옥엽】 고귀한 신분, 귀족을 가리키는 말.
急轉直下【급전직하】 사정이 갑자기 돌변해서 예측불허의 방향으로 전환하는 것의 비유.
箕裘之業【기구지업】 조상의 가업을 이어받음.
奇奇怪怪【기기괴괴】 대단히 기이한 것을 의미함.
棄糧沈船【기량침선】 양식을 버리고, 배를 가라앉힌다는 뜻으로 필사의 각오로 싸우는 것을 말함.
岐路亡羊【기로망양】 도망친 양을 붙잡으려고 했지만 길이 많아서 찾을 수 없는 것.
期門【기문】 군문(軍門)을 말함.
驥服鹽車【기복염거】 유능한 사람이 쓸데없는 일을 하고, 낮은 지위에 있다는 의미.
起死回生【기사회생】 죽게 된 사람을 소생하게 하는 것.
箕山之節【기산지절】 요임금 때 허유(許由)가 기산에 숨어서 벼슬길에 나아가지 않고 절조를 지킨 것을 말함.
奇想天外【기상천외】 전혀 뜻하지도 않은 듯한 진귀한 것.
起承轉結【기승전결】 문장의 훌륭한 서식·완성된 형태의 전통적인 수법으로 한시(漢詩)의 구성 방식으로부터 온 구(句)의 명칭. 기(起)는 제 1 구로 기초(起草), 승(承)으로 제 2 구를 받고, 제 3 구로 전이되어 다른 장면으로 변하고, 제 4 구의 결(結)로 시를 매듭짓는다.
氣息奄奄【기식엄엄】 숨이 막 끊어질 듯한 급한 상황
旣往不咎【기왕불구】 과거지사를 너무 탓할 것이 아니라 장래의 일을 위하여 계획하고 삼가라는 것.

氣韻生動【기운생동】 문장이나 시화(詩畵)에 나타는 기품(氣品), 정취(情趣)가 생생하게 약동하는 것에의 비유.

杞人天憂【기인천우】 쓸데없는 걱정, 뛰어넘기 어려운 괴로운 일의 뜻.

驥足【기족】 하루에 천 리를 달리는 명마.

旗幟鮮明【기치선명】 깃발의 색깔이 매우 선명한 것. 이것이 변해서 입장이나 주의주장이 명료한 것을 일컫게 되었다.

騎虎之勢【기호지세】 어떤 일을 계획하여 착수한 다음 도중에 그만두려 해도 그만둘 수 없는 것을 말함.

나

洛陽紙貴【낙양지귀】 모든 사람이 명문(名文)을 등사하느라고 종이의 수요가 많아서 그 값이 갑자기 올라갔다는 뜻으로, 문장의 우수함을 칭찬하는 말.

落穽下石【낙정하석】 사람이 함정에 빠진 것을 건져 주지는 못할망정 도리어 돌을 떨어뜨린다는 뜻으로 남의 환난에 다시 위해(危害)를 주는 것을 말함.

落筆點蠅【낙필점승】 화가의 묘기, 놀라운 솜씨의 비유. 낙필(落筆)은 붓을 깜박 떨어뜨리는 것. 점(點)은 그린다는 뜻.

落花狼藉【낙화낭자】 늑대가 날뛰고, 풀이 술렁대고, 꽃이 떨어지는 것과 같이 사물이 마구 뒤섞이는 모습.

落花流水【낙화유수】 봄 경치가 쇠퇴해 가는 모습. 또한 꽃은 물의 흐름에 의지해서 흘러가고 싶다고 생각하고 물은 꽃을 싣고서 흘러가고 싶다라는 뜻으로 서로 마음이 통하는 것.

亂臣賊子【난신적자】 국가를 혼란하게 하는 신하 또는 부모에게 상해를 입히거나 부모를 죽이거나 하는 자식.

暖衣飽食【난의포식】 따뜻하게 입고 배가 부르도록 먹는 흡족한 생활.

蘭摧玉折【난최옥절】 미인이나 훌륭한 사람의 죽음을 말함.

難兄難弟【난형난제】 서로의 우열을 구별하기 어려움을 말함.

南柯一夢【남가일몽】 세상일의 허무함을 가리키는 말.

南橘北枳【남귤북지】 풍토의 차이가 사람의 기질 따위를 좌우한다는 비유. 또한 환경에 의해서 인간은 변한다는 뜻.

南蠻鴃舌【남만격설】 시끄러울 뿐이고 의미를 알 수 없는 말. 의미가 통하지 않는 외국인의 말을 비하해서 말할 때 사용함.

南船北馬【남선북마】 중국의 남부 지방은 강이 많기 때문에 교통수단으로 배를 이용하고, 북부 지방은 평원이 많아서 말(馬)을 교통수단으로 한다. 오늘은 남쪽에서 배로 여행하고, 내일은 북쪽에서 말을 타고 간다. 나라 안을 바쁘게 여행하는 것의 비유.

藍田生玉【남전생옥】 명문가(名文家)에서 현명한 자제가 나오는 것을 칭찬해서 하는 말.

臘月【납월】 음력 12월을 말함.

狼子野心【낭자야심】 달래기 어려운 마음. 모반(謀反)의 마음. 흉포해서 교화하기 어려운 사람을 비유함.

囊中之錐【낭중지추】 주머니 속에 있는 송곳 끝이 밖으로 나오는 것과 같이 그 재능이 뛰어난 사람, 또는 뛰어난 재능을 말함.

內憂外患【내우외환】 국내외에서 일어나는 여러 가지 걱정거리.

內淸外濁【내청외탁】 안으로 절개는 고결함을 지니고 있지만, 겉으로는 더럽고 추악한 모습으로 가장하고 속세간(俗世間)과 타협해서 살아가는 것.

路柳墻花 【노류장화】 길가의 버드나무와 담 아래 꽃이라는 뜻에서 누구든지 만지고 꺾기 쉬움을 비유하는 말로 창부, 기생 화류계의 여성을 가리킴.

怒髮衝天 【노발충천】 분노가 가득 차서 머리카락이 곤두서고 하늘을 찌를 정도라는 의미.

老少不定 【노소부정】 인간의 생명은 정해져 있고, 언제 죽을지 알 수 없다는 뜻.

奴顔婢膝 【노안비슬】 무릎을 꿇고 싹싹 비는 듯한 태도로 사람을 대하는 비유.

魯魚亥時 【노어해시】 글자를 잘못 옮김. 쓰는 사람이 실수하거나 글자가 틀림, 둘 다 형태가 닮은 문자를 틀리게 쓰는 것을 말함.

老婆心切 【노파심절】 남을 위해서 과로하게 마음을 쓰는 것. 노파가 이것저것 세세하게 마음을 쓰는 친절한 마음씨를 말함.

鹿鳴之宴 【녹명지연】 훌륭한 손님을 환대하는 연회.

論功行賞 【논공행상】 공훈이나 공적이 있는 사람을 잘 선정해 표창하는 것.

弄瓦之喜 【농와지희】 딸을 낳은 기쁨.

弄璋之喜 【농장지희】 아들을 낳은 기쁨.

累卵 【누란】 알을 쌓아 놓은 듯이 매우 위태로운 것을 말함.

訥言敏行 【눌언민행】 비록 입은 무거워서 쓸모없을지라도 행동은 신속하고 올바른 것을 말함.

陵谷之變 【능곡지변】 세상일의 변천을 말함.

能言鸚鵡 【능언앵무】 입으로는 능히 말을 잘하나 실제로는 학문이 없는 사람을 말함.

다

多岐亡羊【다기망양】 학문에 도(道)가 많아 진리를 잃는 것.

多事多難【다사다난】 바쁜 가운데에 여러 가지 일이 많이 생겨 곤란한 모양.

多士濟濟【다사제제】 덕망이 높은 우수한 인재가 많으면 그들로 인해 훌륭한 정치를 할 수 있게 된다는 뜻.

多情多恨【다정다한】 한(恨)과 슬픔의 감정이 끊이지 않는 모습.

斷簡零墨【단간영묵】 목간이나 죽간의 뜻으로 종이를 대신했던 것. 조각조각난 문서. 영(零)은 물방울의 뜻으로 영묵(零墨)은 한 방울의 묵(墨).

斷金之交【단금지교】 극히 친근하고 변함이 없는 우정을 일컬음.

斷機之戒【단기지계】 학문을 중도에 버림을 경계하는 것.

單刀直入【단도직입】 곧바로 본론으로 들어가 핵심을 찌르는 것.

丹木警枕【단목경침】 공부에 온 힘을 기울이는 것을 말함.

單文孤證【단문고증】 불과 한 편의 문장에 의하는 단지 하나의 증거. 대단히 박약한 증거의 비유.

斷食豆羹【단식두갱】 음식의 양이 적은 것을 말함.

斷而敢行 鬼神避之【단이감행 귀신피지】 일을 처리함에 있어 결단성 있게 처리할 때에는 귀신도 방해하지 못하고 피한다는 뜻.

斷章取義【단장취의】 문장이나 시의 한 부분을 예를 들어 자기 형편에 좋도록 제멋대로 해석하는 것.

達人大觀【달인대관】 넓은 아량을 지닌 사람은 어느 한 부분에 치우치지 않고, 전체를 공평하게 보고 판단을 내린다는 뜻.

談論風發【담론풍발】 열성적으로 서로 이야기하거나 논쟁하는 것.

曇華一現【담화일현】 담화(曇華)는 우담화, 3천 년에 한 번 꽃핀다고 하는 상상의 꽃.

堂構之樂【당구지락】 아들이 아버지의 업을 계승하는 즐거움.

黨同伐異【당동벌이】 주의주장을 같이하는 동료는 서로 도와서 이단자를 공격하고 정벌한다는 뜻.

螳螂在後【당랑재후】 사리사욕에만 눈이 어두워 덤비고 해를 입을 것을 생각지 않으면 재앙을 입는다는 뜻.

當意卽妙【당의즉묘】 어떤 일의 상태에 따라 잘 적응하고 재빨리 행동하는 모습.

大姦似忠【대간사충】 간사한 사람의 행동은 매우 교묘하여 얼핏 보면 충직한 사람과 구별하기 힘들다는 뜻.

大喝一聲【대갈일성】 큰 소리로 말하는 것.

大塊【대괴】 하늘과 땅을 말함.

大器晚成【대기만성】 큰 인물로 대성하는 사람을 보면 젊었을 때는 알 수 없지만, 마지막에 가서 성공을 거머쥐는 경우가 종종 있다. 현재에 불우한 여건에 처해 있는 사람을 격려할 때 곧잘 사용하는 말.

大器小用【대기소용】 훌륭한 사람을 재대로 기용하지 못한 경우에 쓰는 말로 적재적소(適材適所)가 아닌 경우의 비유.

大膽不敵【대담부적】 배짱이 두둑해서 어떠한 일에도 놀라지 않는 사람을 나타내는 말.

大同團結【대동단결】 많은 정당이나 복수단체 등이 주의, 주장을 극복하고 단결하는 것. 작은 이견을 버리고 대동(大同)으로 단결하는 것.

大言壯語【대언장어】 자신에게 어울리지 않는 대기염을 토하는 것.

大逆無道【대역무도】 정도가 매우 심한 인륜(人倫)에 거역된 악역(惡逆)한 행위.

對牛彈琴【대우탄금】 소를 앞에 두고 거문고를 켠다는 뜻으로 멍청한 사람을 앞에 앉혀 놓고 깊은 진리를 얘기하는 것은 아무 소용이 없다는 말.

大願成就【대원성취】 크게 기원한 일이 실현되는 것.

大廈材 非一丘之木【대하재 비일구지목】 큰 집을 지으려면 한두 그루의 나무로 되는 것은 아니다. 즉 모든 일은 적재적소에 적당한 인재를 써야 완전하다는 것.

大廈顚 非一木所支【대하전 비일목소지】 큰 집이 넘어가는데 나무 하나로 받칠 수 없다는 뜻으로 국가가 망하려고 하는 즈음에는 개인 혼자의 힘으로는 버티지 못함을 말함.

大旱慈雨【대한자우】 강한 기대나 갈망의 비유.

德不孤 必有隣【덕불고 필유린】 덕이 있는 사람은 고립되지 않고 반드시 호응하는 친구가 있다는 것.

圖南鵬翼【도남붕익】 큰 사업을 기획함을 말함.

跳梁跋扈【도량발호】 악인이 제멋대로 행동하고 주위를 마구 짓누르는 것의 비유.

道謀是用【도모시용】 도로가에 집을 지을 때 길 가는 사람에게 물을 것 같으면 사람들의 의견이 각각이어서 마침내 집을 짓지 못하게 됨을 말함.

道不拾遺【도불습유】 길에 떨어진 물건을 주워서 자기의 것으로 하지 않는다는 뜻.

桃三李四【도삼이사】 복숭아나무는 3년이 지나야 열매를 맺고, 자두는 4년이 걸린다는 뜻으로 어떤 것을 완성하거나 쓸 만하게 만들기 위해서는 그것에 상응하는 세월이 걸린다는 것을 말함.

盜憎主人【도증주인】사람의 감정이란 모두 자기를 이해하는 자는 미워한다는 뜻.

道聽塗說【도청도설】길에서 떠드는 말을 가지고 다른 사람에게 설명하는 것.

倒行逆施【도행역시】도리에 어긋나게 행동하는 것. 바른 도리를 벗어난 행위. 억지를 부리는 것을 비유.

桃紅柳錄【도홍유록】봄경치의 아름다움에 대한 형용.

獨斷專行【독단전행】자기 혼자의 생각으로 결정하고 남의 의견을 구하지 않는 것.

讀書亡羊【독서망양】양을 잃어버린 것은 그 원인은 한 가지가 아니라는 고사(故事)

讀書三到【독서삼도】효과적인 독서를 위한 세 가지의 마음가짐. ①심도(心到) 마음을 흩뜨리지 않고 마음속 깊이 읽는다. ②안도(眼到) 눈을 딴 데로 돌리지 않는다. ③구도(口到) 소리를 내어서 잘 읽는다.

獨眼龍【독안룡】한쪽 눈의 인물로 영웅 혹은 덕이 높은 사람을 말함.

同苦同樂【동고동락】즐거움도 함께 하고 괴로움도 함께 한다는 뜻.

同工異曲【동공이곡】같이 만들긴 했지만 모양이 각기 다른 것.

同軌同文【동궤동문】각국마다 서로 달랐던 규칙이나 문자의 스타일을 통일해서 개방정책을 취하는 것.

洞房華燭【동방화촉】결혼 첫날밤을 의미함.

同病相憐【동병상련】같은 처지에 있는 사람들이, 서로 동정하고 서로 돕고, 서로 위로한다는 비유.

東奔西走【동분서주】 동쪽으로 달리기도 하고 서쪽으로 달리기도 하고 이쪽저쪽으로 마구 휘저어 달리는 것.

同床異夢【동상이몽】 두 사람이 같은 잠자리에서 각기 다른 꿈을 꾼다는 뜻으로, 매사 모든 일을 같이하면서 저마다 생각이 다르다는 의미.

同性異俗【동성이속】 사람은 교육이나 환경의 차이에 따라 풍속·습관·예의까지 달라져 간다는 의미.

同音異義【동음이의】 한자의 음은 같아도 의미가 다른 것.

斗宇【두우】 두견새.

斗折蛇行【두절사행】 강이나 길 등이 꺾이고 구부러져 있는 모습.

杜撰【두찬】 근거 없는 황당한 글을 말함.

頭寒足熱【두한족열】 머리 부분은 차게 하고 다리는 따뜻하게 하는 것. 예부터 전해지는 건강법의 하나.

得隴望蜀【득롱망촉】 인간의 욕심에는 한계가 없다는 뜻.

登高自卑【등고자비】 일을 행할 때는 그 순서를 밟을 것을 말함.

燈火可親【등화가친】 가을은 선선하여 공부에 주력할 때임을 말함.

麻姑搔痒【마고소양】 일체의 일들이 뜻대로 잘 되는 것. 생각하는 대로 되어서 돌보아 주는 보살핌이 구석구석까지 미치는 것의 비유.

磨斧作針【마부작침】 어떤 어려운 일이라도 인내를 가지고 노력하면 반드시 성공한다는 뜻.

馬牛襟裾【마우금거】 지식 없는 자를 가리킴.

馬耳東風【마이동풍】 남의 말을 듣지 않음. 또 어떤 일에 아무 관계 없음을 말함.

馬革裹屍【마혁과시】 말가죽으로 시체를 싼다는 뜻으로 전쟁에 나아가 살아 돌아오지 않음을 말함.

莫逆之友【막역지우】 몹시 친밀한 친구를 말함.

幕天席地【막천석지】 기개가 호방하고 옹졸하지 않은 모습. 하늘을 지붕 삼고 대지를 방석으로 생각하는 스케일이 큰 사람의 비유.

滿身瘡痍【만신창이】 몸 전체가 상처투성이라는 뜻.

末大必折【말대필절】 나뭇가지가 너무 번성하면 반드시 그 뿌리를 꺾는다는 뜻.

望梅解渴【망매해갈】 목이 마를 때에 매실 이야기를 하니 자연히 침이 입 안에 고여 목마름을 풀었다는 고사(故事).

望文生義【망문생의】 문장 구절의 본래의 의미를 잘 검토하지 않고 문자를 흘긋 보고 그럴듯한 해석을 내리는 것.

亡羊補牢【망양보뢰】 양을 잃고 외양간을 고친다는 뜻. 양이 도망가 버린 후에 외양간을 수리하면 이미 늦는다는 말.

望洋興嘆【망양흥탄】 먼 곳을 바라보고 긴 탄식을 하는 것. 가야 할 길이 멀고 아득하고 종잡을 수 없어서 한숨만 쉬면서 체념하는 것의 비유.

茫然自失【망연자실】 넋이 빠져서 멍해진 모습. 맥이 빠져서 멍하니 자기를 잊어버리고 있는 모양.

買臣之妻【매신지처】 오나라의 주가신(朱買臣)의 아내가 남편이 가난하다고 버렸다가 후에 그가 훌륭하게 되자 자살한 고사(故事).

梅妻鶴子【매처학자】 매화를 아내로 하고, 학(鶴)을 아들로 하는 풍류 생활을 일컬음.

盲龜値浮木【맹귀치부목】눈먼 거북이 물 속에서 떠다니는 나무를 만난다는 뜻으로 매우 만나기 어려운 것을 비유.

孟母斷機【맹모단기】어떤 일이나 공부하는 도중에 그만두면 아무것도 아니라는 교훈. 맹자(孟子)는 어린 시절 학업을 하다 말고 돌아오자 어머니는 짜던 베를 중도에 그만두고 '네가 학문을 도중에 그만두는 것은 이 포복을 중도에 그만두어 버리는 것과 같다'라고 말하면서 꾸짖었다는 고사에서 유래함.

孟母三遷【맹모삼천】자식의 교육에는 주위의 환경이 대단히 중요함을 뜻함. 맹자의 어머니는 자식을 위해서 세 번씩이나 주거를 바꾼 현모(賢母)의 표본이다.

綿裏包針【면리포침】입으로는 달콤한 얘기를 하지만, 내심으로 나쁜 마음을 품고 있는 모습.

面目躍如【면목약여】체면이 서서 마음에 생기가 도는 모습.

面壁九年【면벽구년】하나의 목적이나 일에 긴 세월을 걸고 마음을 기울이는 것.

面從腹背【면종복배】눈앞에서는 복종하고 등 뒤에서는 배반한다는 뜻.

明鏡止水【명경지수】사념(邪念)이 없는 밝고 맑은 심경을 일컫는 말.

明明白白【명명백백】모든 것이 확실해서 의심할 여지가 없는 것.

明眸皓齒【명모호치】시원한 눈매와 새하얗게 빛나는 이. 빼어난 미인을 뜻한다.

名聞利養【명문리양】자기의 명성이 세상에 떨쳐 지기를 바라는 것과 부유하게 되어 향락 생활을 하는 것을 일컫는 말.

名聲藉甚【명성자심】세상에 널리 명성이 알려져 있는 것.

名譽挽回【명예만회】명예를 회복시키는 것.

明日張膽 【명일장담】 두 눈을 부릅뜨고, 배짱을 두둑히 하고, 거침없이 행동하는 것.

名詮自性 【명전자성】 불교에서 이름은 그 자체로 본성을 나타낸다고 하는 것. 이름은 몸을 나타낸다는 것의 비유.

明珠闇投 【명주암투】 아무리 빛나는 구슬이라 할지라도 어두운 밤에 집어던지면 아무 빛을 발하지 못한다는 뜻으로 어떤 귀중한 것일지라도 남에게 주는 방법이 바르지 못하면 오히려 원망을 산다는 것의 비유.

明窓淨几 【명창정궤】 청결하고 깨끗하게 정리된 서재의 모습.

明哲保身 【명철보신】 총명한 사람은 도리에 따라서 처신을 한다는 뜻.

目食耳視 【목식이시】 눈으로 먹고 귀로 본다. 세간의 평판을 의식해서 겉치장에 골똘하는 것의 비유.

夢幻泡影 【몽환포영】 꿈과 환상, 거품과 그림자, 덧없는 것에의 비유.

描虎類狗 【묘호유구】 그림에 소질이 없는 사람은 호랑이를 그려도 개의 그림과 같이 되어 버린다는 뜻으로 서투른 흉내의 비유.

無故之民 【무고지민】 미망인, 고아 등 어디에도 의지할 데 없는 빈궁한 사람을 말함.

無念無想 【무념무상】 무아의 경지에 들어가서 아무것도 생각하지 않는 것.

武陵桃源 【무릉도원】 이 세상의 극락, 이상향(理想鄕)의 비유.

無味乾燥 【무미건조】 맛이 없고 재미가 없는 것의 비유.

無私無偏 【무사무편】 사심이 없고 공평한 것.

無我夢中 【무아몽중】 무엇인가에 마음을 빼앗겨 자기 자신을 잃어버리는 것.

無慾恬淡【무욕염담】 욕심이 없고 시원스러운 것.
無二無三【무이무삼】 부처에 이르는 길은 단지 하나로 그 밖에 다른 길은 없다는 뜻. 오직 일심(一心)으로 밀고 나아간다는 뜻.
無立錐之地【무입추지지】 송곳 세울 땅도 없다는 말.
刎頸之交【문경지교】 목을 찍어도 한이 없을 만큼 친한 벗을 이름.
聞一知十【문일지십】 하나 듣고 열을 안다는 뜻으로 총명함을 가리킴.
門庭若市【문정약시】 사람이 많이 와서 모이는 것.
文質彬彬【문질빈빈】 겉과 속이 적당하게 조화를 이루지 않으면 진실한 교양인이라고 말할 수 없다는 뜻.
門戶開放【문호개방】 제한을 하지 않고 자유롭게 출입하게 하는 것
物色比類【물색비류】 같은 것을 비교해서, 목적에 맞는 것을 구하는 것.
物情騷然【물정소연】 천하의 형편이 여러 가지 형태로 소란스러운 것. 세상 돌아가는 것이 매우 뒤숭숭한 모습.
未來永劫【미래영겁】 무한히 긴 세월의 뜻. 겁(劫)은 위협하다는 뜻으로, 불교에서는 몹시 긴 세월을 말한다.
眉目秀麗【미목수려】 얼굴 모습이 대단히 아름다운 것을 가리킴.
美辭麗句【미사여구】 과장되게 아름다움을 장식하는 말.
尾生之信【미생지신】 쓸데없는 믿음으로 자신의 몸을 망친 미생(尾生)의 고사(故事).
媚眼秋波【미안추파】 미안(媚眼)은 교태를 부리는 눈의 뜻이며, 추파(秋波)는 가을의 맑고 깨끗한 물결로 미인(美人)의 형용으로 쓰인 것.
民以食爲天【민이식위천】 백성은 먹는 것으로 근본을 삼는다는 말.

바

博覽強記 【박람강기】 많은 책을 읽고 여러 가지의 사물에 대해서 잘 생각하는 것.

博文約禮 【박문약례】 문헌을 널리 공부하고 그것을 규율(禮)로 삼아 느슨해진 정신을 다스린다는 것.

薄志弱行 【박지약행】 의지가 약하고, 어떤 일을 실행하는 힘이 부족한 상태.

盤根錯節 【반근착절】 인간은 곤란에 처했을 때 비로소 그 사람의 역량과 가치를 알 수 있다.

班門弄斧 【반문롱부】 자신의 실력은 생각지 않고 덤비는 것을 말함.

伴食宰相 【반식재상】 실력이나 재능 모두 부족한 장관, 무능한 관료를 뜻함.

斑衣之戲 【반의지희】 초나라의 노래자(老萊子)가 얼룩덜룩한 옷을 입고 어린아이의 모습을 하고 부모로 하여금 그 늙음을 잊게 한 고사(故事)로 효도의 뜻으로 쓰임.

飯後之鐘 【반후지종】 기한에 떨어짐을 말함. 목란원(木蘭院)의 중인 왕요(王搖)라는 자가 식객으로 절에 와서 있음을 미워하여 식사를 다 마치고 종을 쳐 식사 때를 알린 고사(故事)

撥亂反正 【발란반정】 어지러운 세상을 평정하고 올바른 평화를 세계에 펼치는 것.

拔本塞源 【발본색원】 근본의 원인을 제거하고 바르게 처치하는 것의 비유.

發憤忘食 【발분망식】 식사를 잊고 일에 몰두하는 것.

拔山蓋世【발산개세】 힘은 산을 뽑고, 기운은 세상을 덮는다는 초나라의 항우에 얽힌 故事(고사)로 의기양양한 마음이 드높고 자신감으로 가득 차 있는 모습.

跋扈【발호】 신하된 도리로 권세를 마음대로 부려서 임금을 침범함을 말함.

傍若無人【방약무인】 제멋대로 행동하는 것.

方言高論【방언고론】 제멋대로 말하고 논쟁하는 것.

方底圓蓋【방저원개】 사물이 어울리지 않는 것을 비유.

放蕩無賴【방탕무뢰】 여자와 술에 빠져서 품행이 단정하지 못한 것

拜門【배문】 사위가 장가들어 그 이튿날 아내를 데리고 처갓집에 가는 것.

杯盤狼藉【배반낭자】 일이 산란해진 모습을 뜻한다. 술자리가 흐트러지고 너저분해진 모습. 야단법석인 상태를 말함.

背水之陣【배수지진】 강을 뒤로 하고 진을 치니 적은 앞에서 공격해 오고 뒤에는 강물이 흐르므로 뒤로 물러나려 해도 물에 빠져 죽을 수밖에 없으므로 죽을 각오로 적을 격파하게 된다는 것.

倍日倂行【배일병행】 이틀분의 일정을 하루에 하는 것.

百家爭鳴【백가쟁명】 문화 예술, 학문상의 의견을 학자나 문인들이 각기 다투어 발표하는 모양.

白駒過隙【백구과극】 세월이 빠름을 말함.

百鬼夜行【백귀야행】 악인이 때를 얻어서 발호하는 일의 비유.

白禽擇木【백금택목】 현명한 새는 나무를 골라서 앉는다는 말. 현명한 사람은 봉사해야 할 주인을 선택해서 봉사한다는 뜻의 비유.

百年河淸【백년하청】 하(河)는 황하(黃河). 황하의 물은 언제까지 기다려도 맑지 않는다는 것으로 아무리 때를 기다려도 도리가 없다

는 것의 비유로 쓰인다. 가망 없는 것.

伯樂一顧【백락일고】 명군(名君)에게 인정받는 것을 말한다. 현대로 말하면 훌륭한 사업가·경영자에게 발탁되어 중용되는 것을 가리킨다.

白墨一言【백묵일언】 과묵한 사람이 무겁게 뱉는 한마디의 말은 날카롭게 표적을 맞히고 듣는 사람에게 강한 감명을 준다는 뜻.

白璧微瑕【백벽미하】 애써 만든 훌륭한 물건에 지극히 작은 흠이 있어서 애석하다는 뜻.

白首北面【백수북면】 재능도 인덕도 없는 사람은, 늙어서도 남에게 가르침을 받아야 한다는 뜻.

白眼視【백안시】 남을 눈을 흘겨서 미워함.

佰愈泣杖【백유읍장】 한백유(韓白愈)는 효성이 지극하여 노모에게 매를 맞으매 아프지 않으니 모친이 노쇠하여 팔의 힘이 약해진 것을 슬퍼해서 울었다는 고사(故事).

伯夷叔濟【백이숙제】 은나라의 충신으로 절개를 지켜 수양산에서 굶어 죽은 형제.

百折不撓【백절불뇨】 몇 번이나 기세가 꺾이더라도 뜻을 굽히지 않는 것.

百尺竿頭【백척간두】 진일보(進一步) 이미 백 척 이상 올라갔어도 다시 한 걸음을 더 나아가는 뜻으로 이미 많은 노력을 했었어도 더욱 노력해야 한다는 뜻.

百八煩惱【백팔번뇌】 인간의 온갖 번뇌스러운 것을 말함.

白河夜船【백하야선】 너무 깊은 잠에 빠져서 계속 자는 것.

百花繚亂【백화요란】 여러 가지 꽃이 색깔마다 아름답게 뒤섞여 피어 있는 모습.

繁文縟禮【번문욕례】 규칙, 예절 따위가 지나치게 형식적이어서 번거롭고 까다로움.

翻雲覆雨【번운복우】 손을 뒤집으면 구름이 되고 뒤집어 엎으면 비가 된다. 손바닥을 뒤집는 것과 같이 인정이 변하기 쉬운 것의 비유.

伐性之斧【벌성지부】 여색에 빠지는 것은 사람의 본성을 해치는 도끼라는 뜻.

兵聞拙速【병문졸속】 싸움에는 미비해도 신속하게 해야 한다는 말.

秉燭夜遊【병촉야유】 촛불을 켜고 밤을 즐긴다는 뜻. 인생은 짧다고 불을 밝혀서 밤에도 즐기며 논다는 뜻.

報本反始【보본반시】 조상의 은혜를 갚음을 말함.

報怨以德【보원이덕】 남에게서 심한 괄시를 받았더라도 은혜로 보답하려고 하는 정신.

覆車之戒【복차지계】 옛 사람이 실패한 것을 보고 경계로 삼는 것.

本末顚倒【본말전도】 중요한 것과 그러하지 않은 것을 혼동해 버리는 것. 근본과 말단이 뒤바뀌어 버리는 모습.

逢橋須下馬【봉교수하마】 여행 중에는 위험한 일은 피하는 것이 제일이라는 뜻.

蓬頭垢面【봉두구면】 쑥과 같이 더부룩한 머리와 때로 얼룩진 얼굴. 외모에 신경을 쓰지 않는 게으름뱅이의 비유.

封豕長蛇【봉시장사】 돼지와 같이 탐욕스럽고 뱀과 같이 잔인한 인간의 비유.

蓬生麻中 不扶而直【봉생마중 불부이직】 선악은 본래 있는 것이 아니라 다만 습관으로 인하여 생긴다는 말. 즉, 삼에서 난 쑥은 삼과 같이 자라며 삼대처럼 꼿꼿해진다는 것.

富貴浮雲【부귀부운】 부귀는 뜬구름과 같다는 뜻이다. 부나 명예를 뜻함.

負隅之勢【부우지세】 영웅이 각처에 할거함을 말함.

不卽不離【부즉불리】 붙지도 않고 떨어지지도 않는다는 뜻.

夫唱婦隨【부창부수】 남편이 소리쳐 외치면 그대로 아내가 따라 한다는 뜻.

負荷【부하】 조상의 업을 계승함을 말함.

附和雷同【부화뇌동】 자기의 주의주장이나 신념을 갖지 않고 남의 언동에 따라서 행동하는 것.

北門之歎【북문지탄】 벼슬길에 나아가 크게 성공하지 못하여 뜻대로 되지 않음을 말함.

粉骨碎身【분골쇄신】 온갖 괴로움을 이겨 내며 일하는 것.

紛紛聚訴【분분취소】 여러 사람이 제멋대로 말하는 것.

焚書坑儒【분서갱유】 진시황이 『시서육경(詩書六經)』을 불태우고 유학자들을 생매장한 것을 말함.

不共戴天【불공대천】 같이 하늘을 이고 있을 수 없다는 뜻으로 곧 원수를 말함.

不撓不屈【불뇨불굴】 어려움을 당해도 마음이 꺾이지 않는 것.

不能辨菽麥【불능변숙맥】 콩과 보리를 구별 못한다는 뜻으로 곧 몹시 우매한 것을 말함.

不拔一毛【불발일모】 비록 자신의 머리털 하나를 뽑으면 천하가 다 이익을 본다고 할지라도 결코 자기 털을 뽑지 않겠다고 하는 것.

不惜身命【불석신명】 불교의 도를 수행하기 위해서는 정신도 육체도 아껴서는 안 된다는 뜻.

不世出【불세출】 세상에 보기 드문 매우 우수한 것을 말함.

不言實行【불언실행】 어떤 일을 함에 있어 이유나 핑계를 대지 않고 묵묵히 실행하는 것.

不如歸【불여귀】 두견새를 말함.

不易流行【불역유행】 불변의 것과 변화하는 것이라는 뜻.

不恥下問【불치하문】 나보다 신분이 낮은 사람에게 물어보는 것을 부끄럽게 여기지 않는다는 말.

不偏不黨【불편부당】 중립과 공정을 유지하여 파벌을 조성하지 않는 것

不孝有三【불요유삼】 부모에게 불효되는 세 가지를 말함.

鵬程萬里【붕정만리】 앞길이 원대한 것. 일반적으로 여정이 먼 경우에 사용한다.

比肩隨踵【비견수종】 뒤에서 계속 사람이 나오는 것을 말함.

匪躬之節【비궁지절】 임금을 위하여 충성을 다하여 자신의 몸을 돌보지 않음.

髀肉之嘆【비육지탄】 군인이 싸움터에 나가지 않기 때문에 다리에 살이 찐다는 뜻으로, 하는 일 없어 공명을 세울 기회가 없음을 한탄하는 것을 말함.

飛耳長目【비이장목】 정보 수집에 뛰어나고, 사물의 관찰이 예리하여 세상 물정에 밝은 것.

比翼連里契【비익연리계】 부부의 정이 깊은 것을 비유.

牝鷄之晨【빈계지신】 암탉이 새벽을 알리느라 운다는 뜻으로 아내가 남편을 휘어잡음을 말함.

鬢絲茶烟【빈사다연】 노후에 담박하고 정직한 생활을 하면서 화려했던 지난날을 회상하는 것을 말함.

貧者之一燈【빈자지일등】 가난한 사람의 진심으로 우러나는 동정은 부자의 동정보다 공덕이 크다는 것.

貧賤之交不可忘【빈천지교불가망】 가난할 때 사귄 친구는 성공한 뒤에 결코 잊어서는 안 된다는 것.

사

徙家忘妻【사가망처】 이사할 때에 자기 아내를 잊는다는 뜻으로 잘 잊는 것을 말함.

四苦八苦【사고팔고】 세상의 온갖 괴로움. 엄청난 괴로움.

思慮分別【사려분별】 여러 모로 골똘히 생각하고 신중(愼重)하게 판단하는 것.

四肉騈儷【사려변려】 한문의 사자구(四字句), 또는 육자구(六字句)로 되는 댓구의 문체를 말한다. 병려(騈儷)는 함께 일렬로 늘어놓는다는 뜻, 댓구를 사용하고 어조(語調)를 맞추고 고사(故事)를 인용하거나 하여, 형식성의 기교를 한 곳에 집중시킨 미문(美文)으로 '사륙변려체(四六騈儷體)'라 한다.

四面楚歌【사면초가】 주위에 모두가 적이요, 자기를 돕는 사람은 하나도 없음을 말함.

四百四病【사백사병】 인간이 걸리는 일체의 질병을 말한다.

四分五裂【사분오열】 뿔뿔이 흩어져서 분열하는 것, 질서 없이 문란하고 흩어지는 것.

駟不及舌【사불급설】 사람의 입에서 한 번 뱉은 말은 사두마차의 속력으로도 못 따른다는 뜻으로 곧 말을 삼가라는 뜻.

四書五經【사서오경】 유교의 중요한 고전(古典)을 일컬음. 사서(四書)는 「대학(大學)」·「중용(中庸)」·「논어(論語)」·「맹자(孟子)」·「오경(五經)」은 「역경(易經)」·「시경(詩經)」·「서경(書經)」·「춘추(春秋)」·「예기(禮記)」를 말함.

射石爲虎【사석위호】 범인 줄 알고 화살을 쏘았으나 화살이 그 돌에 깊이 들어가 박혔던 바, 뒷날에 아무리 힘껏 쏘아도 화살이 박히지 않았다는 고사(古事)로, 어떤 일이나 성심껏 노력하면 힘이 생긴다는 뜻.

射石飮羽【사석음우】 모든 힘을 다해 도전하면 어떤 일도 할 수 있다는 뜻.

史有三長【사유삼장】 역사가는 재주와 학문과 학식이 빼어나야 한다는 뜻.

死而後已【사이후이】 어떤 사업을 함에 있어 죽음에 이르러서야 그만둔다는 뜻으로 뜻이 굳음을 말함.

獅子奮迅勢【사자분신세】 사자가 성낸 모습. 사람의 힘이 왕성함을 비유.

死中求活【사중구활】 죽음 속에서 삶을 구한다는 뜻.

沙中偶語【사중우어】 신하가 몰래 음모를 꾀하고 모반을 획책하는 것.

四通八達【사통팔달】 도로가 사방팔방으로 뚫려 있어 교통이 편리한 것.

俟何之淸【사하지청】 황하의 물이 맑음을 기다린다는 뜻으로 도저히 희망 없는 것을 기다림을 말함.

死灰復燃【사회부연】 한 번 꺼진 불이 다시 타오른다는 뜻으로 세력을 잃은 자가 다시 번창하는 것의 비유.

山紫水明【산자수명】 산수(山水)가 깨끗하고 아름다운 경관을 말함.

山中曆日【산중역일】 산 속에서 한적한 생활을 하면 세월이 흐르는 것을 느끼지 못한다는 뜻.

三年不飛【삼년불비】 희망을 품고 침착하게 기다리는 것.

森羅萬象【삼라만상】 온갖 사물과 현상의 비유.

三令五申【삼령오신】 되풀이해서 공손하게 하는 것.

三面六臂【삼면육비】 혼자서 여러 사람의 능력을 겸비한 것.

三者鼎立【삼자정립】 세 사람이 각각 서로 대항해서 대립하는 것.

三尺秋水【삼척추수】 칼의 별칭. 칼날의 서슬이 파란 검. 삼 척(三尺)은 칼의 길이가 대체로 이 정도인 것에서 나온 말이다.

三遷之敎【삼천지교】 맹자의 어머니가 세 번씩이나 이사를 하면서 아들의 교육을 위해 힘썼다는 고사(故事).

三寸不律【삼촌불률】 길이가 불과 삼촌(三寸)인 붓.

喪家之狗【상가지구】 초라한 개를 가리키는 말로 집 잃은 개와 상갓집 개의 두 가지 설이 있음.

桑間濮上【상간복상】 중국 고대의 음란한 말, 음탕하고 문란한 음악의 뜻.

上兵伐謀【상병벌모】 전략에 뛰어난 장수는 싸우기 전에 적의 잔적을 간파하여 움직이기 전에 이긴다는 뜻.

桑蓬之志【상봉지지】 남자가 사방으로 떠돌아다님.

相事失之貧【상사실지빈】 유능한 선비도 너무 가난하면 세상이 알아주지 않으므로 활동할 길을 얻기 힘들다는 말.

常山蛇勢【상산사세】 사방이 서로 뒤틀림. 혹은 문장의 머리와 꼬리가 서로 다른 것.

桑中之歡【상중지환】 남녀가 밀회하는 기쁨, 남의 아내를 농락하는 즐거움을 말한다.

常套手段【상투수단】 언제나 정해 놓고 사용하는 관용 수단.

桑弧蓬矢【상호봉시】 남자가 사방으로 웅비해서 성공하려고 하는 의지의 비유.

塞翁馬【새옹마】 인간사의 모든 일은 화복의 변화가 뜬구름 같은 것이니 행운을 만났다고 안심하고 즐거워할 것도 아니요, 비운을 만났다고 지나치게 비통해할 것도 아니라는 뜻.

色卽是空【색즉시공】 현재의 온갖 사물은 본래 덧없는 것을 말함.

生死與奪【생사여탈】 죽이는 것도 살리는 것도, 주는 것도 받는 것도 마음대로 하는 것.

生死肉骨【생사육골】 죽은 사람을 살리고 백골에 살을 붙인다는 뜻으로 큰 은혜를 입어 감사한다는 말.

生者必滅【생자필멸】 살아 있는 사람은 반드시 죽는다는 뜻으로 만고불변의 진리이다.

生知安行【생지안행】 인간 본래의 착한 심성을 가지고 이해관계를 따지지 않는 편안한 감정으로 행동하는 것.

西施捧心【서시봉심】 함부로 남의 흉내를 내다가 웃음을 자아내게 하는 일. 다른 사람의 흉내를 내다가 실패할 경우의 비유다.

席不暇暖【석불가난】 몹시 분주하여 한 곳에 정착하지 못하니 자리가 따뜻할 틈이 없음.

碩學鴻儒【석학홍유】 학문이 높은 경지에 도달한 대학자(大學子)의 비유.

善男善女【선남선녀】 불법(佛法)을 믿고 따르는 남녀. 또한 나한(羅漢)과 보살의 뜻.

先憂後樂【선우후락】 곤란하고 괴로운 것을 먼저 해치우고 나중에 즐거움을 찾는다는 뜻.

先義後利【선의후리】 우선 먼저 순리와 도리에 따르고 이해타산은 그 뒤에 생각한다는 의미.

仙姿玉質【선자옥질】 선자(仙姿)는 속세를 초월한 모습이다. 옥질(玉質)은 옥과 같이 아름다운 피부를 뜻함.

先卽制人【선즉제인】 어떤 일을 남보다 먼저 하면 그 사람에게 이긴다는 뜻.

雪月風花【설월풍화】 자연의 경치, 사계절의 경관을 말함.

雪中松柏【설중송백】 눈 속의 추위에도 소나무와 떡갈나무는 색깔을 변화하지 않는다. 절개나 뜻이 굳셈을 비유하는 말.

雪中送炭【설중송탄】 눈 속에 갇혀 있는 사람에게 숯을 보내 준다는 뜻으로 괴로움에 처해 있는 사람을 구해 주는 것.

盛者必衰【성자필쇠】 번창하고 화려했던 것도 언젠가는 반드시 쇠퇴하고 사라져 간다는 뜻으로 이 세상에서 가장 공평하게 적용되는 이치이다.

成竹胸中【성죽흉중】 성공의 전망을 가리키는 말로 성공할 전망이 충분히 있다는 의미로 쓰인다.

城下之盟【성하지맹】 항복을 뜻함.

城狐社鼠【성호사서】 임금 곁에 있는 간신

星火燎原【성화요원】 성화(聖火)는 별과 같이 작은 불. 요원은 들을 태운다는 뜻.

洗心草面【세심초면】 몸과 마음을 새롭게 하는 것.

歲寒三友【세한삼우】 세한은 일 년 중 가장 추운 계절, 즉 겨울. 또한 괴로운 시대나 말세의 뜻도 있다. 겨울의 벗이라고 할 수 있는 것은 송죽매(松竹梅)의 세 가지로 세 가지 벗이라고 말할 수 있는 것에 산수(山水)·송죽(松竹)·금주(琴酒)가 있다.

巢林一枝【소림일지】 새는 깊은 숲속에 둥지를 틀어도 단지 한 개의 가지를 사용하는 데에 지나지 않는다는 뜻으로 자신의 분수에 맞게 사는 것으로 만족을 할 줄 알아야 한다는 뜻.

小姑【소고】 남편의 손아래 누이를 말함.

少年易老學難成【소년이노학난성】 젊었을 적에 공부를 열심히 해야 한다는 말.

小心翼翼【소심익익】 소심해서 벌벌 떠는 모습. 겁쟁이.

騷人墨客【소인묵객】 시인·문필가·화가 등 풍류를 즐기는 사람을 일컬음.

小人閑居【소인한거】 교양이 없는 보잘것없는 인간은 여유가 있으면 변변한 일을 하지 못한다.

續貂之譏【속초지기】 비열한 인재를 등용하는 것을 조롱하는 말.

孫康映雪【손강영설】 손강은 집이 몹시 가난하여 기름을 살 수 없어 겨울밤에는 하얀 눈빛으로 공부했다는 고사(故事).

率先勵行【솔선려행】 어떤 일의 완성에 온 정성을 기울여서 노력하는 것.

松風水月【송풍수월】 자연을 조용하고 맑은 기분으로 감상하는 마음

守口如瓶【수구여병】 병 속의 물을 쏟으면 다시 담지 못하는 것과 마찬가지로 일단 말을 하면 이를 거두어들이지 못하므로 말을 조심해야 한다는 뜻.

嫂不爲炊【수불위취】 불우하여 영락했기 때문에 모두가 천대를 하는데 형수까지도 멸시하여 밥을 지어 주지 않았다는 소진(蘇秦)의 고사.

輸寫心腹【수사심복】 마음속에 생각하고 있는 것을 남김 없이 상대방에게 진심을 토론하는 것.

壽山福海【수산복해】 장수와 행복을 축복하는 말.

首鼠兩端【수서양단】 쥐는 의심이 많아서 구명에서 나와서도 가볍게 행동하지 않는다는 말.

漱石沈流【수석침류】 반대로 틀린 것의 비유

修身齊家【수신제가】 천하와 국가를 다스리는 기본은 우선 개인의 수양에서 시작되어야 한다는 뜻이다. 자신의 행동을 훌륭히 하고(修身), 자신의 가족과 가정을 잘 꾸려 나가고(齊家), 그런 다음에 나라를 훌륭히 다스리고(治國), 천하를 평화롭게 한다(平天下)는 의미로 정치 본연의 자세를 나타내는 뜻.

水魚之交【수어지교】 부부 간이나 또는 군신 간에 친밀함을 말함.

樹欲靜而風不止【수용정이풍부지】 아들이 어버이에게 효도를 하려고 하여도, 어버이는 이미 죽어서 이 세상에 있지 않음.

守株待兎【수주대토】 부질없이 옛날의 관습에 얽매어 세상의 변화에 부응하지 못함.

誰知烏之雌雄【수지오지자웅】 까마귀 암놈, 수놈을 구별할 수 없듯이 몹시 식별하기 어려운 것을 가리키는 말.

熟讀玩味【숙독완미】 문장을 잘 읽고 충분히 내용을 음미하는 것.

熟慮斷行【숙려단행】 잘 생각하고 충분히 검토한 후에 결단을 내려서 행동에 옮기는 것.

菽水之歡【숙수지환】 콩죽과 물을 먹으면서도 기뻐한다는 뜻으로 빈곤한 환경에서도 부모를 잘 섬기는 것을 말함.

脣亡齒寒【순망치한】 입술과 이가 서로 보호하고 있듯이 두 나라 중에서 어느 한 쪽이 망하면 다른 쪽도 망하게 된다는 말.

脣齒輔車【순치보차】 이해관계가 밀접하여 서로 도와감을 말함.
脣齒之國【순치지국】 우호관계가 돈독한 나라를 말함.
順風滿帆【순풍만범】 돛에 순풍을 가득 받고 배가 나아가는 것과 같이 사물이 순조롭게 되어 가는 것의 비유.
時機尙早【시기상조】 어떤 일을 하기에는 아직 때가 이르다는 뜻.
時代錯誤【시대착오】 시대 인식이 늦음. 시대의 경향에 맞지 않는 것.
是是非非【시시비비】 올바른 도리에 따라 옳고 그름을 판별하고 잘 잘못을 따짐.
尸位素餐【시위소찬】 아무것도 하지 않고 월급만을 받고, 밥만 축내는 것. 어떤 지위에 있으면서 그 임무를 수행하지 않고 월급만 받는 것.
市井之徒【시정지도】 일반 대중, 서민, 또는 도시의 불량배나 무뢰한을 말함.
息慮凝心【식려응심】 골치 아픈 일이나 문제 해결을 위해 깊이 생각하더라도 좀처럼 쉽사리 만족한 답을 얻을 수가 없을 때에는 잠시 생각을 돌리고 다시 한번 곰곰이 생각해 보면 자연히 해결의 실마리가 풀어지게 된다는 뜻. 선(禪)의 언어.
食者民之本【식자민지본】 음식은 백성을 다스리는 근본이라는 말.
識字憂患【식자우환】 글자를 알고 학문을 아는 것이 고생의 시작이라는 말.
神工鬼斧【신공귀부】 귀신이 도끼로 가공한 듯한 정교한 작품. 정교하고 기교가 뛰어난 훌륭한 작품을 말함.
神機妙算【신기묘산】 신과 같이 뛰어난 책략.
信賞必罰【신상필벌】 공로자에게 상을 주어 높이 칭찬하고 나쁜 사람은 벌을 주어 징계한다는 뜻.

新進氣銳【신진기예】새롭게 출현해서 패기가 높고 왕성한 것.

新陳代謝【신진대사】신구(新舊)가 교체하고 끊임없이 새롭게 되는 모습.

實事求是【실사구시】사실에 의거해서 일체의 사물의 진리나 진상을 추구하고 연구하는 것.

深謀遠慮【심모원려】먼 장래까지 깊이 생각해서 계획을 꾸미고 조치하는 것.

深山幽谷【심산유곡】깊은 산과 멀리 희미하게 보이는 한적한 골짜기.

心神耗弱【심신모약】심신을 상실할 정도는 아니지만, 정상적인 행동이 눈에 띄게 곤란해진 상태.

尋章摘句【심장적구】문장 전체의 이해가 부족하고, 의미가 통하지 않는 것의 비유.

心地光明【심지광명】사적인 욕심을 가지지 않고 공명정대한 마음이나 감정을 말함.

十日之菊【십일지국】이미 때가 지난 것을 말함.

十八史略【십팔사략】원나라 초기 승선지(承先之)가 편찬한 중국의 역사서『고금역대십팔사략(古今歷代十八史略)』의 약칭으로, 모두 일곱권으로 되어 있다. 고대에서 송대(宋代)까지의 역사를 중심으로 정리한 것이다.

阿鼻叫喚【아비규환】울면서 소리치는 듯한 몹시 끔찍한 모습.

阿修羅【아수라】악마의 이름. 몹시 힘이 센 악마를 일컬음.

阿修羅道【아수라도】 강한 투쟁심과 이기, 질투, 집착하는 마음을 말함.

阿諛追從【아유추종】 아유(阿諛)는 알랑거리며 빌붙는 것, 아첨. 남에게 알랑거리고 아첨하며 따라가는 모습.

雅人深致【아인심치】 속세를 초월한 고상한 풍류를 지닌 깊은 취향을 말함.

我田引水【아전인수】 자기의 이익이 되도록 도모하고 행동하는 것

握髮吐哺【악발토포】 인재를 얻으려고 노력하는 것. 또한 금세 사람을 만나는 것.

惡婦破家【악부파가】 악처는 남편의 일생을 피곤하게 하고 집안을 망친다는 뜻.

惡事千里【악사천리】 나쁜 일은 세상에 널리 퍼지게 마련이라는 뜻.

惡月【악월】 음력 5월을 가리킴.

惡人正機【악인정기】 자기 자신을 악인이라고 생각하는 사람은 바른 기회를 얻게 된다는 뜻.

惡戰苦鬪【악전고투】 강적을 만나 힘든 싸움을 벌이거나 곤란한 역경을 힘겹게 헤쳐 나가는 모습.

眼光紙背【안광지배】 눈빛이 종이의 뒷면까지 뚫고 지나간다는 뜻으로 독서를 하는 데 있어 자구의 해석에 머물지 않고 저자의 깊은 뜻이나 정신까지 예리하게 파악하는 것을 말함.

安樂淨土【안락정토】 현실 세계와 같은 고뇌는 없고, 일체의 근심 걱정이나 괴로움 등이 없이 안심하고 즐거운 생활을 할 수 있는 청정한 곳을 일컬음.

安心立命【안심입명】 욕망을 끊고 천명(天命)을 깨닫고 괴로워하지 않는 심경(心境)

安宅正路【안택정로】 인(仁)과 의(義)의 뜻. 인(仁)은 인간의 안전한 주거, 의(義)는 인간의 바른 통로(通路)라고 맹자(孟子)가 한 말.

暗中摸索【암중모색】 확실하지 않은 것을 상상으로 맞춰 보는 것.

暗中飛躍【암중비약】 남이 눈치 채지 않도록 활동하는 것.

仰人鼻息【앙인비식】 다른 사람의 뜻을 살펴서 의존하려고 하는 것

愛別離苦【애별리고】 팔고(八苦)의 하나. ① 부모·형제·처자 등 서로 사랑하는 사람이 생별(生別)·사별(死別)하는 괴로움. ② 몹시 사랑하던 사람과의 이별하는 괴로움이나 슬픔을 말한다. 팔고(八苦)란 정(情)으로 인해 받게 되는 여덟 종류의 고뇌(苦惱)·생고(生苦)·노고(老苦)·병고(病苦)·사고(死苦)의 '사고(四苦)'에 애별리고(愛別離苦) 원증회고(怨憎會苦) : (증오하고 있던 사람과의 만남) 구불득고(求不得苦 : 구해도 얻지 못하는 괴로움) 오음성고(五陰盛苦 : 인정을 형성하는 색(色)·애(愛)·상(想)·행(行)·식(識)의 오음(五陰)이 치열하기 때문에 일어나는 스트레스)를 말한다.

曖昧模糊【애매모호】 확실하지 않고 어슴푸레한 것. 구름 속에 있는 듯한 상황을 말함.

愛緣機緣【애연기연】 마음이 맞거나 맞지 않거나 하는 사람 마음의 불가사의는 불교에서 말하는 인연에 의한다는 뜻. 주로 남녀나 친구 사이에서 깊은 애정이나 친밀감을 느낄 때를 말한다.

夜郎自大【야랑자대】 자기의 실력을 생각하지 않고 잘난 척해 보이는 소인배를 일컬음.

夜雨對床【야우대상】 형제가 서로 생각하는 심정. 비 오는 밤 그 소리를 들으면서 형과 아우가 평상 위에 사이좋게 나란히 누운 모습.

藥籠中物【약롱중물】 언제나 곁에 두어서 자기편으로 행동하는 사람, 또한 자유롭게 사용할 수 있는 물건.

藥石無效【약석무효】약이나 치료도 효과가 없고 간병의 보람이 없는 것.

弱肉强食【약육강식】강한 사람이 이기고 약한 사람은 희생이 된다는 뜻.

良禽擇木【양금택목】좋은 새는 나무를 가리어 앉는다는 말.

羊頭狗肉【양두구육】겉으로는 최고의 간판을 내어 걸고 그 내용은 형편없는 것을 말함.

兩鳳連飛【양봉연비】형제가 모두 부귀영달을 이룬 것을 말함.

梁上君子【양상군자】도둑을 말함.

量入制出【양입제출】들어오는 것을 보고 나갈 것을 조정한다는 뜻으로 수입을 계산하여 그로부터 지출을 결정함.

羊腸少徑【양장소경】양(羊)의 장(腸)과 같이 꼬불꼬불 구부러진 작은 길의 의미. 전망이 불가능해서 쉽사리 앞질러 달릴 수 없는 것.

良知良能【양지양능】사람이 선천적으로 가지고 있는 지혜와 능력.

羊質虎皮【양질호피】겉모양만 번드르르함. 순한 양이 호랑이 가죽을 뒤집어쓰고 있다. 겉보기에는 훌륭해서 겉모습은 그럴듯하지만 내용이 같지 않은 것.

陽春白雪【양춘백설】뛰어난 인물의 언행에는 보통 사람은 이해하기 어려운 점이 많이 있다는 비유.

養虎遺患【양호유환】범을 길러 환란을 당한다는 말로 스스로 재난을 초래하는 것을 뜻함.

魚網鴻離【어망홍리】고기를 잡으려고 쳐둔 그물에 새가 걸린다는 뜻으로 구하는 것이 얻어지지 않고 다른 것이 얻어지는 것을 말함.

漁父之利【어부지리】당사자들이 이해관계로 다투고 있을 때 제3자가 가로챈다는 뜻.

偃鼠之望【언서지망】 도랑의 쥐는 작은 동물이라 강물을 마신대야 고작 자신의 배 하나 가득밖에 마시지 못하는 것처럼 사람은 각기 분수가 있으니 그것에 만족하라는 뜻.

掩耳盜鈴【엄이도령】 나쁜 일을 하여 남의 소문이 두려워 자기의 귀를 가린다는 뜻으로 효과가 없음을 비유.

如是我聞【여시아문】 석가의 설법을 기술할 때 '자신은 이렇게 들었다'라고 먼저 설명함.

餘裕綽綽【여유작작】 느긋해서 초조하거나 안달이 없는 태도.

如入芝蘭之室【여입지란지실】 착한 사람과 교제하면 자신도 모르는 사이에 감화된다는 뜻.

年年歲歲【연년세세】 인간 세상은 변화가 많은 것. 인간이 나이와 더불어 노쇠하는 덧없음에 대해서는, 자연의 유구함을 말함.

鉛刀一割【연도일할】 무딘 칼을 휘두른다는 뜻으로, 자신의 역량을 겸손하게 말하는 말.

緣木求魚【연목구어】 어떤 일이거나 사리에 의하지 않으면 헛수고만 하고 공이 없음을 말함.

燕翼之謀【연익지모】 자손을 위해 선한 묘책을 남겨 놓음.

煙霞痼疾【연하고질】 자연의 풍경을 사랑하는 마음이 대단히 강한 것. 또한 여행을 좋아하는 것을 말함.

燕頷虎頭【연함호두】 먼 나라에 가서 크게 이름을 떨칠 사람을 말함.

拈華微笑【염화미소】 마음에서 마음으로 전해지는 이심전심(以心傳心)의 심정

郢書燕說【영서영설】 억지를 부려서 그럴듯하게 설명하는 것.

詠雪之才【영설지재】 재주가 있는 여자.

曳尾途中【예미도중】 거북이가 죽어서 점치는 도구가 되고 신성시 되는 것보다는 진흙탕 속에서 꼬리를 끌고 움직이는 쪽이 오히려 낫다는 뜻으로, 높은 지위에 올라서 속박되는 것보다도 비록 가난하다 할지라도 자유로운 생활을 하는 쪽이 즐겁다는 것을 말함.

五穀不升【오곡불승】 오곡이 모두 결실 못한 것이니 몹시 흉작임을 말함.

五里霧中【오리무중】 방향을 알 수 없고 어떻게 해야 좋을지 난처하다는 뜻으로 일의 실마리가 잡히지 않는 상태를 일컬음.

烏飛兎走【오비토주】 세월의 흐름이 황망하게 빠르다는 뜻.

吾舌尙在【오설상재】 말에 능한 사람이면 혀 하나만 있으면 그만이라는 뜻으로 장의(張儀)가 초나라의 재상에게 치욕을 당할 때에 한 말.

五十天命【오십천명】 '나이 50이 되어 하늘의 뜻을 안다'는 뜻으로 공자(孔子)가 만년이 되어 자기 자신이 걸어온 자취를 되돌아보고 회고한 유명한 「논어」의 한 구절.

傲岸不遜【오안불손】 행동이 지나치게 거만(倨慢)하고 오만불손한 것을 뜻함.

五言絶句【오언절구】 한시(漢詩)의 근체시(近體詩)의 한 형식. 일구(一句)가 다섯 자로 사구(四句)로부터 되고, 제(第) 2 구, 제 3 구의 끝 글자에 운을 단다. 각구(各句)의 순서에 따라 기(起)·승(承)·전(轉)·결(結)이라고 부르고, 일구(一句)의 잣수에 따라 오언(五言)과 칠언(七言)으로 각기 나눌 수 있다. 칠언절구(七言絶句)일 때는 기승절에 각각 운을 단다. 또한 〈율시(律詩)〉는 8구로 되는 한시로 3구와 4구, 5구와 6구가 각기 댓구가 된다. 음(音)

은 한음(漢音)과 오음(吳音)에 따라 다르게 발음되었으나 평안(平安)시대 이후 한적(漢籍)은 한음(漢音)으로 읽게끔 되었다.

吳牛喘月 【오우천월】 달을 보고 해인 줄 알고 허덕인다는 것.

吳越同舟 【오월동주】 「손자(孫子)」에 나오는 유명한 구절이다. 사이가 나쁜 사람들이 같은 처지에서 행동을 함께 한다는 뜻으로 적과 아군이 우연히 같은 배에 타서 만나게 된 모습.

五風十雨 【오풍십우】 바람은 닷새에 한 번, 비는 열흘에 한 번의 비율의 뜻으로 날씨가 지극히 순조로운 것을 말함.

五筆作蠅 【오필작승】 기술이 능숙한 사람은 간혹 실수를 해도 그 전보다 좋게 만들어 놓는다는 뜻.

吳下阿蒙 【오하아몽】 아무리 세월이 지나도 학문의 진보가 없는 사람의 뜻으로 곧 무식한 사람을 일컬음.

烏合之衆 【오합지중】 규율 없는 자의 집단을 일컬음.

屋上架屋 【옥상가옥】 쓸모없이 중복하는 것을 일컬음.

玉石俱焚 【옥석구분】 선과 악이 함께 멸망함을 말함.

玉石同碎 【옥석동쇄】 선인도 악인도 현자(賢者)도 우자(愚者)도 모두 사라져 간다는 뜻.

玉石混淆 【옥석혼효】 옥(玉)과 돌이 서로 뒤섞여 있는 모습. 선악의 구별이 명확하지 않은 것.

溫故知新 【온고지신】 옛것을 탐구하여 새로운 진리를 터득함을 말함.

溫良恭儉 【온량공검】 온화하고 상냥하고 공손하게, 그리고 진지한 태도로 사람을 대하는 것. 공자가 사람을 대할 때의 태도를 말함.

溫淸定省 【온청정성】 부모를 섬기는 예를 말하는 것으로 겨울에는 덥게, 여름에는 서늘하게 해 드리고 저녁에는 자리를 펴 드리고 새벽에는 형편을 살펴보는 것.

溫厚篤實【온후독실】 성격이 침착하고 정이 두터운 성실한 사람을 말함.

臥龍鳳雛【와룡봉추】 장래의 활약을 위하여 지금은 남에게 굴종하면서 때를 기다리는 영웅이나 거물의 뜻.

蛙鳴蟬噪【와명선조】 매미의 울음이 시끄럽다는 뜻에서 비롯된 말로 비열한 의논이나 또는 문장 따위를 조롱하는 말.

臥薪嘗膽【와신상담】 복수를 위해 참고 기다린다는 말.

往者不可諫【왕자불가간】 지난일은 현재에 아무리 논한대야 쓸데없는 일이니 장래 할 일에 조심하여 지난 잘못을 다시 범하지 않도록 할 것이라는 말.

外寬內明【외관내명】 남에게는 관용을 베풀고 관대하게 대하고, 자기 자신을 곧잘 반성하여 자신을 정확하게 알고 행동을 삼가는 것.

倭子看戱【왜자간희】 난쟁이가 놀이 구경을 갔었는데 키 큰 사람들이 앞에 둘러섰기 때문에 구경하지 못하고 다만 본 사람들의 말만 듣고 자기도 거기에 부화해서 비평한다는 뜻으로 식견이 좁음을 말함.

樂山樂水【요산요수】 산수를 즐기는 것.

窈窕淑女【요조숙녀】 머리가 명석하고, 얼굴도 아름다운 숙녀를 뜻함.

燎原之火【요원지화】 악이 퍼지기 쉬움을 말함. 악이 성하여 가까이 할 수 없음을 말함.

龍頭蛇尾【용두사미】 처음은 번성하나 나중에 쇠미함.

龍驤虎視【용양호시】 용(龍)과 같이 하늘 높이 올라가고 호랑이가 먹이를 노리는 것과 같이 천하를 본다는 뜻으로 웅지를 품고 의기가 가득한 모습을 일컬음.

勇往邁進【용왕매진】 용기를 가지고 목표를 향해 온 힘을 쏟는 것.

用意周到【용의주도】 모든 것이 확실하게 갖추어져 있어 조금도 결점이 없는 상태. 또는 신중하고 조심성이 많은 것.

勇將弱卒【용장약졸】 용감하고 강한 장군의 부하에는 약하고 비겁한 병사는 없다는 뜻.

用行捨藏【용행사장】 앞으로 나아가고 뒤로 물러남이 훌륭하고, 교묘한 것을 말함.

愚公移山【우공이산】 어떤 일이든지 끈기 있게 노력을 기울이면 마침내 성공하게 된다는 뜻.

牛鬼蛇神【우귀사신】 추악한 형상, 또는 악당 무뢰한을 일컬음.

雨奇晴好【우기청호】 경치가 빼어나다는 뜻으로, 청호우기(晴好雨奇)라고도 쓴다.

雨絲風片【우사풍편】 봄바람과 비를 말함. 실과 같은 비와 미풍에 연기가 나부끼는 봄경치의 비유.

虞芮爭田【우예쟁전】 남의 일을 살펴보고 자신의 잘못을 고침.

愚者一得【우자일득】 우둔한 사람도 가끔씩 명안(名案)을 내는 경우가 있음을 뜻함.

羽化登仙【우화등선】 날개가 돋아, 하늘에 올라 선인이 되는 것.

雨後竹筍【우후죽순】 비가 내린 후에 많은 죽순이 생겨나는 것과 같이 사물이 늘어나는 것이 빠르고 기세가 높은 것을 말함.

旭日昇天【욱일승천】 떠오르는 아침 해와 같이 기세가 드높은 것.

雲泥鴻爪【운니홍조】 행방을 알 수 없는 것. 흔적을 남기지 않는 것을 말함.

運否天賦【운부천부】 아무런 계획 없이 그때그때 되어 가는 대로 일을 처리함.

雲煙過雁 【운연과안】 구름이나 안개가 눈 앞을 지나가듯이 사물을 깊이 마음속에 새겨 두지 않는다는 뜻.

雲煙飛動 【운연비동】 구름이나 안개가 비동(飛動)하는 것과 같이, 필세(筆勢)가 약동하는 것을 말함.

雲外蒼天 【운외창천】 곤란을 극복하고 노력하면 상쾌한 하늘을 바라볼 수 있다는 의미이다.

雲蒸龍變 【운증용변】 영웅, 호걸이 기회를 잡고, 세상에 나오는 것을 말함.

雲集霧散 【운집무산】 모였는가 하고 생각하면 어느새 사라져 버리는 것에의 비유.

遠交近攻 【원교근공】 먼 나라와 손을 잡고 가까운 나라를 공략하는 정책이나 전략.

遠慮近憂 【원려근우】 앞날의 일까지 생각해서 행동하지 않으면 반드시 급한 걱정거리가 생겨서 곤란에 처하게 된다는 공자(孔子)의 말.

遠水近火 【원수근화】 먼 곳에 있는 것은 급할 때는 아무 쓸모가 없다는 뜻.

圓轉滑脫 【원전활탈】 모든 일이 둥글게 굴러 가듯이 원만하게 진행하는 것. 또는 자유자재로 변화하면서도 모가 나지 않는 것.

猿抱樹號 【원포수호】 원숭이가 명궁을 만나 피할 길이 없음을 알고 나무를 끌어안고 절규했다는 고사(故事).

越鳥南枝 【월조남지】 새나 말이라 할지라도 자기가 태어나고 자란 곳을 잊지 못한다는 뜻.

月下氷人 【월하빙인】 결혼 중매인 당(唐)나라의 한 청년이 여행을 했을 때 깊은 밤에 달빛 아래에서 커다란 나무에 기대어 독서하고 있는 노인을 만났다. 노인은 청년에게 붉은 새끼를 보이면서, "이

새끼로 남녀의 다리를 이으면, 부부의 정리(情理)가 생긴다."고 말했다. 청년은 노인에게 자신의 신부감에 대해 물었다. 그러자 노인은 "이 마을 야채장수 아주머니가 안고 있는 아기다"라고 잘라 말했다.

14년 후, 장관으로 출세한 청년은 태수의 딸과 결혼했다. 젊고 어여쁜 아가씨였다. '그 노인의 예언은 역시 거짓말이었던가'하고 생각한 그는 아내에게 자세한 이야기를 듣고 깜짝 놀라고 말았다. 왜냐하면, 그 야채 장수 아주머니가 안고 있던 아기가 바로 태수의 양녀가 되었기 때문이다.

危急存亡【위급존망】 개인이나 조직이나 죽느냐 사느냐의 위기에 처한 것을 나타낼 때를 일컬음.

緯武經文【위무경문】 문무 양쪽 모두를 중시해서 정치의 기본으로 하는 것.

韋編三絶【위편삼절】 독서에 힘씀을 말함.

流金蕉土【유금초토】 금속을 녹이고, 대지를 태우는 듯한 더위.

柔能制剛【유능제강】 유연한 것이 오히려 강직한 것을 억누른다는 뜻.

油斷大敵【유단대적】 방심은 실패의 근원이므로 큰 적이라는 뜻.

有名無實【유명무실】 권위만 있고 실력이나 권력을 수반하지는 않은 것.

柳眉倒豎【유미도수】 여자가 몹시 화가 나서 눈썹을 곤두세우는 모습.

流芳後世【유방후세】 좋은 평판, 명성을 후세까지 오랫동안 전하는 것.

流觴曲水【유상곡수】 구불구불한 물에 술잔을 띄우고, 술잔이 흘러오면 그것을 집어서 술을 퍼 마시고, 시가(詩歌)를 짓고 즐기는 것.

有象無象【유상무상】 수는 많지만 보잘것없는 사람들이라는 의미.

唯我獨尊【유아독존】 우주에서 자기 자신이 최고로 소중하다고 하는 인격의 존엄을 얘기한 뜻으로, 자기도취에 빠져서 자만하는 의미로 쓰임.

流連荒亡【유연황망】 여자에 빠져서 집에 돌아가는 것도 잊었던 것과 같이 계속해서 여색에 머무는 것.

柳暗花明【유암화명】 버드나무 그늘은 어둡고 꽃이 핀 곳은 밝다는 뜻으로 봄경치를 일컬음.

有爲轉變【유위전변】 인간사의 생사변멸은 일정하지 않아 전에 있던 것은 현재는 없고, 지금 있던 것도 조금 후에는 없어짐을 말함.

唯唯諾諾【유유낙낙】 무슨 일이든지 다른 사람이 말하는 대로 행동해 버리는 것.

悠悠自適【유유자적】 속세에 마음을 빼앗겨 번민하지 않고 자기가 생각하는 대로 침착하고 조용한 생활을 영위하는 것.

遊刃餘地【유인여지】 고기를 요리할 때, 칼이 뼈에 닿지 않고 고기와 뼈 사이를 교묘하게 다룬다는 뜻으로 사물에 여유를 가지고 대처하는 것에의 비유.

流風餘韻【유풍여운】 후세에 전해지는 좋은 풍습.

流巷花街【유황화가】 화류계(花柳界)라는 말의 어원이 된 성구(成句).

六根淸淨【육근청정】 육근(六根 : 눈·코·귀·입·몸·마음)에서 나오는 욕망을 단절해서 깨끗한 심신이 되는 것.

六韜三略【육도삼략】 병법 서적의 이름. '호랑이 권(卷)'의 비유. 「육도(六韜)」는 태공망(太空望)(주)〈周〉) 나라의 여상(呂尙)의 병법서. 「삼략(三略)」은 황석공(黃石公)의 병서인데 모두 후세의 위서(僞書)라고 일컬어지고 있다.

允文允武【윤문윤무】 문무를 겸비한 인금을 일컬음.

殷鑑不遠【은감불원】 남의 실패를 보고 자신을 스스로 경계함.
恩威並行【은위병행】 상(賞)과 벌(罰)이 병행해서 행해지는 것.
隱忍自重【은인자중】 몸을 자제하고 가볍게 행동하지 않는 것.
陰德陽報【음덕양보】 남몰래 선행을 쌓으면 반드시 좋은 보답으로 나타난다는 의미.
陰月【음월】 4월을 말함.
吟風弄月【음풍농월】 시를 읊조리는 것을 비유.
邑犬群吠【읍견군폐】 마을의 개들이 모여 짖어 댄다는 뜻으로 소인배들이 남을 헐뜯는 것을 가리킴.
邑號勝母 曾子不入【읍호승모 증자불입】 고을 이름이 승모인 고로 증자는 그곳에 들어가지 않았다는 고사(故事). 어머니를 이긴다는 것은 불효이기 때문임.
鷹視狼步【응시낭보】 매와 같이 날카롭고 매서운 눈, 이리와 같은 민첩한 발놀림의 뜻으로 용맹스럽고 빈틈없는 영웅, 호걸 등의 비유.
意氣揚揚【의기양양】 뜻대로 되어 기쁘고 으쓱거림.
意氣投合【의기투합】 서로 생각이 맞아서 상통하는 것.
意到隨筆【의도수필】 '뜻이 가는 대로 붓이 따라간다.'라는 뜻으로, 문장이 자기의 뜻하는 대로 씌여지는 것.
意馬心猿【의마심원】 말(馬)에 기대어 기다리는 동안에 일곱 장의 종이에 문장을 지을 정도의 빼어난 재능을 말함.
意味深長【의미심장】 사람의 언동이나 문장, 또는 어떤 상황 등의 의미가 미묘하고 심오한 것.
衣鉢相傳【의발상전】 스승이 제자를 가르치고 도(道)를 전하는 것에의 비유.

醫食同源【의식동원】 의약도 식사도 원래는 똑같으므로 천연의 것에 의존하는 것이 좋다는 뜻.

意匠慘憺【의장참담】 어떤 일을 하는 데 있어 고심하는 것.

異端邪說【이단사설】 정통하지 않고 틀린 학설을 의미함.

理非曲直【이비곡직】 도리에 들어맞는 것과 도리에서 벗어나는 것. 또는 바른 것과 틀린 것.

頤使【이사】 턱으로 사람을 부린다는 뜻.

二束三文【이속삼문】 수가 많은 데도 가격은 대단히 싼 것. 보통 물건을 싸게 팔 경우의 가격을 말한다.

異域鬼【이역귀】 외국에서 죽음.

利用厚生【이용후생】 일상 생활에 쓰이는 도구류를 사용하기 쉽게 하고 의식을 풍요롭게 해서 생활을 풍요롭게 하는 것.

梨園【이원】 연극계를 말함.

以肉去蟻【이육거의】 방법을 그르침을 말함.

二人三脚【이인삼각】 두 사람이 세 다리로 걷는 경기.

耳堤面命【이제면명】 상대방의 귀를 잡아당기고, 얼굴을 마주대는 듯이 하여, 잘 이해하도록 간절하고 공손하게 가르치는 것.

二河白道【이하백도】 신앙심이 있는 사람의 마음가짐. 극락의 피안에 이르는 길이라는 뜻.

離合集散【이합집산】 떨어지기도 하고 모이기도 하는 것.

以血洗血【이혈세혈】 나쁜 일을 바로잡기 위해 다시 다른 나쁜일을 저지르는 것. 피로써 피를 씻으면 더욱 더러워지기 때문임.

益者三友【익자삼우】 유익한 친구로는 세 가지가 있다는 뜻으로 공자(孔子)가 말하는 유익한 친구란 우선 정직한 사람 그리고 성실한 사람, 세 번째로 지식이이고 현명한 사람을 말함.

因果應報【인과응보】 사람이 짓는 선악의 인업(因業)에 응하여 과보가 있음.

人口膾炙【인구회자】 사람들에게 널리 알려지고 극구 칭찬되어지는 것.

人面挑花【인면도화】 미녀의 비유로 얼굴이 복숭아꽃과 같음을 일컬음.

人面獸心【인면수심】 겉으로는 인간의 얼굴을 하고 있지만 속마음은 짐승과 같이 야만스럽고 잔인한 것.

人物月旦【인물월단】 사람을 비평하거나 감정한다는 뜻.

人非木石【인비목석】 사람은 모두 희로애락의 감정이 있다는 말로 나무나 돌처럼 감정이 없는 것이 아니라는 뜻.

人貧智短【인빈지단】 사람은 가난에 쪼들리면 따라서 지혜도 줄어듦을 말함.

人事不省【인사불성】 자기 자신을 돌아볼 수 없는 상태. 의식을 잃은 실신한 상태.

人山人海【인산인해】 사람이 가득 찬 모습.

人心收攬【인심수람】 많은 사람의 마음을 모아서 결집하는 것.

仁義禮智【인의예지】 인간 자신들이 갖고 있는 네 가지 덕(德)을 말함.

人日【인일】 음력 1월 7일

仁者無敵【인자무적】 어진 사람은 남을 사랑하므로 따라서 자연히 적이 없다는 것.

引錐自刺【인추자척】 공부할 때 졸음을 쫓으려고 송곳으로 다리를 찔러 가며 공부했다는 소진(蘇秦)의 고사(故事).

一刻直千金【일각치천금】 한 시간이 천금에 버금갈 정도로 지극히 즐거운 때라는 뜻.

一竿風月【일간풍월】 속세를 잊고 자연을 즐기는 유유자적한 모습.

一顧傾國【일고경국】 미인을 표현하는 말.

一氣呵成【일기가성】 문장을 단숨에 완성하거나 일을 단숨에 해치우는 것.

一騎當千【일기당천】 한 사람이 천 명이나 되는 적을 상대할 수 있을 정도로 강하다는 뜻.

一簞食 一瓢飮【일단사 일표음】 한 표주박의 국으로 극히 간단한 음식을 가리키는 말.

一刀兩斷【일도양단】 어떤 일을 함에 있어 거침없이 일을 처리하거나 해결하거나 하는 것.

一連托生【일련탁생】 죽은 뒤 극락정토의 연꽃 위에서 다시 태어난다는 뜻.

一粒萬倍【일립만배】 한 알의 씨앗이라도 파종하면 수확할 때면 만배로 불어난다는 뜻으로 무슨 일이든지 조금이라도 소홀해서는 안 된다는 뜻.

一網打盡【일망타진】 그물을 가지고 떼고기를 잡듯이 어떤 단체를 이룬 것을 한꺼번에 모두 잡음.

一鳴驚人【일명경인】 한 번 솜씨를 내면 사람들이 놀라도록 잘 하는 것

一目瞭然【일목요연】 한눈에 모든 것을 알 수 있는 것.

一目之羅【일목지라】 여유의 필요함을 말함. 새를 그물로 잡는 데 있어 한 코의 그물에 새가 걸린다고 해서 한 장의 그물만 펴서 걸어 놓으면 결코 새는 잡히지 않음을 말함.

溢美溢惡【일미일오】 지나친 칭찬이나 지나친 비방, 과도의 찬사와 험담을 비유.

一斑全豹【일반전표】 일부분으로 전체를 추측할 수도 있고 비평할

수 있는 것.

一髮千鈞【일발천균】몹시 위험한 것.

一夫當關 萬夫莫開【일부당관 만부막개】지세가 매우 험준하여 비록 한 사람이 지켜도 만 사람이 이를 무너뜨리지 못한다는 말.

一嚬一笑【일빈일소】현명한 군주는 가볍게 감정을 얼굴에 나타내지 않는다는 말.

一瀉千里【일사천리】어떤 일이 한꺼번에 빠르게 진척되거나 문장이나 웅변에 막힘이 없는 것의 비유.

一石二鳥【일석이조】하나로 두 개의 이익을 얻는 것.

一世木鐸【일세목탁】세상 사람들을 가르치고 이끄는 사람. 사회의 지도자를 일컬음.

一世風靡【일세풍미】한 시대를 휘어잡는 것.

一宿一飯【일숙일반】하룻밤 신세를 지거나 한 상의 식사대접을 받는다는 뜻으로 약간의 폐가 되는 것.

一視同仁【일시동인】성인 군자는 누구나 구별을 하지 않고, 모두 평등하게 사랑하고 다룬다는 뜻.

一心同體【일심동체】다른 것이 마치 하나의 마음으로 결합을 하는 것.

一心不亂【일심불란】어떤 일에 마음을 쏟고 다른 것에 대해서 마음이 혼란해지지 않는 것.

一陽來復【일양래복】어렵고 괴로운 일을 극복한 후에 행운과 행복이 찾아온다는 비유.

一言居士【일언거사】무슨 일에든지 한 마디 하지 않으면 직성이 풀리지 않는 성품의 사람을 일컬음.

一榮一辱【일영일욕】한 번 번영하였는가 하면 그것도 잠깐 동안, 곧 굴욕적인 경우로 떨어져 버리는 것이 세상의 이치라는 뜻.

一月三舟 【일월삼주】 하나의 달을 보는 것에도 세 척의 배에서 바라보면 각기 다르게 보인다는 뜻으로 불교의 가르침도 사람에 따라서 받아들이는 것이 각기 다르다는 것을 비유.

一日九遷 【일일구천】 한몸에 임금의 총애를 받는 것.

一日三秋 【일일삼추】 서로 헤어져 만나기를 원하는 마음이 간절하여 하루가 마치 9개월간이나 되는 것같이 느껴지는 것.

一字千金 【일자천금】 문자나 문장이 대단히 뛰어나서 마치 한 자의 글씨가 천금(千金)의 가치가 있는 것.

一張一弛 【일장일이】 일의 늦고 급함을 마음대로 하는 것. 또한 정신 상태를 긴장시키거나 이완시키거나 하는 것의 비유.

一場春夢 【일장춘몽】 인생의 영화는 덧없이 사라져 버림을 말함.

一紙半錢 【일지반전】 종이 한 장과 한 푼도 못되는 동전의 뜻으로 지극히 작은 헌금의 비유.

一知半解 【일지반해】 하나의 사실을 알더라도 반 정도밖에 이해하지 못한다는 뜻으로 어중간하고 어설픈 지식을 일컬음.

一枝巢 【일지소】 작은 집.

日塵不染 【일진불염】 약간의 티끌에도 물들지 않았으므로 지극히 아름다운 것을 말함. 물욕에 번뇌하지 않는 것을 말하는 불교의 가르침.

日進月步 【일진월보】 끊임없이 한 걸음 한 걸음 발전하는 것.

一倡三嘆 【일창삼탄】 시문(時文) 등을 한 번 음독하고서 되풀이해서 읽고, 그 훌륭한 솜씨를 칭찬하는 것.

一觸卽發 【일촉즉발】 서로 대립 세력이 조금만 부딪쳐도 폭발할 듯한 대단히 위급한 상황을 말함.

一擲賭乾坤 【일척도곤】 천하를 걸고 운명을 다투는 것.

一波萬波 【일파만파】 극히 작은 일이 큰 영향을 미치는 것을 말함.
一壺千金 【일호천금】 평소 가볍게 취급하고 있는 것이라도 어떤 경우에는 대단히 쓸모가 있다는 것.
一攫千金 【일확천금】 대수롭지 않은 일로 한꺼번에 큰돈을 손에 넣는 것.
林間紅葉 【임감홍엽】 임간(林間)에 술을 따뜻하게 해서 단풍을 태운다.
臨機應辯 【임기응변】 정세의 변화에 따라 그때그때에 적절히 대응조치하는 것.
一敗塗地 【일패도지】 참혹한 패배를 말함.
一暴十寒 【일포십한】 화초를 기르는 데 하루 동안 햇볕을 쪼이고 열흘 동안을 그늘에 두면 그 화초는 자랄 수 없듯이 학문하는 데 있어서도 하루 공부하고 열흘간을 놀면 성공할 수 없다는 말.
任重道遠 【임중도원】 짐은 무겁고 길은 멀다는 뜻으로 선비의 책임은 무겁고 큰 사업을 성취함은 어려움을 말함.
入竟問禁 【입경문금】 다른 나라에 들어가면 그 나라에서 금하는 것을 먼저 물어서 실수 없게 한다는 것.
粒粒皆辛苦 【입립개신고】 밥알 한 알 한 알에 고생이 담겼다는 농부의 고생과 불우함을 읊은 싯귀.

自家撞着 【자가당착】 앞뒤가 맞지 않아 모순됨을 말함.
慈母敗者 【자모패자】 자식에게 엄하지 않은 어머니 슬하에서 막되고

어리광 부리는 자식이 자란다는 뜻으로 자식을 과잉보호하면 안 된다는 뜻.

自業自得 【자업자득】 자신이 뿌린 씨앗을 자기가 수확하는 것은 당연함.

自然淘汰 【자연도태】 자연 환경이나 조건 등에 적응하는 것은 살아남고 그렇지 못한 것은 사멸하는 현상.

自由奔放 【자유분방】 제멋대로 자유롭게 행동하는 것.

自繩自縛 【자승자박】 자기의 포승으로 자신을 묶는다는 뜻.

自暴自棄 【자포자기】 스스로 자기 자신을 버리고 돌보지 않는 것.

子虛烏有 【자허오유】 거짓말. 엉터리여서 아무것도 아닌 것.

自畵自讚 【자화자찬】 자신이 그린 그림을 스스로 추켜올린다는 뜻으로, 자기가 한 일을 스스로 칭찬하며 자랑함을 비유.

作舍道傍 三年不成 【작사도방 삼년불성】 길가 옆에 집을 짓노라면 오가는 사람들이 자기 나름대로의 의견을 말하므로 삼 년이 지나도 결국 짓지 못하게 됨을 가리킨 말.

張公喫酒 李公醉 【장공끽주 이공취】 무고한 죄를 입는 것.

葬陶家側 【장도가측】 도는 질그릇으로 술독을 말한 것. 오나라 정천평(鄭泉平)은 술을 몹시 좋아하여 임종 때 도기를 만드는 집 옆에 매장당하여 흙이 된 후 그릇 굽는 사람이 그 흙을 파내어 술독을 만들어서 술을 담게 해 주면 고맙겠다고 한 말.

藏頭露尾 【장두노미】 머리만을 숨기고 자기가 다른 사람에게 보이지 않겠지 하고 생각하지만 꼬리가 드러나 있는 모양을 일컬음.

張三李四 【장삼이사】 평범한 인물을 말함.

杖朝 【장조】 조정에서도 지팡이를 짚음을 말함. 대신의 나이가 8, 90세에 이른 때에 내리는 대우.

莊周之夢【장주지몽】 장자가 꿈속에서 나비가 되었다가 꿈을 깨고 난 다음 자기가 나비로 된 것인지 나비가 자기로 된 것인지 판단하기 힘들었다는 고사(故事).

長枕大衾【장침대금】 긴 베개와 커다란 이불을 덮고 모두 함께 잔다는 뜻으로 친밀한 교제를 비유.

寂滅爲樂【적멸위락】 번뇌의 늪에서 벗어나 열반의 경지에 이르러 비로소 진실한 안락을 맛볼 수 있다는 뜻.

賊反荷杖【적반하장】 도둑이 도리어 몽둥이를 들고 대항한다는 뜻. 사과해야 할 처지에 있는 이가 도리어 덤벼드는 것을 비유한 말.

裁髮易酒【재발역주】 머리카락을 잘라 술로 바꾼다는 뜻으로 손님 접대의 괴로움을 비유한 것.

再三再四【재삼재사】 계속해서 끈질기게 다가오거나 권유하거나 할 때 쓰는 말.

才子佳人【재자가인】 재주와 아름다움을 겸비한 사람

猪突猛進【저돌맹진】 나중 일 따위는 생각하지도 않고, 성난 멧돼지와 같이 일직선으로 저돌하는 것.

赤手空拳【적수공권】 빈손. 자기의 힘 이외에 그 무엇도 의지할 것이 없는 것.

積土成山【적토성산】 미세한 것이라도 계속해서 모으면 산을 이룬다는 뜻.

電光石火【전광석화】 동작이 대단히 재빠른 것을 말함.

前代未聞【전대미문】 현재까지 들어 본 적도 없는 진귀한 것.

前途遼遠【전도요원】 장래가 아득히 먼 것. 나아갈 길이 원대한 것의 비유.

前人未到【전인미도】 현재까지 아무도 도달하지 않은 것.

前程萬里【전정만리】 장래의 가능성이 크고 유망하다는 뜻.

前車覆轍【전차복철】 앞차의 전철은 뒷차의 교훈이라는 뜻으로 뒤집어진 차량의 자취, 실패한 전례를 말한다.

絶類離倫【절류이륜】 동료들보다 뛰어난 것을 말함.

竊鈇之疑【절부지의】 도끼를 도둑질했다고 의심하여 사실은 훔쳐가지도 않은 것을 도둑놈으로 여기는 것.

切磋琢磨【절차탁마】 학문에 더욱 힘쓰는 것을 말함.

切齒扼腕【절치액완】 대단히 유감스럽고 분함. 몹시 화가 치밀어올랐을 때의 모습.

精勵恪勤【정려각근】 맡은 일에 온 힘을 쏟고, 노력하는 모습.

頂門金錐【정문금퇴】 철퇴로 문을 친다는 뜻으로 각성시킴을 말함.

精進潔齋【정진결재】 심신을 깨끗이 하고 행동을 삼가는 것.

諸說紛紛【제설분분】 여러 가지의 의견이나 설명이 마구 뒤섞이어 혼란스러운 말.

諸行無常【제행무상】 인생은 덧없고 무상하다는 것.

朝令暮改【조령모개】 아침에 내린 명령을 저녁에 바꾼다는 뜻으로 명령이나 법률 등이 너무 자주 바뀌어 믿을 수 없는 것.

助長補短【조장보단】 장점을 최대한 활용해 단점을 보충하는 것.

粗酒粗食【조주조식】 남에게 술이나 음식을 권할 때의 겸양하는 말.

眺望絶佳【조망절가】 맑고 깨끗하고 멋있는 것을 말함.

朝不謀夕【조불모석】 일이 급박하여 생각할 틈이 없는 것을 말함.

朝三暮四【조삼모사】 거짓말로 사람을 우롱하는 것. 원숭이에게 밤(栗)을 주는데 아침에 세 개를 주고 저녁에 네 개씩 준다고 하니 원숭이들이 화를 내므로 이에 아침에 네 개씩, 저녁에 세

개씩 준다고 하니 원숭이들이 크게 좋아했다는 고사(故事)

朝蠅暮蚊【조승모문】보잘것없는 소인배가 거리낌없이 멋대로 행동하는 것을 비유.

鳥語花香【조어화향】봄의 아름답고 화창함을 읊은 풍물시.

朝雲暮雨【조운모우】남녀의 정이 깊은 것. 남녀의 사랑의 맹세를 일컬음.

朝有紅顔【조유홍안】'아침에 홍안이었는데 저녁에는 백골이 되었다'는 뜻으로 인생은 무상해서 하는 일을 뜻대로 할 수 없다는 의미.

造次顚沛【조차전패】눈 깜짝할 사이나 위급한 때를 말함.

彫虫篆刻【조충전각】문장(文章)이나 자구(字句)를 아름답게 장식하는 것. 또한 자구만을 꾸미고 세세한 기교만으로 눈길을 끄는 것을 비유.

左建外易【좌건외역】도리에 어긋난 방법으로, 자기의 세력이나 권력을 펴고, 밖으로 임금의 명령을 바꾸는 것.

左之右吾【좌지우오】좌우 양쪽을 지지하고 말려 위험을 회피하는 것.

左遷【좌천】 벼슬자리를 떨어뜨려 먼 곳으로 보내는 것.

主客顚倒【주객전도】주인과 손님의 위치가 뒤바뀐 것.

酒囊飯袋【주낭반대】술통과 쌀뒤주라는 뜻으로 엄청난 대식가여서 아무것도 할 수 없는 사람.

酒色財氣【주색재기】술과 여자와 돈에 주의하라는 경계.

酒池肉林【주지육림】술로 못(池)을 이루고 고기육(肉)으로 숲을 이룬다는 뜻. 호화롭고 사치스러운 것이 극에 달한 것을 일컫는 말.

周章狼狽【주장낭패】허둥대며 떠들썩한 것. 매우 당황하여 적절하게 조치할 수 없는 것의 비유.

竹頭木屑【죽두목설】하잘것없는 물건이라도 그 어디엔가 쓸모가 있다는 뜻.

竹林七賢【죽림칠현】 풍류를 서로 얘기하고 즐기기 위해 모인 일곱 사람들 즉, 은자(隱者)의 비유이다.

駿足長阪【준족장판】 재능이 있는 뛰어난 인물이 곤경에 처하면 자기의 힘을 시험해 보려고 한다는 비유.

衆口鑠金【중구삭금】 여러 사람의 의견이 모아지면 굳은 쇠도 녹일 만큼 강력한 것이니, 말의 두려움을 말함.

衆生濟度【중생제도】 불도(佛道)에 의해, 이 세상의 고해(苦海)에서 극락의 피안으로 건너가는 것을 말함. 깨달음을 얻게 됨을 뜻함.

中原逐鹿【중원축록】 중원은 중국을 말함. 또는 천하를 말함. 왕위를 다투는 것.

櫛風沐雨【즐풍목우】 바람이 머리카락을 빗질하고, 심한 비가 머리카락을 씻는다는 뜻으로 비바람을 맞아 가면서 몹시 고생하는 것의 비유.

地大物博【지대물박】 토지가 광대해서 그 산물이 풍부한 것에의 비유.

芝蘭玉樹【지란옥수】 한 가문에서 훌륭한 인물을 많이 배출하는 것.

地靈人傑【지령인걸】 풍토, 인물이 모두 뛰어나게 훌륭한 것. 고향이나 가문이 모두 뛰어난 사람의 비유.

支離滅裂【지리멸렬】 가지가 흐트러져 양쪽 모두 산산조각으로 흩어지는 것.

舐犢之愛【지독지애】 늙은 소가 송아지를 혀로 핥는다는 뜻으로 어버이가 자기 자식을 사랑함을 말함.

指鹿爲馬【지록위마】 남을 속이는 것을 말함.

知崇禮卑【지숭례비】 인간은 지식을 점점 더 숭상하고, 그 예(禮)를 더욱 낮추는 쪽이 좋다는 의미

池魚籠鳥【지어농조】 어항의 물고기, 새장의 새의 뜻으로 부자유스러운 몸. 월급쟁이나 감옥에 갇힌 사람의 비유.

池魚之災【지어지재】 성문이 불에 타자 그 옆의 못에서 물을 퍼 불을 끄고 보니 못이 다 말라 물고기가 모두 죽었다는 말

枝葉末節【지엽말절】 가지와 잎, 끝의 마디. 주엽 근간.

知者不惑【지자불혹】 어진 사람은 이지로 살피기 때문에 결코 미혹하지 않는다는 말.

指天射魚【지천사어】 하늘을 향해 물고기를 쏘는 뜻으로 사물을 구하매 정도를 좇아 행하지 않으면 무익한 것을 말한 것.

至楚北行【지초북행】 방향을 그르치는 것.

志學之年【지학지년】 15세를 말함.

知行合一【지행합일】 앎은 행동하는 것의 시작이고 행동하는 것은 앎의 진심이다.

直躬證父【직궁증부】 정직도 지나치면 오히려 도가 아니라는 것.

直裁簡明【직재간명】 말을 빙 둘러서 하지 않고 확실하게 하는 것.

直情徑行【직정경행】 자신의 감정의 취향대로 행동한다는 뜻. 단순한 언동을 일컫는 말.

眞金不鍍【진금부도】 진정한 값어치가 있는 것은 꾸밀 필요가 없으니 자연스럽게 그 가치가 난다는 말.

振衣千仞岡【진의천인강】 천 길의 높은 봉우리 위에서 옷의 티끌을 털어 버린다는 뜻으로 몹시 유쾌함을 말함.

震天動地【진천동지】 하늘을 흔들리게 하고 땅을 흔들어 움직인다. 군세(軍勢)의 함성이 몹시 커서 천지를 울리게 하는 모습.

盡忠報國【진충보국】 충성을 다하여 나라의 은혜에 보답하는 것.

質實剛健【질실강건】 꾸밈이 없이 성실하고 심신이 모두 건강한 것.

疾風知勁草【질풍지경초】 위기에 처해 있을 때에야 비로소 절조의 뛰어남을 안다는 비유.

車胤聚螢【차윤취형】 차윤이 몹시 가난하여 기름을 살 수 없어 반딧불이로 공부했다는 것.

車軸之雨【차축지우】 큰비를 말함. 빗방울의 크기가 수레바퀴와 같다는 것.

斬新奇拔【참신기발】 두드러지게 새롭고 취향이 신기, 진묘한 것.

滄浪歌【창랑가】 굴원(屈源)의 어부가를 말함. 인간사의 모든 것은 자연에 맡기라는 뜻.

滄桑之變【창상지변】 바다가 변하여 뽕나무밭이 된 것으로써, 시세의 변천을 비유.

創業守成【창업수성】 창업은 쉽고 지키기는 어렵다는 뜻.

滄海桑田【창해상전】 세상의 격심한 변천을 말한다. 시세의 이동, 변화가 격심한 것.

滄海遺珠【창해유주】 세상에 알려지지 않고 파묻혀 지내는 유능한 인물의 비유.

滄海一粟【창해일속】 인간이란 천하에 비기면 그 미미함이 마치 바다에 뜬 좁쌀과 같음.

採薪之憂【채신지우】 병을 앓고 있는 것을 겸손하게 하는 말.

擲果滿車【척과만거】 여자가 남자에게 애정을 고백하는 것.

尺山寸水【척산촌수】 높은 산에서 본 경관의 모습.

千客萬來【천객만래】 많은 손님이 줄을 이어 오는 것. 장사가 잘되는 것의 비유.

天經地義【천경지의】 인륜(人倫)은 천지 간에 있어 최고로 고귀한 것이고 불변의 상도(常道)이다.

千古不易【천고불역】 먼 옛날부터 변하지 않는 것. 또한 영원한 가치가 있는 것.

天空海濶【천공해활】 감정이 유유자적하고 사소한 일에 신경 쓰지 않는 시원스런 사람의 비유.

千軍萬馬【천군만마】 전쟁 등 온갖 경험이 풍부한 것.

天道無親 常與善人【천도무친 상여선인】 하늘의 뜻은 특별히 누구를 돕는 것이 아니고 항상 착한 사람을 돕는다는 말.

千慮一失【천려일실】 아무리 지혜가 있는 사람일지라도 한 번 정도는 실수가 있다는 뜻.

千里同風【천리동풍】 천 리의 먼 곳까지 같은 바람이 분다는 뜻.

天網恢恢【천망회회】 하늘은 반드시 악인을 물리치며 정의는 항상 승리한다는 뜻이다.

天無二日【천무이일】 하늘에는 태양이 오직 하나뿐이요, 나라를 다스리는 임금도 하나뿐이라는 뜻.

千方百計【천방백계】 여러 모로 궁리하여 머리를 쓰는 것. 여러 방법으로 생각을 도모하는 것을 말함.

天罰覿面【천벌적면】 나쁜 짓을 하면 그 결과가 금세 확실한 형태로 나타난다고 하는 것의 비유.

千變地異【천변지이】 자연계의 대변동을 말함.

天步艱難【천보간난】 정세가 악화되고 곤경에 처하는 모습을 말함.

千山萬水【천산만수】 광대한 지역. 여행길의 아득함을 비유.

千緖萬端【천서만단】 지극히 많은 말의 수. 또한 많은 말을 낭비하는 것.

淺斟低唱【천심저창】 약간 취한 기분으로 낮고 조용하게 노래를 읊조리는 모습.

天涯比隣【천애비린】 대단히 멀리 떨어져 있어도 가까이에 있는 듯한 친근한 감정이나 관계를 말함.

天壤無窮【천양무궁】 천지와 더불어 끝이 없는 것.

天佑神助【천우신조】 하늘과 신의 도움. 생각지도 않은 우연에 의해서 도움을 받는 것.

千人所指 無病而死【천인소지 무병이사】 여러 사람에게 손가락질을 받으면 죽게 됨.

天衣無縫【천의무봉】 하늘의 직녀가 입는 의복에는 바느질하여 만든 흔적이 없다는 뜻으로 문장이 자연스러운 것을 말함.

千載一遇【천재일우】 천년에 한 번 만날 정도로 지극히 드문 기회

天造草昧【천조초매】 천하에 질서가 없고 혼돈되어 있는 모습.

天地開闢【천지개벽】 세계가 처음 열렸을 때. 천지가 발생했을 때. 벽(闢)은 열린다는 뜻으로 아주 옛날부터라는 의미로 쓰임.

天地美祿【천지미록】 술의 다른 말. 술을 좋아하는 상태를 나타내는 말이기도 하다.

天眞爛漫【천진난만】 꾸밈이 없는 것. 자연 그대로 꾸밈 없이 순진한 감정이나 태도를 나타냄.

千篇一律【천편일률】 시가(詩歌)·문장(文章) 등이 변화가 없고 단조로운 모양.

天處高而 聽卑【천처고이 청비】 신은 하늘에 있어 땅에 있는 사람의 말을 들어 화복(禍福)을 내린다는 말.

淺學非才【천학비재】 학문과 학식이 얕고, 재능도 없는 뜻으로 자기의 학식과 재능을 남에게 겸손하게 표현하는 말.

天香國色【천향국색】 천향(天香)은 하늘의 향기란 뜻으로 근사한 냄

새. 국색(國色)은 한 나라를 통틀어 빼어난 아름다움을 지칭하는 말로 미인을 칭송하는 말이다. 모란(牡丹)을 일컫는 말.

徹頭徹尾 【철두철미】 처음부터 마지막까지의 비유.

轍鮒之急 【철부지급】 물고기가 수레바퀴 자리에 고인 물 속에서 물이 말라 죽게 된 것과 마찬가지로 매우 위급한 처치에 있는 것.

鐵心石腸 【철심석장】 견고한 정신 또는 강한 의지의 비유.

鐵中錚錚 【철중쟁쟁】 많은 쇠 가운데 맑은 소리가 나는 쇠라는 뜻으로 보통 가운데 빼어난 것을 말함.

晴耕雨讀 【청경우독】 개인 날은 밖으로 나가서 논밭을 갈고 비오는 날은 집에서 책을 읽는다는 유유자적한 생활.

靑雲秋月 【청운추월】 마음속이 오염되지 않고 청렴결백한 것에 비유.

靑天白日 【청천백일】 푸른 하늘의 태양. 하늘이 맑게 갠 밝은 날. 또는 아무 죄가 없음이 밝혀졌다는 뜻이 되었다.

靑天霹靂 【청천벽력】 예기치 않은 대사건, 대변동의 비유.

淸風明月 【청풍명월】 초가을밤의 상쾌한 느낌. 깨끗한 밤바람과 달빛.

棣鄂之情 【체악지정】 형제의 정이 두텁고 사랑스러움을 말함.

草根木皮 【초근목피】 풀뿌리와 나무의 껍질. 흉년이 들어 겨우 연명할 때 사용함.

草頭天子 【초두천자】 강도의 두목. 초두(草頭)는 초두로(草頭露)의 줄임말로 풀잎 끝에 맺힌 이슬. 덧없고 영속하지 않는 것의 비유.

草茅危言 【초모위언】 관료의 길을 걷지 않고 재야에서 국정에 충언을 아끼지 않는 것을 말함.

焦眉之急 【초미지급】 버려둘 수 없는 일의 비유.

焦心苦慮 【초심고려】 마음이 몹시 초조하고 여러 가지로 걱정되거나 애가 타는 모습.

蜀犬吠日【촉견폐일】 보통 사람이 뛰어난 사람을 의심하는 것을 말함.

寸馬豆人【촌마두인】 그림 속의 원경에 나타나는 사람과 말(馬)을 말함. 산 위에서 아래를 내려다보면 사람도 말도 작게 보인다. 한 치의 말과, 콩알 정도의 사람 모습. 수묵화(水墨畵)의 원근법으로써 곧잘 사용되고 있다.

寸指測淵【촌지측연】 실현 가능성이 없는 것을 비유. 또한 어리석은 행위를 말함.

寸進尺退【촌진척퇴】 앞으로 나아가려 해도 거꾸로 뒤로 밀려나는 것.

寸鐵殺人【촌철살인】 어떤 일의 급소를 찔러 사람을 감동시킨다는 뜻.

寸草春暉【촌초춘휘】 산보다 높고 바다보다 깊은 부모의 은혜를 말함.

秋高馬肥【추고마비】 가을은 심신 모두를 상쾌하게 하여 기분 좋은 계절이라는 의미.

春蘭秋菊【춘란추국】 어느 쪽도 버리기에는 어렵다는 것. 미인에도 저마다의 특징이 있어서, 우열을 가리기가 어려울 때 사용됨.

騅不逝【추불서】 항우의 말이 나아가지 않는다는 뜻으로 기운이 다해 어쩔 수 없음을 말함.

逐鹿者 不見山【축록자 불견산】 이욕에 헤매는 자는 도리를 잃는다는 비유.

逐鹿者 不顧兎【축록자 불고토】 사슴을 쫓는 사람은 토끼를 돌보지 않는다는 말.

春眠不覺曉【춘면불각효】 봄철은 노곤하여 새벽잠을 깨지 못한다는 싯귀.

春日遲遲【춘일지지】 봄날이 길고 화창해서 지내기에 늦어지는 것.

春雉自鳴【춘치자명】 봄꿩이 스스로 운다는 뜻으로 묻지 않는 말을 발언함을 이르는 말.

春風滿面【춘풍만면】 얼굴에 기쁨이 가득하다는 뜻.

春風駘荡【춘풍태탕】 봄경치의 화창한 모습. 느긋하고 대범한 인품을 뜻함.

春華秋實【춘화추실】 꽃에 신경을 써서 열매를 잊어서는 안 된다.

出藍【출람】 제자가 선생보다 뛰어난 것.

出師表【출사표】 제갈량이 유비에게 바친 글.

出自幽谷 遷于喬木【출자유곡 천우교목】 덕이 점차 높아지는 것을 말함.

忠言逆耳【충언역이】 충고는 듣기 싫은 것이 사람의 마음이라는 뜻.

吹毛求疵【취모구자】 털을 불어 가면서 흠을 찾아낸다는 것으로 조그마한 잘못까지 추궁하여 들춰내는 것.

揣摩臆測【췌마억측】 자기의 생각으로 남의 의혹을 마음대로 추측하는 것.

贅言【췌언】 쓸데없는 말.

取捨選擇【취사선택】 좋은 것을 취하고 나쁜 것을 버리는 것.

醉生夢死【취생몽사】 술에 취하거나 꿈을 꾸고 있는 듯한 기분으로 무위도식하며 일생을 보내는 것.

齒亡舌存【치망설존】 이와 같이 강하고 견고한 것이 망하기 쉽고, 혀와 같이 유연한 것이 오히려 존속한다는 뜻.

七顚八起【칠전팔기】 일곱 번 실패하고 쓰러지더라도 다시 분연히 일어서서 도전하는 모습.

七顚八倒【칠전팔도】 일곱 번 구르고 여덟 번 쓰러진다는 뜻으로 괴로움을 표현하는 말.

七縱七擒【칠종칠금】 적을 일곱 번 붙잡고 일부러 일곱 번 놓아준다. 그렇게 하면 은혜에 감복해서 적은 부하가 된다.

針小棒大【침소봉대】바늘과 같이 작은 것을 막대기와 같이 크게 부풀려 말한다는 뜻으로 사물을 과장해서 말하는 것을 말함.

惰氣滿滿【타기만만】나태한 마음이 가득해서 형편없는 모습.

他山之石【타산지석】남의 행동을 참고해서 자기 계발을 유용하게 쓰는 것. 또한 보잘것없는 사물이나 언동에서도 자기의 반성이나 수양에 도움이 되는 것이 있는 것.

呑舟之魚【탄주지어】배를 삼킬 만큼 큰 고기의 뜻으로 큰 인물. 또는 큰 악당을 비유.

墮甑不顧【타증불고】시루를 떨어뜨려 깨진 것을 거들떠보지도 않았다는 뜻으로 결단력이 강한 것을 말함.

打草驚蛇【타초경사】풀을 쳐서 뱀을 놀라게 한다는 말로 긁어 부스럼이란 뜻.

脫兎之勢【탈토지세】몹시 신속한 형세를 말함.

貪夫徇財【탐부순재】탐욕스러운 인간은 돈 때문이라면 신변의 위험도 살피지 않는다는 뜻.

泰山北斗【태산북두】사람들이 우러러보는 것. 학문·예술 분야에서의 제일인 자.

土崩瓦解【토붕와해】흙이 무너지고 기왓장이 산산이 깨어지듯이 어떤 조직체가 일시에 허물어짐을 말함.

錐處囊中【퇴처낭중】재주 있는 사람이 그 기량을 발휘할 곳에 놓임을 말함.

偸安【투안】안락함을 탐하는 것.

파

破鏡不照【파경부조】 깨어진 거울은 원래의 상태로 돌아오지 않는 것과 같이, 한 번 갈라진 부부는 원래의 상태로 돌아가기 어렵다는 비유.

破瓜之年【파과지년】 16세를 말함.

波瀾萬丈【파란만장】 사건 등의 변화가 극심한 것.

破邪顯正【파사현정】 나쁜 견해를 타파하고 정도를 나타냄.

破顔一笑【파안일소】 얼굴을 활짝 펴고 웃는 모습.

破竹之勢【파죽지세】 세력이 맹렬함을 말함.

破天荒【파천황】 이제까지 그 유례가 없었던 일을 행함을 말함.

八面玲瓏【팔면영롱】 마음씨가 상냥하고, 총명한 사람이라는 뜻. 또한 많은 사람들과 원만하게 교제하는 사람을 말함.

八方美人【팔방미인】 어느 누구로부터도 싫은 소리를 듣지 않고 많은 사람들과 사이좋게 교제하는 사람을 가리키는 말.

稗官野史【패관야사】 소설의 뜻. 또한 민간의 자질구레한 사건을 기술한 것.

敗柳殘花【패류잔화】 아름다움을 잃은 미인의 비유.

萍水相逢【평수상봉】 마른 풀이 물을 따라서 흘러가다가 다른 풀과 서로 만난다는 뜻으로, 여행 중에 객지에서 우연히 만나서 알게 됨.

閉月羞花【폐월수화】 더 이상의 미인은 없다는 비유.

弊衣破帽【폐의파모】 옷차림이 거칠고 품위가 없고 조잡한 것.

閉戶先生【패호선생】 일 년 내내 문을 걸어 잠그고 독서에 몰두한 사람.

蒲柳之姿【포류지자】 자신의 몸이 쇠약함을 말함.

抱腹絶倒【포복절도】 배를 움켜잡고 뒹굴 정도로 웃는 것.

抱薪救火【포신구화】 해악을 제거하려고 하다가 오히려 그것을 조장(助長)하는 것의 비유.

布衣【포의】 벼슬하지 않은 사람을 말함.

暴虎馮河【포호빙하】 앞도 보지 않고 돌진하는 용기. 지나친 모험심을 비유함.

表裏一體【표리일체】 사물의 겉과 속.

風光明媚【풍광명미】 자연의 경치가 단아하고 우미(優美)한 것.

風林火山【풍림화산】 어떤 일에 대처함에 있어서 시기나 정세에 따라 민감하게 행동하기도 하고 때로는 상황의 추이를 지켜보는 임기응변의 기술.

風木之悲【풍목지비】 風樹之嘆【풍수지탄】 나무가 조용하려고 하나 바람이 그치지 아니하고, 그와 마찬가지로, 아들이 부모에 효도를 하려해도 이미 부모는 이 세상을 떠나고 없다는 뜻으로, 부모에게 효도 못함을 한탄한 말.

風聲鶴唳【풍성학려】 바람 소리와 학의 울음소리, 작은 소리까지도 적군인가 하고 생각하고 놀라서 매우 두려워하는 모습.

風雲兒【풍운아】 세상이 어지러운 때 나타나 이름을 떨치는 영웅.

風中燭【풍중촉】 인생의 허무함을 말함.

河圖洛書【하도낙서】 얻기 어려운 도서(圖書)의 비유. 하도(河圖)는 태고(太古)·복희(伏羲) 시대 황하에서 모습을 드러낸 용마(龍馬)

의 등에 있었다고 전해지는 그림으로, 팔괘(八卦)의 근본이 되었다고 한다. 낙서(洛書)는 하(夏)나라 우왕(禹王)이 홍수를 수습하였을 때, 낙수(洛水·황하의 지류)에 나타난 신구(神龜)의 등에 씌어진 문자를 말함.

河梁別【하량별】 다리에까지 가서 헤어진다는 뜻으로 사람의 이별함을 말함.

夏爐冬扇【하로동선】 여름의 화로와 겨울의 부채처럼 쓸모없는 사물을 가리키는 말.

下愚不移【하우불이】 배우지 못하여 무식한 사람은 고칠 수 없다는 말.

夏雲奇峰【하운기봉】 여름 소낙비 구름이 나타나서 하늘에 신기한 형태의 봉우리를 만들어 내는 모습.

下學上達【하학상달】 일상 생활에서 현실적으로 참다운 사람이 지녀야 할 도리를 배우고 점차로 고매한 철학이나 진리에 도달한다는 것.

學步於邯鄲【학보어한단】 자신의 본분을 버리고 남의 흉내를 내다가 도리어 모두 잃음.

邯鄲之夢【한단지몽】 인생의 영화와 쇠망은 꿈과 같다는 것.

邯鄲之步【한단지보】 자신의 본분을 버리고 남을 흉내내는 것을 말함.

汗馬之勞【한마지로】 말이 땀을 흘린 수고라는 뜻으로 전공(戰功)을 말함.

寒松千丈【한송천장】 소나무는 추운 겨울에도 아랑곳하지 않고 푸른 잎을 지니고 바위 위에서 의젓하게 버티고 있다는 뜻으로 절조가 굳셈을 비유하는 말.

韓信匍匐【한신포복】 굴욕을 잘 참는 것. 한신(韓信)은 전한 시대 3걸(三傑) 중의 한 사람으로 뒤에 회음후(淮陰候)에 봉해졌다.

閑雲野鶴【한운야학】 속세에 연연하지 않고 유유자적하는 것.

汗牛充棟【한우충동】 우마차에 실어서 나르면 소가 땀을 흘리고 집 안에 쌓아올리면 용마루까지 가득 차게 된다는 뜻으로 장서가 많다는 것에의 비유.

閑話休題【한화휴제】 일의 목적이나 주제가 없는 종잡을 수 없는 말.

含哺鼓腹【함포고복】 음식을 배부르게 먹고 배를 두드리며 잘 지내는 것.

合從連衡【합종연횡】 남북으로 합류하고 동서로 연합한다는 뜻으로 강적에 대항하기 위한 권모술수의 전략을 말한다.

亢龍有悔【항룡유회】 하늘의 끝까지 올라간 용이니 그 이상 더 올라갈 수 없어 이제부터는 내려갈 것밖에는 없는 처지를 후회한다는 뜻으로써 부귀가 극에 달하면 패망할 길밖에 없으니 명심하라는 뜻임.

解衣推食【해의추식】 남에게 두터운 은혜를 베푸는 것.

虛心坦懷【허심탄회】 아무 거리낌없는 솔직한 심경.

虛虛實實【허허실실】 적의 약점을 노려서 책략을 꾸미는 전법.

現實說法【현실설법】 자기 자신의 모습을 바탕으로 해서 남에게 설법하는 것.

協力同心【협력동심】 힘과 마음을 합쳐 함께 목적 달성을 위해서 노력하는 것.

偕老同穴【해로동혈】 '저 세상까지 함께'라는 가약을 견고하게 맺은 부부의 비유.

海千山千【해천산천】 세상의 안팎을 두루 경험한 교활한 패거리.

行尸走肉【행시주육】 살아 있을 뿐이지 아무 쓸모없는 사람을 조롱하는 말.

行往坐臥【행왕좌와】 일상 생활의 모든 것.

行雲流水【행운유수】 하늘에 떠도는 구름이나 흐르는 물과 같이 여리 곳으로 옮겨 가며 정처없이 떠도는 것.

向壁虛構【향벽허구】 허구의 작품이나 위조된 것을 말함.

見頭角【현두각】 여러 사람 중에서 뛰어남을 말함.

懸車之年【현차지년】 벼슬을 사직하는 것.

懸河之辯【현하지변】 기세 좋게 흘러가는 물과 같이 물 흐르듯 언변이 유창한 사람의 비유.

協力一致【협력일치】 서로 힘을 합쳐서 하나가 되어 분투하는 모습.

刑名參同【형명참동】 부하의 언행을 살펴 평가하고 상벌을 주어야 한다는 뜻.

形容枯槁【형용고고】 용모가 여위고 노쇠한 모습의 의미.

形影相同【형영상동】 마음이 바르면 행동도 바르다는 비유.

形影相憐【영영상린】 스스로 자기 자신을 불쌍히 여기는 것.

衡宇【형우】 보잘것없는 작은 집.

兄弟鬩墻【형제혁장】 동족상쟁을 말함.

荊妻豚兒【형처돈아】 자기 처자식에게 사용하는 겸손의 말

蹊田奪牛【혜전탈우】 소를 끌고 남의 밭으로 지나갔다고 하여 벌로 그 소를 빼앗음을 말하는 뜻으로, 벌이 지은 죄에 비하여 많음을 말함.

狐假虎威【호가호위】 여우가 범의 힘을 빌려 위협한다는 뜻으로 권세를 빌려 위세를 부림.

糊口之策【호구지책】 겨우 먹고 살아감.

虎狼支局【호랑지국】 탐욕으로 다른 나라를 침략해서 끝없이 욕망을 채우려는 나라의 비유.

胡馬依北風【호마의북풍】 고향을 그리워함을 말함.

豪放磊落【호방뢰락】 감정이 크고 시원해서 결코 사사로운 일에 구

애되지 않는 것.

狐死首丘【호사수구】 여우는 죽어서 머리를 언덕으로 향한다는 뜻. 여우는 죽을 때에도, 역시 자기가 숨어 지냈던 구멍이 있는 언덕 쪽으로 머리를 향한다는 뜻이다.

虎死留皮【호사유피】 사람은 죽은 후에라도 이름을 세상에 남겨야 함을 이르는 말.

虎視耽耽【호시탐탐】 호랑이가 기회를 엿보는 모습. 야망을 달성하려고 기회를 엿보는 상태이다.

狐疑浚巡【호의준순】 의심하고 주저해서 일에 임하는 데 우물쭈물하는 것.

壺中之天【호중지천】 별세계라는 뜻.

虎豹豈受犬羊欺【호표기수견양기】 군자는 소인으로부터의 모욕받는 일은 없다는 뜻.

豪華絢爛【호화현란】 사치스럽고 화려한 것.

和光同塵【화광동진】 지혜의 빛을 감추고 나타내지 않는다는 의미.

和氣靄靄【화기애애】 부드럽고 유쾌한 감정이 가득 차 넘치는 모습.

畫龍點睛【화룡점정】 사물의 요점을 말함.

禍福糾纆【화복규묵】 화복(禍福)은 마치 꼬아 놓은 새끼와 같다는 뜻으로 행복과 불행은 표리일체(表裏一體)라는 뜻.

花鳥風月【화조풍월】 자연의 아름다운 풍물.

畫中之餅【화중지병】 그림 속의 떡이라는 뜻으로 아무 소용없는 것

華胥之夢【화서지몽】 황제가 꿈에 화서국에 놀았다는 고사(故事). 길몽 또는 단순히 꿈의 뜻으로 씀.

禍心包藏【화심포장】 모반의 생각. 마음속에 나쁜 생각을 품고 있는 것.

禍福無門【화복무문】 우연히 다가오는 듯한 재앙이나 행복도 모두 자기 자신이 불러들이는 것이라는 비유.

火上注油【화상주유】 불에 기름을 부어 사태를 더욱 악화시키는 것.

畵虎類狗【화호유구】 범을 그린다는 것이 개가 되고 말았다는 뜻으로, 못난 사람이 호걸을 흉내내다가 도리어 곤경에 빠진다는 말.

鰥寡孤獨【환과고독】 의지할 곳 없는 사람을 말함.

換骨奪胎【환골탈태】 사물의 근본이 되는 것. 시문(詩文)이나 문장(文章)을 짓는 데 있어서 옛 사람의 작품의 뜻을 모방해서 어구를 바꾸고 구성을 바꾸어, 착상을 새롭게 한 듯이 보이려고 하는 것.

渙然氷釋【환연빙석】 얼음이 스스로 녹듯이 어떤 의심도 응어리도 남기지 않고 개운하다는 뜻.

活剝生呑【활박생탄】 살아 있는 채로 가죽을 벗기고 통째로 삼키는 것. 다른 사람의 문장이나 시가(詩歌)를 도용(盜用)하는 것.

活潑潑地【활발발지】 사람이 생기 넘치게 행동하는 모습.

黃絹幼婦【황견유부】 절묘의 의미. 또한 판독(判讀)의 뛰어남을 말한다.

黃金萬能【황금만능】 돈만 있으면 만사를 뜻대로 할 수 있음을 이르는 말.

黃金夫多 交不深【황금부다 교불심】 돈이 많지 않으면 사람 사귀는 일도 하지 못하다는 뜻.

荒唐無稽【황당무계】 언행이 터무니없고 허황함.

黃粱一炊【황량일취】 인생의 덧없음을 비유.

回賓作主【회빈작주】 제 마음대로 처리하거나 방자하게 행동하는 일을 이르는 말.

會者定離【회자정리】 만나면 반드시 헤어지게 된다는 뜻으로 세상의 무상함을 일컫는 말.

廻天之力【회천지력】 임금의 마음을 돌이킴을 말함.

橫行闊步【횡행활보】 악인이 몹시 으스대면서 횡행하는 것을 말함.

厚貌深情【후모심정】 얼굴 표정은 친절한 듯해도, 마음속은 심오해서 무엇을 생각하고 있는지 알 수 없다는 뜻.

厚顔無恥【후안무치】 뻔뻔스러워서 부끄러움을 모르는 모습.

後悔莫及【후회막급】 일이 잘못된 뒤라 아무리 뉘우쳐도 어찌할 수 없음.

葷酒山門【훈주산문】 비린내 나는 것을 먹고 술기운이 도는 사람은 절의 경내(境內)에 들어가서는 안 된다는 뜻.

毁譽褒貶【훼예포폄】 남을 칭찬하기도 하고 비난하기도 하고 비방하기도 하는 것.

睢睢盱盱【휴휴우우】 자기가 원하는 대로 행동하는 모습.

黑衣宰相【흑의재상】 승려 신분으로서 천하의 정치에 참여하는 사람의 비유.

欣求淨土【흔구정토】 죽어서 극락정토에 다다를 수 있다고 믿고 기원하는 것.

興盡悲來【흥진비래】 즐거운 일이 다하면 슬픈 일이 온다는 뜻으로 세상일이 돌고 돎을 이르는 말.

喜怒哀樂【희로애락】 기쁨과 노여움과 슬픔과 즐거움. 곧 사람의 온갖 감정을 일컬음.

새로 뽑아 펴낸
고사성어

초판 인쇄 2024년 10월 04일

초판 발행 2024년 10월 11일

편 역 이강래 김임용

펴낸이 홍철부

펴낸곳 문지사

등록 제 25100-2002-000038호

주소 서울특별시 은평구 갈현로 312

전화 02) 386-8451/2

팩스 02) 386-8453

ISBN 978-89-8308-604-4 (03710)

값 22,000원

ⓒ2024 moonjisa Inc Printed in Seoul Korea

* 잘못 만들어진 책은 구입하신 서점에서 교환하여 드립니다.